高职高专“十三五”规划教材

汽车故障诊断技术

主　编　李明杰　任晓光　赵　胤
副主编　王晓飞

北　京
冶金工业出版社
2016

内容简介

本书共分5大项目、28个任务。主要内容包括汽车故障诊断基础知识、发动机的故障诊断与排除、发动机综合故障的诊断、底盘的故障诊断与排除、车身及附件与电源系统的故障诊断与排除。

本书为高职高专院校汽车检测与维修、汽车运用技术等相关专业的教材（配有教学课件），也可作为汽车维修技术人员的培训教材与参考书。

图书在版编目(CIP)数据

汽车故障诊断技术/李明杰，任晓光，赵胤主编. —北京：冶金工业出版社，2016.7

高职高专“十三五”规划教材

ISBN 978-7-5024-7257-3

Ⅰ.①汽… Ⅱ.①李… ②任… ③赵… Ⅲ.①汽车—故障诊断—高等职业教育—教材 Ⅳ.①U472.42

中国版本图书馆CIP数据核字（2016）第136086号

出 版 人　谭学余
地　　址　北京市东城区嵩祝院北巷39号　邮编　100009　电话　(010)64027926
网　　址　www.cnmip.com.cn　电子信箱　yjcbs@cnmip.com.cn
责任编辑　贾怡雯　美术编辑　杨　帆　版式设计　葛新霞
责任校对　卿文春　责任印制　李玉山
ISBN 978-7-5024-7257-3
冶金工业出版社出版发行；各地新华书店经销；固安华明印业有限公司印刷
2016年7月第1版，2016年7月第1次印刷
787mm×1092mm　1/16；11印张；263千字；168页
28.00元

冶金工业出版社　投稿电话　(010)64027932　投稿信箱　tougao@cnmip.com.cn
冶金工业出版社营销中心　电话　(010)64044283　传真　(010)64027893
冶金书店　地址　北京市东四西大街46号(100010)　电话　(010)65289081(兼传真)
冶金工业出版社天猫旗舰店　yjgycbs.tmall.com

（本书如有印装质量问题，本社营销中心负责退换）

前　言

“汽车故障诊断”是汽车检测与维修专业和汽车运用技术等专业的必修课，也是培养学生诊断综合故障能力的一门主要专业课程。根据国家开展高职示范院校建设的要求，全国各高职高专院校都在进行相应的课程改革，项目式课程已经在各高职高专院校开始实施。为了提高教学质量，让学生能够按照企业工作过程进行学习和实训，我们特邀维修技术人员与高职院校从事相关专业教学的教师，共同编写了本书。

现代汽车车型复杂、装备水平高、新技术含量高，在维修作业时，如果没有诊断数据、技术流程、电路图、装配图以及新型维修设备和手段等相关技术的支持，仅凭经验已无从下手。因此，对汽车维修技术人员提出了新的要求。

本书主要采用“项目式”的指导思想编写，结合现代汽车故障诊断与维修的特点和发展趋势，将汽车故障诊断、汽车维护和汽车修理技能融为一体，重点介绍了现代汽车各系统的故障诊断与检测技术。适当加入了能力拓展，增加了汽车故障案例分析，以提高实战技能。

本书的主要特点是从项目引领入手，以故障现象为出发点，综合运用仪器诊断和人工诊断方法，重点阐述了故障检测诊断的思路、关键部件的检测以及维修、调整等操作技能。

本书由李明杰、任晓光、赵胤担任主编，王晓飞担任副主编，参加本书编写的还有张克军、刘建飞。其中项目 1 与项目 2 中的任务 2.1~任务 2.5 由任晓光编写，项目 2 中的任务 2.6~任务 2.11 与项目 3 由李明杰编写，项目 4 与项目 5 中任务 5.1~任务 5.3 由王晓飞编写，项目 5 中的任务 5.4 由赵胤、张克军、刘建飞共同编写。

在编写过程中，参考了大量国内外相关著作和文献资料，在此一并向有关作者表示真诚的感谢。

本书配套的教学课件，读者可从冶金工业出版社官网（http://www.cnmip.com.cn）教学服务栏目中下载。

由于编者水平有限，书中不妥之处，恳请读者批评指正。

编者

2016 年 4 月

目　录

项目1　汽车故障诊断基础知识

【项目导入】

汽车制造出来后和在使用过程中，由于各种各样的原因不可避免地要发生故障，使汽车的动力性、经济性、操纵稳定性、使用安全性等发生变化。汽车故障有的是突发性的，有的是逐渐形成的。当汽车发生故障时，能够用经验和科学知识快速准确地诊断出故障原因，找出故障位置和损坏的零部件，对汽车的维修和使用有利。因此，要求从事汽车维修的人员具备相当的故障诊断知识。

任务1.1　熟知工作安全与环保知识

【任务描述】

（1）在进行汽车检测维修作业时能正确做好安全防护措施。
（2）能够遵守检测维修车间内的相关规定。

【基本知识】

汽车检测与维修工作存在一定的危险性，因此在涉入这个行业时要具备安全意识。在进行汽车检测维修作业时，一定要遵守安全操作指南，这样才能保护自己，免受危害。

1.1.1　个人安全

1.1.1.1　眼睛保护

维修车间有很多情况会使工作人员的眼睛发生感染或永久损伤。有些工作如磨削会散发出高速运动的细小金属颗粒和尘埃，这些金属颗粒和尘埃很容易进入作业者的眼睛中，将眼球擦伤或割伤；从有裂纹的管子或管接头中泄漏出的压力气体和液体可以喷射很远的距离，这些化学品进入眼睛会导致失明；在汽车下工作时，从腐蚀金属上脱落下来的碎屑很容易落入眼睛中。

所以当工作环境存在损伤眼睛的风险时，就要戴上安全眼镜，对眼睛进行保护；当蓄电池电解液、燃油、溶剂等化学品进入眼睛时，要用清水长时间冲洗眼睛，还要及时让医生进行药物处理。

1.1.1.2　呼吸保护

汽车维修人员会经常在含有有毒化学气体环境中工作，不论是暴露在有毒气体中还是过量尘埃中，都要戴上呼吸器或呼吸面罩。用清洗剂清洗零部件和喷漆是最常见的作业，需要戴上呼吸面罩进行工作。

1.1.1.3　举升和搬运

掌握举升和搬运重物的正确方法非常重要，举升和搬运重物时，也要采取保护措施。只能举升和搬运那些在个人能力范围内的重物，对搬运物品的尺寸和质量没有把握时，应该要找人帮忙。体积很小、很紧凑的零部件有时也会很重，或者不好平衡。在举升和搬运物体前先要考虑如何进行举升和搬运。搬运任何物体时都应遵循以下方法：

（1）双脚要靠近搬运的物体，这样有利于在搬起物体时保持身体平衡。

（2）尽量使背部和肘部保持伸直，弯曲双膝，将双手放到能够牢牢抓住物品的最佳位置。

（3）如果物品装置纸箱内，一定要确认箱子是结实的。旧的、潮湿的和封闭不良的纸箱很容易被撕烂，其中的物品就会脱落。

（4）双手要抓牢物品或容器，在抬起物品或移动时，不要再改变手的位置。

（5）将物品靠近身体，通过伸直双腿举起物品，要利用双腿的肌肉，而不要用背部的肌肉。

（6）不要通过扭转身体来改变移动方向，一定要转动包括双脚在内的整个身体。

（7）将物品放到货架或柜台上时，不要向前弯曲身体，应将物品的边缘先放在货架上，然后向前推重物，注意不要将手指夹住。

（8）在方向重物时，弯曲膝盖，但要挺直背部，不要向前弯曲身体，否则会拉伤背部肌肉。

（9）将重物放到地面上时，应将物品放在木头垫块上，以保护手指，免受损伤。

1.1.2　职业行为

在汽车修理车间工作时，应该遵守以下注意事项：

（1）在车间内不要吸烟。

（2）为了防止皮肤被严重烧伤，应使皮肤远离高温金属零部件，如散热器、排气歧管、排气尾管、催化转换器和消失器等。

（3）在散热器周围进行工作时，先将发动机冷却风扇电路断开，防止风扇突然转动。否则很容易折断手指或手臂。

（4）维修液压系统时，先将压力以安全方式释放掉。

（5）保管好所有的配件和工具，将它们放在不会绊倒人的地方。这样做不仅可以避免损伤，还能减少为寻找配件和工具而浪费的时间。

1.1.3　工作场地安全

（1）工作场地要保持干净和安全，地面和工作台面要保持清洁、干燥和有序。因为地面有了机油、冷却液或润滑脂后会变得很滑，滑倒后会造成严重损伤，可以用吸油剂清除油污；要保持地面干燥无水，地面有水后也会变得很滑，而且很容易导电；走廊和过道应该保持通畅和干净，并留出足够的宽度，能够方便人员通过。机器周围的作业区域要足够大，能够保证安全地操作机器。

（2）要将汽油和柴油装在安全油箱内，不要用汽油擦洗手和工具。汽油是一种易燃的挥发性液体，因为易燃品遇火后很容易燃烧，挥发性液体可以很快蒸发，所以易燃的挥发性液体就是潜在的燃烧弹。

（3）要小心地处理各种溶剂（或液体），以防泄漏。除了在倒出溶剂时，所有盛装溶剂的容器都应保持密封。保持使用溶剂和化学品的区域适当通风非常重要。溶剂和其他易燃品必须存放在符合安全要求的专用存储柜中或房间中，存储间应当通风良好。

（4）从大容器中倒出易燃物品时要格外小心，静电产生的火花能够引起爆炸。

（5）用过的溶剂容器要及时清理，容器底部残余的溶剂非常易燃。

（6）不要在易燃溶剂和化学品（包括蓄电池电解液）附近点火或吸烟。

（7）沾油抹布也要存放在符合标准的金属容器中。如果将沾有机油、润滑脂或油漆的抹布随意丢弃或存放不当，很容易发生自燃，自燃是由物品自身而不是由其他火源点燃引起的着火现象。

（8）要了解车间内所有灭火器放置地点及其适用的火险类别和使用方法。

（9）维修汽车电气系统或进行焊接作业之前，要断开汽车蓄电池，以防由电气系统引起的着火和伤害。

断开汽车蓄电池就是将负极电缆从蓄电池上拆下（或搭铁），并将其放置在远离蓄电池的地方。

1.1.4 废弃物处理

（1）机油。对废机油要进行回收处理。一般不要将其他废物混入废机油中。修理厂产生的（或收集来的）废机油可以在商用锅炉中烧掉，通过燃烧实现能源回收利用。

（2）机油滤清器。用过的机油滤清器至少要滴沥 24h，然后破碎回收。

（3）蓄电池。因蓄电池中残存的酸性电解液是有害的，它具有腐蚀性，含有铅和其他有毒物质。所以报废蓄电池要由回收站或经销商回收。蓄电池应存储在不漏水、抗酸的容器中，收到蓄电池时应检查是否破裂或泄漏，对于掉落的蓄电池应检查是否破裂。

（4）金属屑。加工金属零部件时所产生的金属屑需要收集，如果可能要进行分离和回收，不能让金属屑落入下水道中。

（5）制冷剂。维修汽车空调时，要回收并利用制冷剂，不允许将制冷剂随意地排放到大气中。

（6）溶剂。用低毒等效代用品替代有害化学品，如用水基清洁剂替代石油基去油剂。为了减少清洗零件时的溶剂用量，清洗过程应分为两步进行，先用脏的溶剂清洗，然后再用干净的溶剂清洗。溶剂挥发会损坏臭氧层并形成烟雾，为防止溶剂挥发，要将溶剂存储在密闭容器中，另外溶剂挥发的残余物也必须作为有害废物进行处理。

【任务实施】

组织学生到本校实训室或校外维修站进行认识学习，巩固理论知识的学习。

任务 1.2 掌握汽车故障诊断基础知识

【任务描述】

(1) 了解汽车故障的概念。

(2) 能够总结故障产生的原因、症状。

(3) 掌握故障诊断的几种方法。

(4) 清楚故障诊断的具体流程。

【基本知识】

随着当前我国汽车时代的到来，汽车在人们日常生活中的需求不断提高。现代汽车的功能越来越齐全，结构越来越复杂，零部件数量也越来越多。此外，作为一种在运动中完成工作的机械，与其他任何机械设备相比，汽车的使用条件都非常恶劣，既要经受自然天气的考验，又要承受人们不合理使用带来的影响。因此，汽车在使用的过程中，由于种种原因，其技术状况不可避免地会发生改变，汽车故障也就随之出现了，维修人员就要对其进行故障的检测与诊断。

1.2.1 汽车故障的概念

(1) 汽车故障：汽车部分或完全丧失工作能力的现象。

(2) 汽车工作能力：指汽车动力性、经济性、制动性、操作稳定性、行驶平顺性、通过性、可靠性及安全环保等性能的总称。

(3) 汽车故障诊断：简称汽车诊断，指的是在不解体（或仅卸下个别小件）的条件下，确定汽车技术状况、查明故障位置及原因。

1.2.2 汽车故障的分类

根据分类目的不同，汽车故障的分类方法多种多样，常见的故障分类方法如下：

(1) 按丧失工作能力分局部故障和完全故障。局部故障是指汽车部分丧失了工作能力，降低了使用性能的故障。这一部分功能不能实现，而其他部分功能仍完好。

完全故障是指汽车完全丧失工作能力，不能行使的故障。

(2) 按故障形成的速度及预报分突发性故障和渐发性故障。突发性故障是指零件在损坏前没有可以觉察到的征兆，零件损坏是瞬时出现的。这是由于各种不利因素以及偶然的外界影响共同作用的结果，这种作用结果已经超出了产品所能承受的限度。如汽车行驶时，铁钉刺破轮胎、钢板弹簧突然折断等。突发性故障尽管难以预测，但容易排除。

渐发性故障是指汽车技术状况连续变化，最终导致恶化而引起的故障。这种故障常有一个逐渐发展的过程，其故障的发生具有必然性，因此能够通过早期诊断来预测。如发动机气缸磨损或曲轴轴颈磨损而出现的声响，就属于渐发性故障。渐发性故障一经发生，就标志着需要大修或报废。

(3) 按故障发生的后果分轻微故障、一般故障、严重故障、致命故障。轻微故障一般不会导致汽车停车或性能下降，不需要更换零件，用随车工具做适当调整即可排除，如气门脚响、点火不正时、怠速过高等。

一般故障可能导致汽车性能下降或汽车停车，但不会导致主要部件和总成的严重损坏，可更换易损零件或用随车工具在短时间内排除，如供油不畅、滤清器堵塞、个别传感器损坏等。

严重故障可能导致主要零件的严重损坏，必须停车，并且不能用更换零件或随车工具在短时间内排除，如发动机拉缸、烧瓦等。

致命故障可能引起车毁人亡的恶性重大事故，如柴油车飞车、制动系统失效、转向系统失控等。

(4) 按故障存在的时间可分为间歇性故障和永久性故障。间歇性故障有时发生，有时消失，如汽油机供油系气阻故障是一种典型的间歇性故障。

永久性故障则只有在修复或更换某些零部件后才能排除，恢复功能，如曲轴轴瓦烧毁、发动机拉缸就是永久性故障。

(5) 按故障存在的系统可分汽车电气故障和机械故障。现代汽车电气故障又分为数字电路故障和模拟电路故障，其数字电路故障目前可方便地通过专业检测诊断设备（如解码器）进行高效快速地诊断，而模拟电路故障一般借助经验或通过电路模拟得到故障征兆，然后通过测试进行确诊。

汽车机械故障范围较广，通常利用汽车运行过程中的二次效应所提供的信息，如温度、噪声、润滑油状态、振动及各种物理、化学特性的变化来进行诊断。一般来说，现代汽车电气故障不解体检测相对容易，而汽车内部的机械故障的不解体检测相对较难。

值得说明的是：上述故障的分类有些是相互交叉的，而且随着故障的发展，一种类型的故障也可以转化为另一种类型的故障。

1.2.3　汽车故障产生的原因

导致汽车产生故障的原因主要有自然原因和人为原因。

自然原因主要是汽车零件的失效，汽车零件失效的主要形式有磨损、断裂、变形、腐蚀和老化等。

1.2.3.1　金属零件的失效

(1) 磨损。磨损是指汽车零件摩擦表面的金属在相对运动过程中不断损失的现象。磨损的发生将造成汽车零件尺寸、形状精度降低，表面配合性质发生变化，使零件的工作性能逐渐降低，是产生各种故障的主要原因之一。

按磨损机理不同，磨损可分为磨料磨损、黏着磨损、疲劳磨损、腐蚀磨损和微动磨损。

(2) 断裂。断裂包括裂纹和折断，它是一种最危险的零件失效形式。汽车上 90% 以上的断裂可归结为由零件疲劳失效造成，如汽车车架的裂纹、曲轴裂纹与断裂、钢板弹簧裂纹与折断等。

(3) 变形。汽车零件在长期工作中，由于受到外载荷、工作温度和残余应力的不断作用与影响，零件的尺寸或形状发生改变的现象，称为零件的变形。

汽车零件的变形，特别是各总成基础件如气缸体、气缸盖、曲轴、变速器壳体、前后桥等的变形，将导致各零件正常的配合性质被破坏，润滑条件变差，并产生一定的附加载荷，使零件的磨损加剧，使用寿命降低。

为减小变形及其对汽车性能的影响，在汽车维修中应注意：一些易变形的零件应避免在高温下拆卸，如不能在发动机水温较高时拆卸气缸盖，不能在自动变速器温度较高时拆卸液压总阀等；在维修中应严格检验零件的变形情况，特别是气缸体、变速器壳体和前后桥等基础件的变形情况。

（4）腐蚀。金属零件的腐蚀是指表面与周围介质起化学或电化学作用而发生的表面破坏现象。腐蚀损伤总是从金属表面开始，然后或快或慢地往里深入，并使表面的外形发生变化，出现形状不规则的凹坑、斑点等破坏区域。如汽车电器设备中的铜制接头或螺栓与车身车架的紧固处，与水接触就构成原电池，使车架本身遭受腐蚀；铜制节温器与其外壳之间的电化学腐蚀等。

为避免或减轻腐蚀危害，在汽车维修中一方面应做好汽车的清洁（含干燥）工作，另一方面应对防腐覆盖层的破坏部分及时修补。

1.2.3.2 电子元器件失效

汽车电子元器件的工作环境可概括地归纳为以下几点：即温度和湿度的变化范围宽，电源电压波动大，脉冲电压强，电磁相互干扰多，振动与冲击剧烈，尘埃与有害气体侵蚀等。电子元器件失效的主要形式有元件击穿、元件老化和连接故障。

（1）元件击穿。元件击穿有许多原因，主要是过压击穿、过流击穿和过热击穿。击穿的现象有时表现为短路形式，有时表现为断路形式。由电路故障引起的过压、过流击穿常常是不可以恢复的。

（2）元件老化。元件老化就是指性能退化。

（3）连接故障。这类故障主要是指由电子器件内部接线脱落、接触不良、潮湿、腐蚀等引起的短路和断路现象，这类故障一般与元件无关。

人为原因是指由于人的行为不慎而造成的故障。如汽车设计制造上的因素、维修配件质量的因素、燃料和润滑油选用因素及管理方面问题。

1.2.4 汽车故障的症状

（1）工况突变。是指汽车的工作状况突然出现不正常现象，这是比较常见的故障症状。

（2）声响异常。有些故障，往往可以引起汽车发动机或底盘部分的不正常响声，这种故障症状明显，一般可以及时发现。应当指出的是，有些声响异常的故障能酿成机件事故，因此必须认真对待。

（3）过热现象。通常表现在发动机、变速器、驱动桥和制动器等总成上。在正常情况下，无论汽车工作多长时间，这些总成均应保持一定的工作温度。除发动机外，其他总程用手触试时，感到烫疼难忍，即表明该处过热。

（4）渗漏现象。渗漏是指汽车的燃油、润滑油、冷却液、制动液（或压缩空气）以及动力转向系油液的渗漏现象，这也是一种明显可察的故障症状。

（5）排烟颜色不正常。发动机在工作程中，正常的燃烧生成物，其主要成分应当是二氧化碳和少量的水蒸气。如果发动机燃烧不正常，废气中会掺有未燃烧完全的碳粒、碳化氢、一氧化碳及氮氧化物等。

（6）失控或震抖。汽车或总成工作时，可能出现操纵困难或失灵，有时可能出现自身震抖。

（7）燃料、润滑油消耗异常。燃料、润滑油消耗异常，也是一种故障症状。燃料消耗增多，一般为发动机工作不良或底盘（传动系、制动系）调整不当所致。机油的消耗过甚，除了渗漏原因之外，多为发动机存在故障。

（8）有特殊气味。汽车在运行中，如有制动拖滞、离合器打滑等故障，则会散发出摩擦片的焦臭味；发动机过热、机油或制动液（带有真空增压器的液压制动系）燃烧时，会散发出一种特殊气味；电路短路搭铁导线烧毁时也有异味。

（9）汽车外观异常。将汽车停放在平坦场地上进行调整，检查其外形状况，如有横向或纵向歪斜等现象，即为外观异常。

1.2.5　汽车故障诊断原理

汽车的许多总成和零件之间，相互具有直接或间接的联系。每一部件的运动都联系和影响着周围的其他部件，这就为汽车故障的正确诊断带来困难。汽车故障诊断的原理就是根据汽车的构造，用理论联系实际的方法，进行有步骤地检查判断，从而对故障确诊的过程。

（1）区分真假故障。许多情况下，由于车主对汽车的结构、原理和正确的使用方法不清楚，将正常现象误认为故障而报修。

（2）故障性质的确定。观察故障指示灯是否亮。

（3）进行直观检查。先检查表征明显的油、电路和机械部分故障，看有无明显的外部症状。

（4）区分故障所在系统。判断是油路还是电路，是个别缸还是全部缸等。

1.2.6　汽车故障诊断方法

1.2.6.1　人工检测方法

诊断人员凭借丰富的实践经验和一定的理论知识，在汽车不解体或局部解体的情况下，借助简单仪表或直接用眼看、耳听、手摸、鼻闻等手段，边检查、边试验、边分析，进而对汽车技术状况、故障部位、故障原因作出判断的一种方法。其诊断方法大致为问、看、听、嗅、触、试。

问，就是了解汽车使用、维护情况。除去驾驶员诊断自己驾驶的车辆之外，其他人在诊断前，必须先了解情况。包括车辆已行驶里程，使用条件，近期维护情况，故障的预兆，是渐变还是突变等，车辆的技术档案是一个重要的调查资料和依据。

看，就是观察。首先要观察汽车日常维护情况。比如有无油、水泄漏，有无连接松动，排气颜色是否正常，空气滤清器有无堵塞，车轮有无吃胎等。

听，就是凭听觉判断汽车、总成工作时有无异响，并确定其部位和原因。

嗅，就是凭汽车或总成在运转中所发出的某些特殊气味来判断故障所在。这对于诊断电系线路、离合器、制动器等摩擦部位的故障，是简便有效的。

触，就是用手触试可能产生故障的部位，判断其是否工作正常。

试，就是试验验证。如用单缸断火（油）法判定发动机某些异响的部位；突然加速查听异响的变化；用试换零件法，找出故障的部位；道路试验中，根据加速性能、滑行距离判断发动机的动力性和底盘调整润滑情况。

对于以上6个方法，在诊断中可交替灵活运用，但作为了解情况的“问”则是必不可少的。

汽车故障人工经验诊断方法不需要专用仪器设备，投资少、见效快，但诊断速度慢、准确性差，不能进行定量分析，需要诊断人员有较高的技术水平。人工经验诊断法多适用于中、小维修企业和运输企业的故障诊断过程。

1.2.6.2　汽车故障仪器设备诊断

汽车仪器设备诊断是在传统的人工经验诊断的基础上随着社会的进步，科学技术的提高，逐渐发展起来的。与人工经验诊断故障的方法比较，其不同点：一是借助于仪器；二是其检查结果的定量化。

目前可供利用的仪器设备有万用表、点火正时灯、气缸压力表、真空表、油压表、声级计、流量计、油耗仪、示波器、气缸漏气量检测仪、曲轴箱窜气量检测仪、气体分析仪、烟度计以及功能比较齐全的测功机、四轮定位仪、制动试验台、侧滑试验台、发动机综合检测仪、底盘测功机等。这些仪器设备给人们提供了可靠的依据，使汽车故障诊断从定性诊断发展为定量诊断。

现代仪器设备诊断法具有检测速度快、准确性高、能定量分析、可实现快速诊断等优点，而且采用微机控制的现代电子仪器设备能自动分析、判断、存储并打印出汽车各项性能参数。其缺点是投资大、占用厂房、操作人员需要培训、检测成本高等。这种诊断方法适用于汽车检测站和中、大型维修企业。使用现代仪器设备进行诊断是汽车诊断与检测技术发展的必然趋势。

1.2.7　故障诊断的一般程序

从故障汽车进入维修车间到故障排除、试车合格出厂的一般诊断程序如下。

（1）问诊。故障汽车进厂后，先向客户询问了解故障症状以及故障发生的条件。最后填写一份详细的客户调查表。这些都有助于维修人员作出快速准确地诊断。

问诊时应尽可能避免使用专业术语，也不要根据自己的主观臆测，诱导客户说出一些事实上并不存在但符合维修人员自己思维习惯的故障现象。在客户叙述故障时，应认真倾听并在心中迅速判断故障的大概原因。在这种判断的基础上，进行基本检查。

（2）基本检查。维修人员根据自己的初步判断，进行人工直观检查，以缩小可疑故障范围。对于不能进行人工直观检查的地方，诸如点火正时、燃油压力、火花塞和高压线跳火距离等，应使用仪器仪表进行检查。

（3）自诊断测试。现今的发动机管理系统都具有自诊断功能。在汽车发动机运行过程中，控制单元ECU对系统各部件进行监测。当监测到故障时，ECU一方面将故障以故障码的形式存储在存储器中，另一方面启用故障保护功能对电控系统进行保护，同时点亮故障指示灯以提示驾驶系统出现故障。在维修时，维修人员可以按照一定的步骤将故障码从 ECU 的内存中调出，根据故障码的含义进行快速地确诊和排障。故障一定消失，故障指示灯就会熄灭。故障码仍会保存在 ECU 中，应采取措施加以清除。

（4）利用故障码表检查。读出故障码后，可以利用故障码表（可以是单独的资料，也可以是故障检测仪中的数据库资料），根据故障码表的提示，检查并维修故障元件或电路。

（5）故障症状确认。维修后，检查故障的排除情况，试车确认故障已经排除，即可交车。在无故障码记忆，没有得到确认的情况下，启动发动机，使车辆运行 20～30km 以后再现故障症状。如果故障症状仍然没有出现，使用故障症状模拟法使之再现。对于不能确认的、发生频率很低的故障，最好等下一次故障发生时，由维修人员到现场进行检查。症状确认后，再次读取故障码以确认电控系统是否存在故障。利用故障码表对故障码所指电路进行检查（传感器、执行器、插接器线束及 ECU）。根据两次读取的故障码结果，结合症状确认时故障存在与否的状态，可以大致判断故障部位。

（6）调整、替换或修理。在确定故障原因及故障部位后，按照维修工艺和步骤，进行调整、替换或修理。

（7）交车。排除故障后应进行试车，如果试车合格，即可向客户交车。否则，返回步骤（2）继续排除故障。

【任务实施】

（1）熟悉故障诊断的仪器与设备。

（2）在实训老师的带领下观察各种故障产生的现象，得到故障现象的第一手资料并作学习心得。

任务 1.3　汽车故障诊断参数

【任务描述】

（1）了解汽车诊断常用的技术参数，能够熟悉各种车型的整车主要性能参数。

（2）掌握诊断参数的标准。

【基本知识】

为了正确地评价汽车的技术状况，充分发挥汽车的潜力，提高汽车运行的经济和可靠性，不仅要求有完善的检测、监视手段，而且要求有正确的识别理论。为此，必须选择合适的汽车技术状况诊断参数，合理地确定出诊断参数的标准、诊断方法和汽车的最佳诊断周期。

1.3.1　基本概念

1.3.1.1　汽车技术状况

汽车技术状况是定量测得的，是表征某一时刻汽车外观和性能参数值的总和。汽车是一个多元件构成的复杂系统，系统内各元件、部件都是相互关联的，系统内元件性能变化或产生故障，必然会引起整个系统技术状况的变化。

随着行驶里程的增加，汽车技术状况会逐渐变坏，这将导致动力性下降、经济性变差、可靠性降低。然而汽车技术状况变化的速度是根据汽车的结构强度、使用条件（道路、载荷、气候、车速）、驾驶技术和汽车维修情况的不同而有所差别的。检测人员可通过检测表征汽车外观和性能的诊断参数值来反映或确定某一时刻汽车的技术状况，例如通过检测汽车加速时间、驱动轮输出功率、燃油消耗量等参数的变化情况来评价汽车的技术状况。

1.3.1.2 汽车故障诊断参数

汽车故障诊断参数是指供诊断用的，表征汽车总成、机构技术状况的参数。尽管有些结构参数（磨损量、间隙量）可以表征技术状况，但在不解体情况下直接测量汽车、总成和机构的结构参数往往受到限制。如气缸间隙、气缸磨损量、曲轴和凸轮轴各轴承间隙、曲轴和凸轮轴各道轴颈磨损量、各齿轮间隙及磨损量等，都无法在不解体的情况下直接测量，因此在汽车不解体的情况下检测诊断汽车的技术状况时需要采用一种既与结构参数有关，又能表征汽车技术状况的可不解体测量的间接的量或指标，该间接的量是一些可提供可测量的物理量或化学量，即为汽车故障诊断参数。

1.3.2 诊断参数的分类

（1）工作过程参数。该类参数是指汽车、总成、机构在工作过程中输出的一些可供测量的物理量和化学量。如发动机功率、驱动车轮输出功率或驱动力、汽车燃油消耗量、制动距离或制动力或制动时减速带、滑行距离等，往往能表征诊断对象工作过程中的技术状况，适合于总体诊断。

举例：通过检测得知底盘输出功率符合要求，说明汽车动力性符合要求，也说明发动机技术状况和传动系技术状况均符合要求；反之，通过检测得知底盘输出功率不符合要求，说明汽车动力性不符合要求，也说明发动机输出功率不足或传动系损失功率太大，因此，可以整体确定汽车和总成的技术状况。汽车不工作时，工作过程参数无法测得。

（2）伴随过程参数。该类参数是伴随汽车工作过程输出的一些可测量。例如汽车、总成及机构工作过程中出现的振动、噪声、异响、过热等，可提供诊断对象的局部信息，常用于复杂系统的深入诊断。汽车不工作（过热除外）时，伴随过程参数无法测得。

（3）几何尺寸参数。该类参数可提供总成、机构配合零件之间或独立零件的技术状况。例如，总成及机构中的配合间隙、自由行程、圆度、圆柱度、端面圆跳动、径向圆跳动等，都可以作为诊断参数使用。它们提供的信息量虽然有限，但却能表征诊断对象的具体状态。

1.3.3 故障参数的选择原则

（1）灵敏性。灵敏性用灵敏度来评价。灵敏度是指诊断对象的技术状况在从正常状态到进入故障状态之前的那个使用期内，诊断参数相对于技术状况参数的变化率。

选用灵敏度高的诊断参数来诊断汽车的故障时，可提高诊断的准确性与可靠性。例如，当发动机气缸出现磨损时，功率下降 5%~7%，而压缩空气泄漏率可达 40%~50%。因此，为了诊断气缸磨损量，选用气缸漏气率作为诊断参数是灵敏的，可以获得较高的可靠性。

（2）单值性。单值性是指汽车技术状况参数从开始值变化到终了值的范围内，诊断参数的变化不应该出现极值。

（3）稳定性。稳定性是指在相同的测试条件下，多次测量同一诊断参数得到的测量值，具有良好的一致性。

（4）信息性。信息性是指诊断参数对汽车技术状况具有表征性。

（5）经济性。经济性是指获得诊断参数测量值所需要的诊断作业费用少。

（6）方便性。方便性是指所确定的诊断参数在用于实际诊断时，其设备简单，工艺简便，测量容易。

1.3.4　常用的诊断参数

常用的诊断参数见表 1-1。

表 1-1　常用诊断参数

诊断对象	诊　断　参　数
汽车整车	最高车速，最大爬坡度，0~100km/h 的加速时间，驱动轮输出功率，驱动轮驱动力，汽车燃油消耗量，侧倾稳定角
发动机总体	额定转速，额定功率，最大转矩，最大转矩转速，怠速转速，燃油消耗量，单缸断火（油）时功率下降率，发动机 HC、CO、NO 浓度排放量，发动机颗粒物排放量
点火系统	蓄电池电压，次级电路电压，各缸点火电压，各缸短路点火电压，断电器触点间隙，断电器触点闭合角，各缸点火波形重叠角，点火提前角，电容器容量
润滑系统	机油压力，机油温度，理化性能指标变化量，清净系数变化量，机油污染指数，介电常数变化量，金属微粒的含量，机油消耗量
曲柄连杆机构	气缸压力，气缸间隙，曲轴箱窜气量，气缸漏气量，进气管真空度
配气机构	气门间隙，凸轮轴转角，配气相位
汽油供给系统	汽油泵出口关闭压力，空燃比，过量空气系数，电喷发动机喷油器的喷油量，汽油泵泵油压力，喷射系统压力，喷射时间
柴油机供给系统	输油泵输油压力，供油提前角，各缸供油间隔，每一工作循环供油量，喷油器针阀升程，喷油器针阀开启和关闭压力
冷却系统	冷却液温度，散热器冷却液入口与出口温差，风扇离合器结合、断开时的温度，节温器主阀门开始和全开的温度，节温器主阀门全开时的升程
转向系统	转向盘自由转动量，转向盘操纵力，最小转弯半径，转向轮最大转角
制动系统	制动系统，地面制动力，左右制动力差值，制动阻滞力，制动系协调时间，驻车制动力，充分发出的平均减速度，产生最大制动力时的踏板力，制动完全释放时间，车轮制动滑移率
行驶系统	车轮侧滑量，车轮前束，推力角，车轮外倾角，主销后倾角，主销内倾角，转向 20°的张角，左右轴距差，车轮静不平衡量，车轮动不平衡量，车轮端面圆跳动量，车轮径向圆跳动量，悬架吸收率，悬架效率
传动系统	前照灯发光强度，前照灯轴偏移量，前照灯基准中心高度，车速表示值误差，喇叭声级

1.3.5 诊断参数的标准

1.3.5.1 诊断标准的类型

（1）国家标准。国家标准是国家制定的冠以“中华人民共和国国家标准”字样颁布的标准。主要与汽车行车安全、环境保护、能源消耗有关。

（2）行业标准。行业标准是部级或国家委员会级制定的冠以“中华人民共和国某行业标准”字样颁布的标准。

（3）地方标准。地方标准是省级、地市级、县级制定发布的标准，在地方范围内贯彻执行。

（4）企业标准。企业标准是汽车制造商或汽车维修企业根据自己的实际情况制定的标准，由于各企业的性质不同，因而其企业标准也有差异。

1.3.5.2 诊断参数标准的组成

（1）初始值：新车、大修车的诊断标准。

（2）许用值：测量值在此范围内，属于正常。

（3）极限值：当测量值大于极限值时，即停车修理。

【任务实施】

（1）通过网络和图书查找一些其他车辆的诊断技术参数。

（2）在老师的指导下对实训室内试验车辆的一些性能参数进行测量对比。

（3）查找资料了解汽车诊断参数的标准。

任务1.4 汽车故障诊断设备

【任务描述】

（1）认识汽车故障诊断常用的设备。

（2）能够正确使用诊断设备。

【基本知识】

汽车故障诊断设备扩大了汽车维修人员的感知能力；有的设备附有常见车型的技术数据，有利于提高维修人员对汽车技术状况判断的准确性；有的设备具有一定的分析判断能力，为实现汽车故障的快速、准确、有效诊断提供了技术支撑。因此，下面介绍当前汽车故障诊断常用的、具有一定先进性并反映了汽车故障诊断发展方向的设备。

1.4.1 发动机故障诊断设备

1.4.1.1 发动机密封性检测设备

发动机的动力性取决于发动机各气缸内平均压缩压力，气缸的密封性是保证发动机缸内压力正常，保证有足够的动力输出和能正常工作的基本条件。发动机的密封性可通过测量气缸压力、气缸漏气率、曲轴箱窜气量和进气管真空度来做进一步的诊断。

(1) 气缸压力表。气缸压力表用于检测气缸压缩压力，根据测试结果可以判断气缸衬垫、气缸体与气缸盖之间的密封状况、活塞环与缸壁配合状况以及燃烧室内积碳是否过多等与气缸有关的技术状况。

如图 1-1 所示，气缸压力表是一种气体专用压力表，一般由压力表头、导管、单向阀和接头等组成。压力表接头多为鲍登管式，其驱动元件一般是一根扁平的弯曲或圆圈状的管子，一端为固定端，另一端为活动端。活动端通过杠杆、齿轮机构与指针相连。当气体压力进入弯管时，弯管伸直，于是通过杠杆、齿轮机构带动指针运动，在表盘上指示出压力的大小。压力表的接头有两种形式：一种为螺纹管接头，可以拧紧在火花塞或喷油器螺纹孔内；另一种为锥形或阶梯形的橡胶接头，可以压紧在火花塞或喷油器孔上。接头通过导管与表头相连通。导管也有两种：一种为软导管，适用于螺纹管接头与压力表的连接；另一种为金属硬导管，适用于橡胶接头与表头的连接。压力表单向阀能与大气接通。当单向阀处于关闭位置时，可保持压力表指针位置以便于读数。当压力表处于打开位置时，可使压力表指针回零。

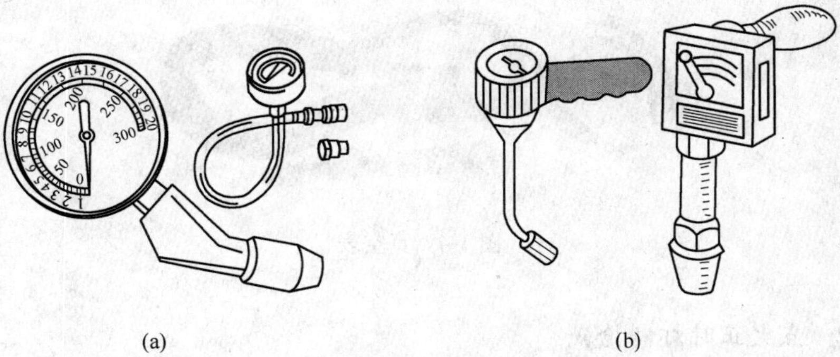

图 1-1　气缸压力表

(a) 柴油机气缸压力表；(b) 汽油机气缸压力表

(2) 气缸漏气量检测仪。气缸漏气量检测仪用于测量活塞处于压缩行程上止点位置时，气缸内外传输压缩空气的压力变化值，从而判断汽车发动机的气缸和进、排气门的密封状况。该方法仅适用于汽油机的检测。气缸漏气量检测仪结构如图 1-2 所示。

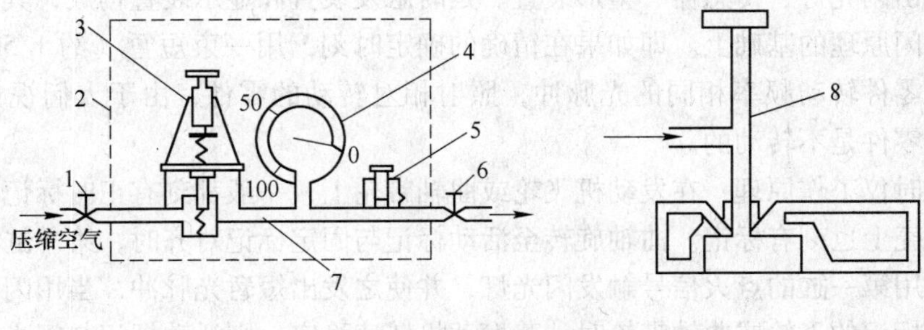

图 1-2　气缸漏气量检测仪

1—压缩空气进入接头与开关；2—仪器箱；3—减压阀；4—漏气量表；5—气压调节阀；6—仪器与测量塞头的接头开关；7—出气量孔；8—测量塞头

（3）曲轴箱窜气量检测仪。曲轴箱窜气量检测仪用于测量发动机曲轴箱窜气量，从而检验发动机的动态密封性，判断发动机气缸、活塞和活塞环的技术状况，监测发动机磨合质量。曲轴箱窜气量测量仪实际上是一种压差式流量计。当气体沿图 1-3 中箭头方向流动时，由于流量孔板两边存在压力差，使压力计水柱移动，直至气体压力与水柱落差相平衡为止。压力计水柱的高度就可以反映通过的气体量。

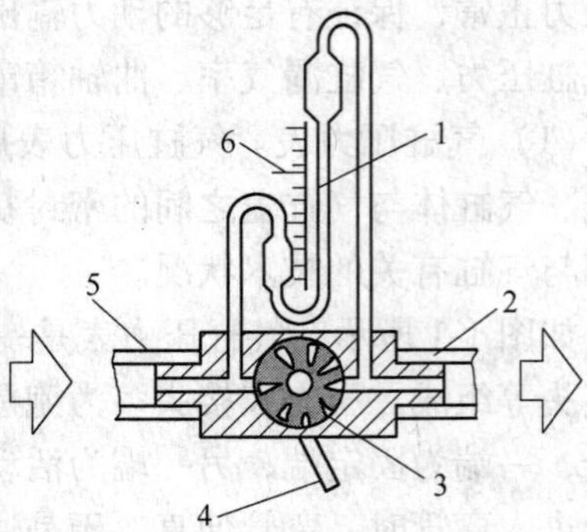

图 1-3　曲轴箱窜气量检测仪
1—压力计；2—通大气管；3，4—流量孔板；5—通曲轴箱胶管；6—刻度板

（4）真空表。进气管真空度是指进气歧管内的进气压力与外界大气压力之差。通过检测发动机进气歧管真空度来评价发动机的气缸密封性的好坏、空燃比的好坏和点火性能的好坏，可以诊断气缸密封性、进气管的泄漏、配气机构密封性、排气消音器阻塞以及气门机构失调、混合气的稀或浓、点火时间和点火性能等诸多方面的故障。主要是针对汽油机而言。真空表如图 1-4 所示。

图 1-4　真空表

1.4.1.2　点火正时灯（枪）

点火正时，指最佳的点火时间，一般用点火提前角来表示，即用点火开始至活塞到达上止点时，曲轴所转过的角度来表示。该角度对发动机的动力性、经济性和排放性有很大的影响。凭经验可对发动机的点火正时进行粗略检查并校正，但点火提前角的精确检测必须借助于仪器。常用的检测方法有频闪法和缸压法。

（1）频闪法。用频闪法检测点火提前角使用的点火正时仪又称为正时灯，如图 1-5 所示。该仪器由闪光灯、传感器、整形装置、延时触发装置和显示装置构成，其基本工作原理建立在频闪原理的基础上。即如果在精确的确定时刻，用一束短暂（约 1/5000s）的且频率与旋转零件转动频率相同的光脉冲，照射相对转动的零件，由于人们视力的生理惯性，会觉得零件是不转动的。

点火正时仪工作原理：在发动机飞轮或曲轴带轮上，一般都刻有正时标记，在与之相邻的固定机壳上也刻有标记。曲轴旋转至活动标记与固定标记对齐时，第一缸活塞刚好到达上止点。用第一缸的点火信号触发闪光灯，并使之发出短暂光脉冲，当用闪光灯照射刻有活动定时标记的飞轮或曲轴带轮时，若发动机转速稳定，则活动标记与闪光灯闪光在光学上是相对静止的，活动标记似乎不动。当闪光灯在第一缸点火信号发生的同时闪光时，一缸活塞尚未到达上止点，活动标记与固定标记尚未对齐，此时两标记之间所对应的发动机曲轴角，即为点火提前角，如图 1-6 所示。

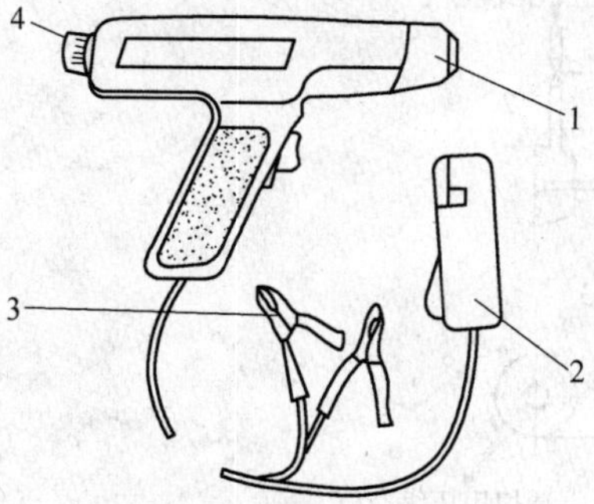

图 1-5　点火正时仪
1—闪光灯；2—点火脉冲传感器；
3—电源夹；4—电位计旋钮

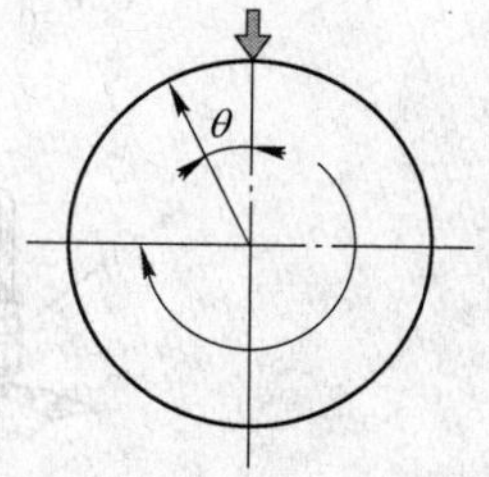

图 1-6　飞轮及壳上的标记和点火提前角

（2）缸压法。当某缸活塞到达压缩行程上止点时，气缸内压缩压力最高。用缸压传感器检测出这一时刻，同时用点火传感器检测出同一缸的点火时刻，二者间所对应的曲轴转角即为点火提前角。用缸压法制成的点火正时仪，由缸压传感器、点火传感器、处理装置和指示装置等构成。如果正时仪带有油压传感器，还可以用来检测柴油机的供油提前角。

1.4.1.3　发动机废气分析仪

发动机废气分析仪主要用于测量汽车发动机排气中的多种气体含量。这类仪器还可用于检查空燃比，检测三元催化转化器性能，检测进、排气管泄漏等故障，帮助分析并排除发动机控制系统的故障以及确保车辆污染排放指标正常。发动机废气分析仪如图 1-7 所示。

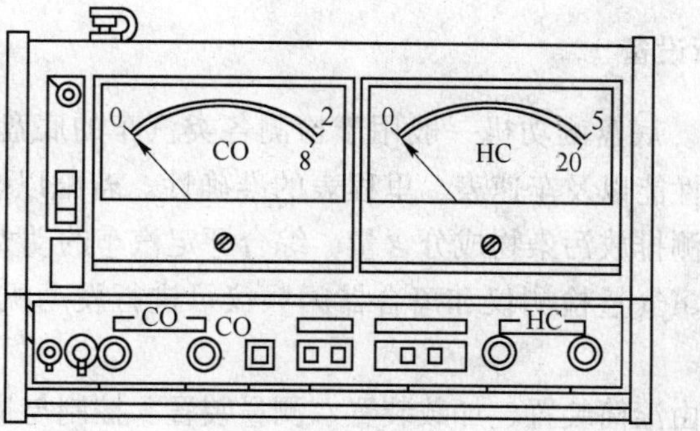

图 1-7　发动机废气分析仪

1.4.1.4　柴油机烟度计

柴油机烟度计用于检测柴油机的排气烟度，以便研究和分析柴油机的工作状况。烟度计分为滤纸式烟度计、透光式烟度计和重量式烟度计等多种。我国通常使用滤纸式烟度计（图 1-8）、透光式烟度计。

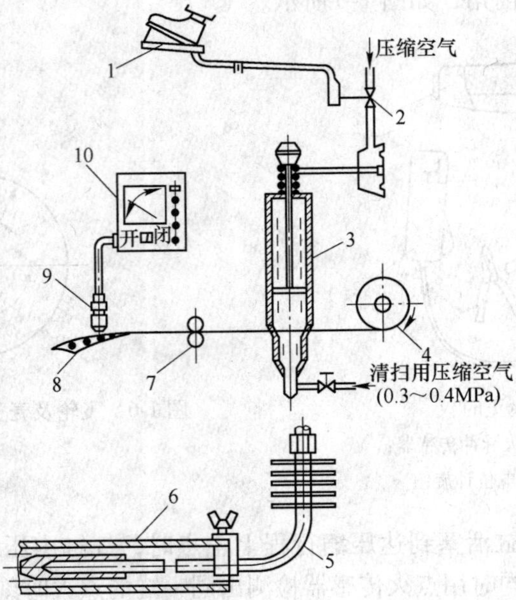

图1-8 滤纸式烟度计结构简图

1—脚踏开关；2—电磁阀；3—抽气泵；4—滤纸卷；5—取样探头；6—排气管；7—滤纸进给机构；8—染黑的滤纸；9—光电传感器；10—指示仪表

1.4.1.5 发动机综合分析仪

发动机综合分析仪有汽油机综合分析仪，柴油机综合分析仪和汽、柴油两用发动机分析仪等形式，可适用的发动机类型很广，可对启动和充电系统、点火系统、燃油系统、各缸压力分配和点火正时等多种项目进行精确测试。

1.4.2 底盘故障诊断设备

（1）底盘测功机。底盘测功机一般用于检测各类汽车的底盘输出功率、驱动力、车速、加速性能、滑行性能以及车速表、里程表的准确性。若配以燃油流量计可检测油耗；配以排放分析仪可检测排放污染物成分含量，综合评定汽车的动力性能、经济性能以及环保指标；配以曲轴箱窜气量检测仪和离合器闪频仪可进行发动机磨损测量和离合器打滑测量。

底盘测功机一般由滚筒装置、加载装置、测量装置、控制与指示装置、辅助装置等构成。其中滚筒装置用来模拟连续移动的路面，支承车轴载荷，并传递功率，目前在汽车检测及修理部门普遍使用单轮双滚筒式底盘测功机；加载装置俗称测功器，它用来模拟汽车在道路上行驶时的各种阻力，并吸收和测量驱动轮上的输出功率；测量装置包括测力装置、测速装置和测距装置；控制与指示装置用来控制检测过程、指示检测结果；辅助装置主要包括为方便被测车辆驶入与驶出底盘测功机的举升装置、用于模拟汽车在道路上行驶动能的飞轮机构、用于加载汽车检测时对发动机冷却的冷却装置。底盘测功机结构如图1-9所示。

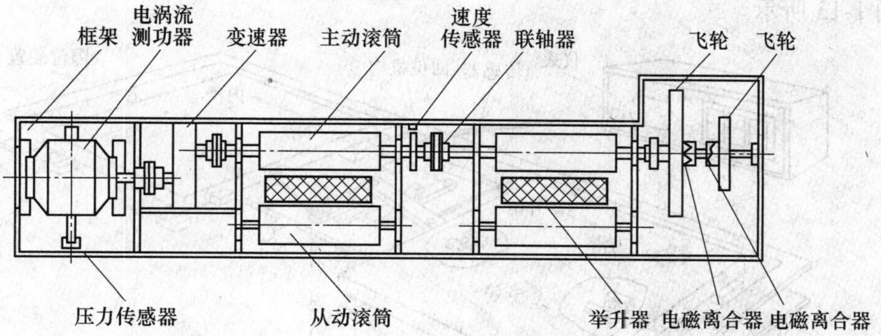

图 1-9　底盘测功机结构示意图

（2）四轮定位仪。四轮定位是指车辆出厂时，其车轮及悬架系统的安装角度。

设置四轮定位参数的目的就是能保证汽车直行时的稳定性和操纵轻便性，保证车轮不产生拖滑，减小行驶阻力，减少轮胎和悬架磨损。

四轮定位仪用于测量车轮的各项定位参数，判断车轮定位的准确性，同时还可检验出车轮定位部件的故障。图 1-10 所示为电脑式四轮定位仪。

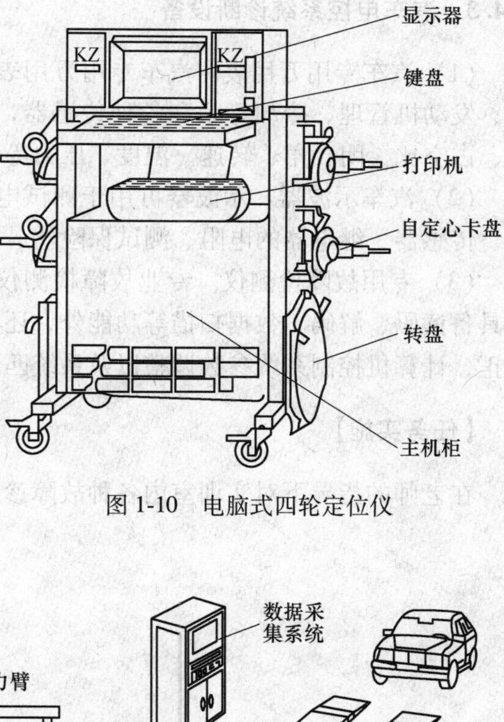

图 1-10　电脑式四轮定位仪

（3）底盘间隙检测仪。底盘间隙检测仪用于检测转向系统各关节、悬挂系统及底盘其他部件因磨损产生的间隙，从而消除隐患，确保安全。

（4）制动试验台。制动试验台一般用于各类型车辆的制动性能检测。测量参数包括所有车轮的制动力、制动力差、车轮阻滞力、制动协调时间等。制动试验台有滚筒式（图 1-11）和平板式（图 1-12）两种。

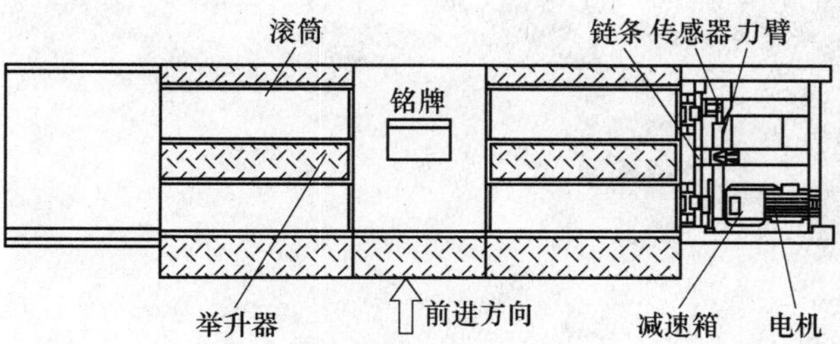

图 1-11　滚筒式制动试验台

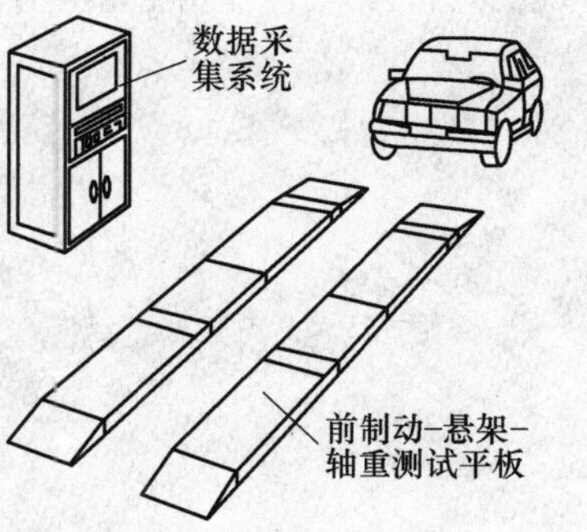

图 1-12　平板式制动试验台

（5）侧滑试验台。侧滑试验台用于检测汽车前轮的侧滑量，以判断车轮定位中车轮前束和车轮外倾的配合是否得当。侧滑试验台有单板式和双板式两种，其中双板式应用普遍，如图 1-13 所示。

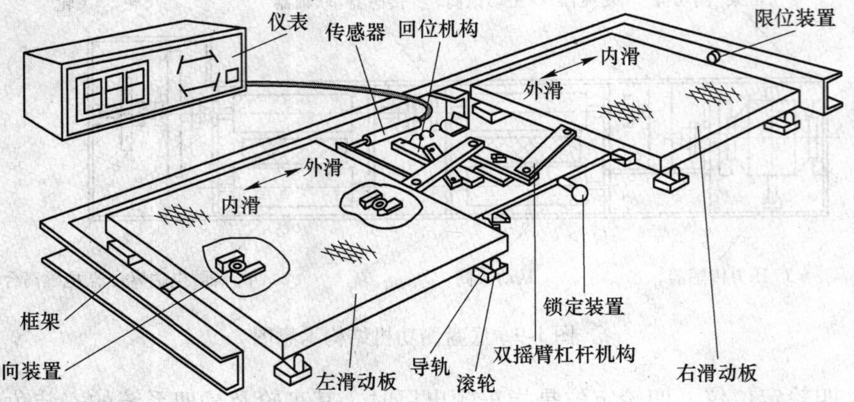

图 1-13　双板式侧滑试验台

1.4.3　汽车电控系统诊断设备

（1）汽车专用万用表。汽车专用万用表可检测充电、启动、燃油及空气、点火、电气、发动机管理、冷却等系和各种传感器，检测参量包括电压、电流、电阻、频率、脉宽、占空比、闭合角、转速、温度、压力等，并可检测线路通断。

（2）汽车示波器。示波器可用于测试电池、传感器、ECU 信号的电压、测试火花塞线、传感器、继电器的电阻、测试保险丝、灯、导线、开关的线路通断。

（3）专用故障检测仪。专业故障检测仪是为各汽车厂家生产的专用测试设备，它除了具备读码、解码、数据扫描等功能外，还具有传感器输入信号和执行器输出信息的参数修正、计算机控制系统参数调整以及系统匹配和标定、防盗密码设定等专用功能。

【任务实施】

在老师的指导下对实训室内各种故障诊断设备进行操作。

项目2 发动机的故障诊断与排除

【项目导入】

发动机是汽车的心脏，是汽车的动力来源。汽车的动力性、燃油经济性、排气净化性和可靠性等性能指标都与发动机有关。发动机不仅结构复杂，而且工作条件很不稳定，经常在转速与负荷变化的条件下运转，某些零件还要在高温及高压等苛刻的条件下工作，因此故障率最高，从而导致其性能下降以致不能工作，因此是汽车检测工作的重点。

现代汽车发动机普遍采用电控技术。它以微型计算机为核心，对发动机燃油喷射系统、点火系统、排放控制系统进行控制。在各种工况下，为发动机提供适当空燃比的可燃混合气、最佳的点火时刻，大幅度地减少了汽车的废气排放，改善了汽车的启动性能，提高了汽车的动力性和经济性。发动机电控系统配备多种传感器，除对燃油空燃比实现控制外，还对发动机点火时刻、怠速 、转速、废气再循环、散热风扇、燃油泵等系统实现集中控制。当发动机发生故障时，电控系统还提供故障自诊断功能，储存故障码，点亮故障指示灯，并提供后备系统，采取相应的保护措施维持发动机工作。

任务2.1 熟知评价发动机技术状况的主要参数

【任务描述】

掌握评价发动机技术状况的主要参数及相关标准。

【基本知识】

发动机在使用过程中，技术状况不断变坏。主要症状有功率下降、燃油和润滑油消耗量增加、废气中的有害气体含量增加以及漏水、漏气、启动困难和运转中有异响。评价发动机技术状况的主要针对参数如下。

（1）发动机功率。发动机功率是发动机的一项总体技术指标。发动机各部零件的磨损以及点火、燃油供给、润滑、冷却等系统工作不良，都会引起发动机功率下降。因此，它可以综合的反映发动机技术状况的好坏。

（2）发动机燃油消耗量。发动机燃油消耗量是评价发动机经济性的一项综合性技术指标。它不仅与发动机燃油供给系的技术状况有关，同时还受发动机点火系、冷却系等技术状况的影响。

（3）气缸密封性。气缸密封性由气缸压缩压力来反映。气缸压缩终了时的压力与气缸压缩比、曲轴转速、机油黏度以及气缸活塞组的技术状况有关。气缸活塞组件磨损后间隙增加，活塞环弹力不足、卡滞，气门与气门座配合不好，均会引起气缸压缩力下降。

（4）排气净化性。发动机排气净化性，指一般通过检测发动机排出废气中 CO、HC、NO 等的含量，可以确定发动机燃烧室内的燃烧质量。燃烧质量的好坏，主要取决于供给系的技术状况，同时也和点火系的技术状况有关。

（5）点火系工作状况参数。反映点火系工作技术状况的参数有蓄电池电压、点火电压、闭合角、重叠角、点火提前角、点火波形等。通过分析可判断点火系零件及线路的情况。

（6）润滑油压力。通常在怠速时发动机的润滑油压力不应低于 0.1MPa（润滑油压力的具体数值，应参照原厂规定）。润滑油压力的高低，反映了润滑系的技术状况及润滑油所流经的各轴承的磨损情况。

（7）润滑油中金属杂质含量。发动机工作时，润滑油不仅润滑零件表面，同时将磨损产物（如铁、铜、铝等金属磨粒）带走，磨粒以悬浮状存在于润滑油中，对润滑机件造成损伤。检测时，通过测出润滑油中磨粒的含量，可确定机件的磨损程度，同时，还可确定合理的换油周期。因此，它可作为发动机诊断的辅助手段。

（8）发动机工作温度。发动机工作温度可以作为发动机不解体诊断时的辅助测量参数，除表明冷却系的技术状况外，还可反映气缸活塞组间隙是否得当、点火时刻是否正确、配气相位是否失准等。

（9）发动机异响和振动。随着发动机各机件磨损量的增加，零件的配合间隙变大，在零件工作时就会产生振动和声响。因此发动机工作时的异响和振动，是发动机工作不良的有力证明。

在进行发动机检测时，可以应用发动机检测设备，重点检测出与发动机功率、燃油消耗、排气净化和磨损等有关的诊断参数，并与诊断参数标准对照，进行分析、判断和评价。这些诊断参数，不仅表明了发动机的工作性能和磨损状况，也是决定汽车是继续运行还是进厂维修的重要依据。

在发动机综合性能检测中，使用的检测设备比较多。如发动机无负荷测功仪、气缸压力表、气缸漏气量（率）检测仪、曲轴箱漏（窜）气量检测仪、真空表、点火正时检测仪、万用表、解码器、示波器等，都是不可缺少的检测设备。

【任务实施】

在老师的指导下查阅各种资料，了解每种车型的发动机的技术状况参数。

任务 2.2　发动机整体性能的检测与诊断

【任务描述】

（1）掌握发动机功率的检测方法。

（2）能够根据检测出来的功率进行诊断分析，查找故障原因。

【基本知识】

2.2.1　发动机功率概述

发动机的额定功率，一般是指发动机携带必要的机件运转时所发出的最大功率。

发动机的有效功率，是指曲轴对外输出的净功率。

发动机在使用过程中，随着各零件的磨损，性能下降，其动力学变差，发动机的功率下降。恢复发动机的动力性，是对发动机进行维修的主要任务。同时，测量发动机功率下降的程度，可以作为衡量发动机技术状况、确定其维修质量的一个重要指标。

影响发动机功率的因素很多，因此，发动机的功率是一个综合性的评价指标。在测功设备上通过发动机的测功试验，不仅可以定性地确定发动机的技术状况，并能定量的获得发动机动力性参数。

2.2.2　发动机功率检测原理

发动机输出的有效功率是指发动机输出轴上发出的功率，是发动机一项综合性指标，通过检测，可掌握发动机的技术状况，确定发动机是否需要大修或鉴定发动机的维修质量。发动机功率的检测可分为稳态测功和动态测功。

2.2.2.1　稳态测功

稳态测功是指发动机在节气门开度一定，转速一定和其他参数都保持不变的稳定状态中，在发动机试验台上由测功器测试功率的方法。通过测量发动机的输出转矩和转速，由下式计算出发动机的有效功率：

$$P_e = \frac{M_e n}{9550}$$

式中，P_e 为发动机功率，kW；n 为发动机转速，r/min；M_e 为发动机输出扭矩。

稳态测定发动机的额定功率是在节气门全开的情况下，由测功器向发动机的曲轴施加额定负荷，使其在额定转速下稳定运转，测出其对应的转矩。无论发动机的行程数和型式如何，均可用上式计算出有效功率。

稳态测功结果比较准确可靠，多为发动机设计、制造、科研单位和院校做性能试验所采用。缺点是测功时费时费力、成本较高，并且需要大型、固定安装的测功器，其中测功器作为发动机的负载，实现对测定工况的调节，模拟汽车实际行驶时外界负载的变化，同时测量发动机的输出转矩和转速，即可算出发动机的功率。测功器是发动机性能测试的重要设备，主要的类型有水力式、电力式和电涡流式。水力测功器是利用水作为工作介质，调节制动力矩。电力测功器是利用改变定子磁场的激磁电压产生制动力矩。电涡流测功器是利用电磁感应产生涡电流形成制动作用。

由于稳态测功时，需要对发动机施加外部载荷，所以也称为有负荷测功或有外载测功。

2.2.2.2　动态测功

动态测功是指发动机在节气门开度和转速均为变动的状态下，测定功率的方法。动态测功时无需对发动机施加外部载荷，又称为无负荷测功或无外载测功。其基本方法是发动机在低速运转时，突然全开节气门，使发动机加速运转，用加速性能直接反映最大功率。这种方法不加负荷，可在实验台上进行，也可就车进行，但测量精度比稳态测功要差。

2.2.3　无负荷测功原理

从汽车上卸下发动机，将耗费时间和劳力，并增加汽车的停歇时间。另外配合件的拆装，不仅导致原走合面的改变，并且会造成密封件和连接件的损坏，同时将大大缩短机构的工作寿命。发动机无负荷测功，可以在不拆卸发动机的情况下，快速测定发动机的功率。

2.2.3.1　*发动机无负荷测功的原理*

发动机无负荷测功仪不需外加载装置，其测量原理是：基于动力学原理，当发动机与传动系统分开，将发动机从怠速或某一低转速急加速至节气门最大开度，发动机产生的动力除克服系统各种内部阻力矩和本身运动件的惯性力矩外，迅速加速发动机并使之达到空载最大转速。对于某一结构的发动机，它的运动件的转动惯量可以认为是一定值，这就是发动机加速时的惯性负载，因此，只要测出发动机在指定转速范围内急加速时的平均加速度或测量发动机从低速到高速所用的时间，即可确定出发动机的功率大小。瞬时加速度越大，则发动机功率越大。

无负荷测功原理可分为两类：一类是用测定瞬时角加速度的方法测量瞬时有效加速度功率；另一类是用测定加速时间的方法测量平均有效加速功率。

（1）测角加速度。有效功率与角加速度的关系为

$$P_e = C_1 n \frac{dn}{dt}$$

其中

$$C_1 = \frac{\pi}{30} \frac{J}{9550}$$

式中，P_e 为发动机的有效功率；n 为发动机转速；$\frac{dn}{dt}$ 曲轴的加速度；J 为曲轴全部运动机件与附件对曲轴中心线的当量转动惯量。

设动态测量时功率的修正系数为 K，这是因为在变工况下测试发动机功率时，发动机进气、燃烧状况与稳态时不同，其有效功率要小，则

$$P_e = KC_1 n \frac{dn}{dt} = C_2 n \frac{dn}{dt}$$

上式表明，汽车发动机在加速过程中，在某一转速下的有效功率与该转速下的瞬时加速度成正比。因此只要测出加速过程中的转速与对应的加速度，即可求出该转速下的有效功率。对于某一型号的发动机，转动惯量为常数，系数 K 可通过稳态测功与动态测功对比试验得出。

（2）测加速时间。通过测出发动机在指定转速范围（$n_1 \sim n_2$）内加速时的加速时间，可测出在指定转速范围内的平均有效加速功率，经推导计算得：

$$P_e = \frac{C_2}{2}(n_2^2 - n_1^2)\frac{1}{t}$$

从上式可以看出，平均功率与加速时间成反比。即节气门全开时，发动机由转速 n_1 加速到转速 n_2 的时间越长，表明发动机功率越小；加速时间越短，表明发动机功率越大。因此，测量出某一转速范围内的加速时间便可间接测得发动机的动力性能。

2.2.3.2　无负荷测功方法

无负荷测功可采用无负荷测功仪或发动机综合性能分析仪进行测量。无负荷测功仪的一般使用方法如下：

（1）仪器预热及自校。

（2）预热发动机。预热发动机至正常温度（85~95℃），并且将怠速调整稳定在 400r/min 左右。

（3）测加速时间。将加速踏板急速踩到底，在读取仪表指针/数码管显示的加速时间同时，松开加速踏板并使指针/数码管复 0，反复 2~3 次，取平均值。

（4）查功率。在测功率使用说明书中，一般都给出几种型号汽车发动机的“加速时间-功率”的对照实验曲线/数据，所得的与说明书对比，即可查得功率值。

2.2.3.3　测量结果分析

根据测定结果进行分析，对发动机技术状况作出判断。

发动机功率诊断参数标准：在用车发动机功率不得低于原额定功率的 75%，大修后发动机功率不得低于原额定功率的 90%。

（1）若发动机功率偏低，是燃料供给系调整状况不佳，点火系技术状况不佳，应对油、电路进行调整。若调整后功率仍低时，应结合气缸压力和进气歧管真空度的检查，判断是否是机械部分故障。

（2）对个别气缸技术状况有怀疑时，可对其进行断火后再测功，从功率下降的大小，诊断该缸的工作情况。

单缸功率的检测方法：先测出发动机整机功率，再测出某缸断火情况下的发动机功率，两功率之差即为断火缸的功率。技术状况良好的发动机，各缸功率应该是一致的，即各缸的功率差应是相等的，否则将造成发动机运转不平稳。比较各单缸功率，可以判断各缸工作状况。

另外，也可以利用断火试验或断油试验时的发动机转速下降值来判断单缸动力性。发动机以某一转速稳定运转时，如果交替使各缸点火短路或断油，则每次短路或断油后发动机功率下降、转速下降。若各气缸工作状况良好，则每次转速下降的幅度应大致相等。若某缸断火后，发动机转速变化不明显，则可断定该缸不工作或工作状况不良。

（3）发动机功率与海拔高度有密切关系，无负荷测功仪所测结果是实际大气压力下的发动机功率，如果要校正到标准大气压下的功率，应乘以校正系数。

2.2.3.4　故障诊断

对发动机动力性能评价的常用指标是发动机的最大功率和单缸转速降。一般要求发动机的最大功率不低于其标定功率的 80%；在发动机转速为 1200r/min 时，单缸转速将应大于 90r/min，各缸转速降差值不应超过 25%。若达不到上述要求，则应视情况确定作业项目。

发动机功率是反映发动机总体技术状况的一个综合指标。若发动机功率不足，难以立即确定故障部位和原因，因为引起发动机功率不足的原因很多，几乎涉及发动机各个系统和结构，因此，若测得发动机功率过低，应进行深入诊断。为提高故障诊断效率，在进行发动机测功时，应注意发动机运行工况的人工观察，发现并排除一些较易发觉的故障，如发动机过热、机油压力异常、排气管放炮、严重异响和尾气烟色明显异常等。在以上工作基础上，借助发动机检测分析仪器进行深入诊断，确定故障部位和原因。一般诊断流程如图 2-1 所示。

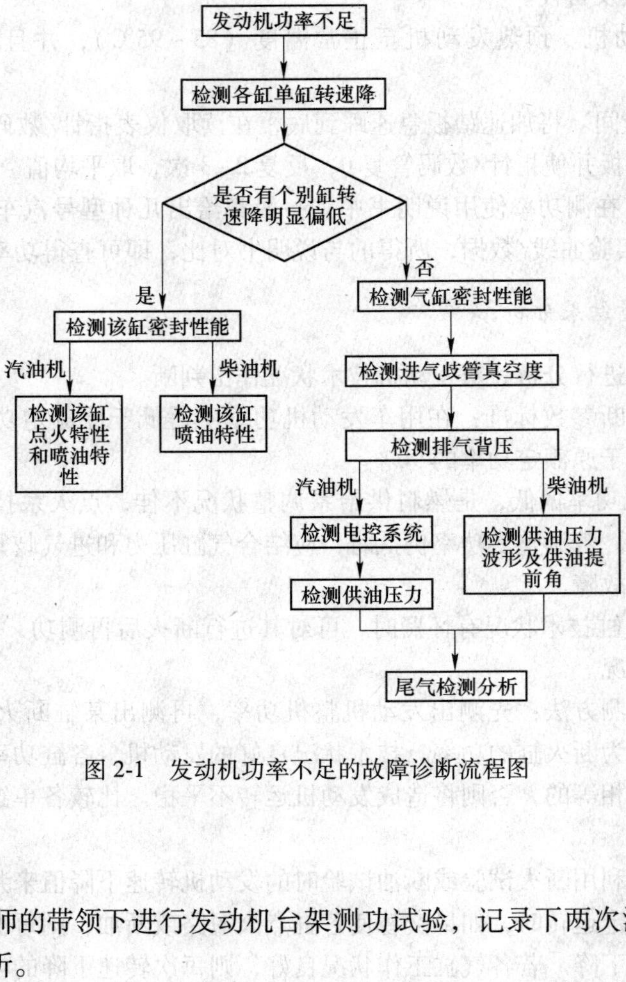

图 2-1　发动机功率不足的故障诊断流程图

【任务实施】

（1）在实训教师的带领下进行发动机台架测功试验，记录下两次测试的数据并进行发动机技术性能分析。

（2）在实训室教师的带领下进行在用车的发动机无负荷测功，记录三次测试的数据，并对数据的差异性进行分析。

任务 2. 3　气缸密封性的检测与故障分析

【任务描述】

（1）掌握检测气缸密封性的方法。

（2）能够根据检测出来的数据进行诊断分析，查找故障原因。

【基本知识】

气缸活塞组是发动机的心脏，由气缸、活塞、活塞环、气门、气缸盖和气缸垫等零件组成。它们在使用过程中，由于这些零件磨损、烧蚀、结焦或积碳，导致气缸密封性下降，使发动机功率下降，燃油消耗增加，使用寿命大大缩短。气缸密封性是表征发动机技术状况的重要参数。在不解体的条件下，检测气缸密封性的常用方法有：测量气缸压缩压力，测量曲轴箱窜气量，测量气缸漏气量或漏气率，测量进气管负压等。在就车检测时，只要进行其中的一项或两项，就能确定气缸密封性的好坏。

2.3.1　气缸压缩压力的检测与故障诊断

活塞到达压缩终了上止点时气缸压缩压力的大小可以表明气缸的密封性。检测仪器有气缸压力表检测和气缸压力测试仪，下面以气缸压力表为例讲解。气缸压力表的结构如图 1-1 所示。

2.3.1.1　检测方法

发动机正常运转，使水温达 75℃以上。停机后，拆下空气滤清器，用压缩空气吹净火花塞或喷油器周围的灰尘和脏物，然后卸下全部火花塞或喷油器，并按气缸次序放置。对于汽油发动机，还应把中央电极高压线拔下并可靠搭铁，以防止电击和着火，然后把气缸压力表的橡胶接头插在被测缸的火花塞孔内，扶正压紧。节气门置于全开位置，用启动机转动曲轴 3 ~5s（不少于四个压缩行程），待压力表头指针指示并保持最大压力后停止转动。取下气缸压力表，记下读数，按下单向阀使压力表指针回零。按上述方法依次测量各缸，每缸测量次数不少于两次。

就车检测柴油机气缸压力时，应使用螺纹接头的气缸压力表。如果该机要求在较高转速下测量，此种情况除受检气缸外，其余气缸均应工作。其他检测条件和检测方法同汽油机。

2.3.1.2　诊断参数标准

气缸压缩压力标准值一般由制造厂提供。

（1）对于在用车检测，要求汽油机气缸压力下降值大于等于原标准值 30%；柴油气缸压力下降值大于等于原标准值 20%。

（2）大修竣工发动机的气缸压力应符合原设计规定，每缸压力与各缸平均压力的差，汽油机不超过 8%，柴油机不超过 10%。

常见几种车型发动机气缸压缩压力的标准值见表 2-1。

2.3.1.3　结果分析与故障诊断

（1）有的气缸在 2~3 次测量中，压力读数时高时低，相差较大，说明气门有时关闭不严密。

（2）相邻两缸压力读数偏低或很低，而其他缸正常，是由于相邻两缸气缸垫漏气或缸盖螺栓未拧紧所致。

表 2-1　常见几种车型发动机气缸压缩压力的标准值

发动机型号	压缩比	气缸压缩压力值/kPa	各缸压力差/kPa
奥迪 1001.8L	8.5	新车：800~1000 极限：650	≤300
捷达 EA827	8.5	900~1100	≤300
桑塔纳 AJR1.8L	9.3	1000~1350	≤300
富康 TU3	8.8	1200	≤300

(3) 两缸或数缸读数偏低，可用清洁而黏度较大的机油 20~30mL 注入气压偏低的缸内，再测量气缸压力，若压力读数上升，说明气缸与活塞组零件磨损过大，如读数正常基本无变化，说明气门关闭不严。

(4) 一缸或数缸压力偏高，汽车行驶中伴随过热或爆燃现象，则属于积碳过多，压缩比过大。

以上仅为对气缸活塞组不密封部位的故障分析推断，并不能完全确定故障原因及准确部位，还需要配合其他方法检测故障所在。在测量气缸压力后，针对压力低的气缸，常采用如下简易方法：拆下滤清器，打开散热器盖、加机油口和节气门，用一条胶管，一头接在压缩空气源（600kPa 以上），另一头通过锥形橡胶接头插在火花塞或喷油器孔内。转摇发动机曲轴，使被测气缸活塞处于压缩终了上止点位置，然后将变速器挂入低速挡，拉紧驻车制动器，打开压缩空气开关，注意倾听发动机漏气声。如果在进气管口处听到漏气声，说明进气门关闭不严；如果在排气消声器口处听到漏气声，说明排气门关闭不严。如果在散热器加水口处看到有气泡冒出，说明气缸垫不密封造成气缸与水套沟通；如果在加机油口处听到漏气声，说明气缸活塞配合副磨损严重。

2.3.1.4　检测气缸压力注意事项

(1) 不能在凉车时检测气缸压力。由于温度和大气压等因素的影响，只有在发动机达到正常的工作温度时测得的气缸压力才具有实质性的参考价值。

(2) 对于电喷车在测试中必须拆下燃油泵保险或其他继电器、保险再测量，否则往往会导致“淹缸”以及气缸压力偏低的情况。

(3) 测试过程中，必须将节气门、阻风门全部打开。否则会由于燃烧室内进气量不足，导致气缸压力偏低。

(4) 由于气缸压力测量具有一定的偶然性，只测一次往往不准确，只有经过 2~3 次测量然后取其平均值，测试结果才有效。

(5) 测试中启动机运转时间不能过长或过短。时间过长会过多消耗电能和损害启动机，过短则会达不到测试标准。

用气缸压力表检测气缸压力，尽管应用广泛，但存在测量误差大的缺点。气缸压力的测量结果不但与气缸的密封程度有关，而且还与曲轴的转速有关，研究表明，检测转速是否符合规定是检测误差大的主要原因之一，因此在检测气缸压力时，应对曲轴转速进行监测。

2.3.2　曲轴箱窜气量的检测与故障诊断

气缸活塞组一些零件磨损，活塞环性能下降均会使气缸密封性下将。燃气将从不密封处窜入曲轴箱，窜入气体数量越大，表示该组气缸与活塞、活塞环间的密封程度越低。所以，检测曲轴箱窜气量，也是检测气缸密封性的方法之一。特别是在发动机不解体的情况下，使用该方法诊断气缸活塞摩擦副的工作状况具有明显的作用。

2.3.2.1 曲轴箱窜气量的检测方法

曲轴箱窜气量的检测一般采用专用气体流量计进行，具体检测步骤如下。

（1）打开电源开关，按仪器使用说明书的要求对检测仪进行预调。

（2）密封曲轴箱，即堵塞机油尺口、曲轴箱通风进出口等，将取样头插入机油加注口内。

（3）启动发动机，待其运转平稳后，仪表箱仪表的指示值即为发动机曲轴箱在该转速下的窜气量。

曲轴箱窜气量除与发动机气缸活塞组技术状况有关外，还与发动机转速和负荷有关。因此在检测时，发动机应加载，节气门全开（或柴油机最大供油量），在最大转矩转速（此时窜气量达最大值）下测试。发动机加载可在底盘测功机上实现，测功机的加载装置可方便地通过滚筒对发动机进行加载，以实现发动机在全负荷工况下从最大转矩转速至额定转速的任一转速下运转，因此，可用曲轴箱窜气量检测仪检测出各种工况下曲轴箱的窜气量。

2.3.2.2 曲轴箱窜气量诊断参数标准与故障诊断

对曲轴箱窜气量还没有制定出统一的国家诊断标准，有些维修企业自用的企业标准一般是根据具体车型逐渐积累资料制定的。由于曲轴箱窜气量还与缸径大小和缸数多少有关，很难把众多车型统一在一个诊断参数标准内。有些国家以单缸平均窜气量作为诊断参数，综合国内外情况，单缸平均窜气量值可参考如下标准。

汽油机：新机 2 ~4L/min，达到 16~22L/min 时需大修；柴油机：新机 3 ~8L/min，达到 18~28L/min 时需大修。

（1）曲轴箱窜气量大，一般是气缸、活塞、活塞环磨损量大，使各部分间隙大；活塞环对口、结胶、积碳、失去弹性、断裂及缸壁拉伤等原因造成，应结合使用、维修和配件质量等情况来进行深入诊断。

（2）在某一稳定转速检测时，若指针无规律按一定幅度摆动，说明有拉缸或断环故障。

2.3.3 气缸漏气量或漏气率的检测与故障诊断

2.3.3.1 气缸漏气量的检测

气缸的密封性可用检测气缸漏气量的方法进行评价。检测气缸漏气量时，发动机不运转，活塞处在压缩终了上止点位置，从火花塞孔处通入一定压力的压缩空气，通过测量气缸内压力的变化情况，来表征整个气缸组的密封性，即不仅表征气缸活塞摩擦副，还表征进排气门、气缸衬垫、气缸盖及气缸的密封性。该方法仅适用于对汽油机的检测。

气缸漏气量的检测用国产 QLY-1 型气缸漏气量检测仪。该仪器由调压阀、进气压力表、测量表、校正孔板、橡胶软管、快速接头和充气嘴等组成，此外还须配备外部气源、指示活塞位置的指针和活塞定位盘。外部气源的压力相当于气缸压缩压力，一般为 600~900kPa。压缩空气按箭头方向进入气缸漏气量检测仪，其压力由进气压力表显示。随后，它经由调压阀、校正孔板、橡胶软管、快速接头和充气嘴进入气缸，气缸内的压力变化情况由测量表显示。检测方法如下：

（1）先将发动机预热到正常工作温度，然后用压缩空气吹净缸盖，特别要吹净火花塞孔上的灰尘，拧下所有火花塞，装上充气嘴。

（2）将仪器接上气源，在仪器出气口完全密封的情况下，通过调节调压阀，使测量表的指针指在 392kPa 位置上。

（3）摇转曲轴，先使第 1 缸活塞处于压缩终了上止点位置，然后转动活塞定位盘，使刻度“1”对正指针。变速器挂低速挡，拉紧驻车制动器，以保证压缩空气进入气缸后，不会推动活塞下移。

（4）把 1 缸充气嘴接上快换接头，向 1 缸充气，测量表上的读数，便反映了该缸的密封性。在充气的同时，可以从进气口、排气消声器口、散热器加水口和加机油口等处，察听是否有漏气声，以便找出故障部位。

（5）按以上方法和点火次序，检测其他各缸的漏气量。为使数据可靠，各缸应重复测量一次。

仪器使用完毕后，调压阀应退回到原来的位置。

对于解放和东风等国产发动机，在确认进排气门和气缸衬垫密封良好的情况下，其测量读数值大于 246kPa，气缸活塞摩擦副的密封性可诊断为合格；如读数值小于 246kPa，则需换环或镗缸换活塞。

2.3.3.2 气缸漏气率的检测

气缸漏气率的检测，无论是在使用的仪器、检测的方法，还是判断故障的方法上，与气缸漏气量的检测是基本一致的，只不过气缸漏气量检测仪的测量表标定单位为 kPa 或 MPa，而气缸漏气率测量表的标定单位为百分数。一般说来，当气缸漏气率达 30%~40%时，如果能确认进排气门、气缸衬垫、气缸盖和气缸套等是密封的（可从各泄漏处有无漏气或迹象确认），则说明气缸活塞摩擦副的磨损临近极限值，已到了需换环或镗磨缸的程度。

2.3.3.3 检测标准

气缸漏气量（率）检测标准应根据发动机种类、缸径、磨损情况等因素通过试验确定。气缸漏气量的标准见表 2-2，对于缸径为 102mm 左右的汽油发动机，用 QLY-1 型气缸漏气量检测仪检测时，若测量表上的压力值大于 250kPa，则密封性良好；而当测量表压力指示值小于 250kPa 时，说明密封性较差，应进一步察听漏气部位，找出故障原因。

表 2-2 气缸漏气量参考值

气缸密封状况	仪器读数值/kPa
合格	≥250
不合格	<250

气缸漏气率的检测标准见表 2-3，当气缸漏气率达 30%~40%时，若能确认进排气门、气缸衬垫、气缸盖等处均不漏气，则说明气缸活塞摩擦副的磨损临近极限值。气缸漏气量（率）的检测虽然比较麻烦、费时，但检测全面、指示直观，比用气缸压缩压力检测值反映气缸密封性精确。

表 2-3　气缸漏气率参考值

气缸密封状况	仪器读数值/%
良好	0~10
一般	10~20
较差	20~30
换环或镗缸	30~40

2.3.4　进气管负压的检测

2.3.4.1　检测原理

发动机进气管负压（也称真空度）是进气管内的压力与大气压力的差值，发动机进气管真空度可以评价发动机的气缸密封性，主要是针对汽油机而言。检测进气管真空度，一般是在怠速条件下进行，因为技术状况良好的汽油机怠速时，进气管真空度有一较稳定的值，同时怠速时进气管真空度较高，对因进气管、气缸密封性不良引起的真空度下降较为敏感。

发动机进气管负压的大小随气缸活塞组零件的磨损而变化，并与气门组零件的技术状况、进气管的密封性以及点火系和供油系的调整有关。因此，检测进气管负压，可以用来诊断发动机多种故障。

进气管负压用真空表检测，无须拆任何机件，而且快速简便，应用极广。一般发动机综合分析仪也具有进气管负压检测功能。

2.3.4.2　测试条件及操作方法

（1）启动发动机，并使其以高于怠速的转速空转 30min 以上，使发动机达到正常工作温度。

（2）将真空表软管接到进气歧管的测压孔上。

（3）变速器挂空挡，发动机怠速运转。

（4）读取真空表上的示值。

2.3.4.3　诊断标准

根据 GB 3799—1983《汽车发动机大修竣工技术条件》的规定，大修竣工的四行程汽油机转速在 500~600r/min 时，以海平面为准，进气管负压应在 57.33~70.66kPa 范围内。波动范围：六缸汽油机一般不超过 3.33kPa，四缸汽油机一般不超过 5.07kPa。

进气管负压随海拔升高而降低。海拔每升高 1000m，负压约减少 10kPa，检测应根据所在地的海拔高度进行折算。

2. 3. 4. 4　检测结果分析

一般进气管真空度怠速时都有规定的正常值，通过对进气管真空度检测结果分析，可判断发动机的技术状况和故障。

（1）怠速时，指针在 50. 66~67. 55kPa 间有规律地摆动，表示气门黏滞或点火系统有故障。

（2）当气门关闭时，指针有规律地迅速跌落 10~16kPa，表明气门与导管卡滞。

（3）如果气门弹簧折断或弹力不足，发动机在 500r/min 左右运转，则真空表指针在 33~74kPa 范围内迅速摆动，某一个气门弹簧折断，指针将相应地产生快速波动。

（4）如果气门导管磨损松旷，则真空表读数较正常值低 10~13kPa，且缓慢地在 47~60kPa 范围内摆动。

（5）如果活塞环磨损严重，则发动机转速升至 2000r/min 时，突然关闭节气门，真空表指针迅速跌落至 6~16kPa 以下；当节气门关闭时，指针不能回到 83kPa；当迅速开启节气门时，指针不低于 6~16kPa，则活塞环工作良好。

（6）如果气缸垫窜气，真空表读数会从正常值突然跌落至 33kPa，当泄漏气缸在工作行程时，指针又恢复正常值。

（7）如果混合气过稀，则指针不规则跌落，如果混合气过浓，则指针缓慢摆动。

（8）进气支管衬垫漏气时，真空表指示值比正常值低 10~30kPa；排气系统堵塞时，发动机转速升至 2000r/min，突然关闭节气门，真空表指针从 83kPa 跌落至 6kPa 以下，并迅速回至正常。

（9）如果点火过迟，则真空表指针稳定地指示在 47~57kPa 之间。

（10）如果气门开启过迟，则真空表指针稳定地指示在 27~50kPa 之间。

（11）如果火花塞电极间隙过小，断电器触点接触不良，则真空表指针缓慢地摆动在 47~54kPa 之间。

【任务实施】

（1）在实训教师的指导下测量气缸压力，记录数据，并分析数据成因。

（2）用真空表测量发动机真空度，并分析故障原因。

任务 2. 4　曲柄连杆机构和配气机构常见故障诊断分析

【任务描述】

（1）掌握曲柄连杆机构和配气机构常见故障的现象及其主要原因。

（2）能够对曲柄连杆结构和配气机构的故障进行正确的诊断分析，并能够正确使用检测设备。

【基本知识】

如图 2-2 所示，曲柄连杆机构由机体组、活塞连杆组、曲轴飞轮组三部分组成。机体组主要包括气缸体、气缸盖、气缸垫、油底壳等机件；活塞连杆组主要包括活塞、活塞环、活塞销和连杆等机件；曲轴飞轮组主要包括曲轴、飞轮、扭转减振器等机件。

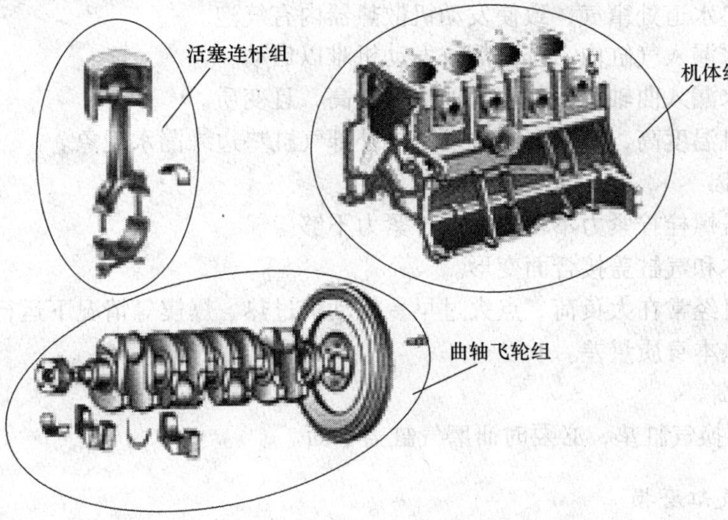

图 2-2　曲柄连杆机构的组成

2.4.1　曲柄连杆机构常见故障诊断分析

2.4.1.1　缸体、缸盖变形

气缸体与气缸盖的变形将造成气缸密封不严、漏气、漏水，甚至燃烧产生的气体会冲坏气缸垫。气缸体变形不仅影响发动机的装配质量，还影响飞轮壳及变速器的装配关系，造成离合器、变速器工作时发响和磨损加剧，导致发动机、经济性下降。

A　故障现象

（1）发动机排白烟。

（2）怠速运转时，打开水箱盖看到水箱冒气泡。

（3）缸压低。

B　故障原因

（1）缸体在铸造和机械加工时，有残余应力，由于零件的时效处理不足，造成内应力很大，高温时内应力重新分布。

（2）燃气压力，曲柄连杆机构往复运动产生的力作月在气缸体上，使气缸拉压、弯曲和扭转，气缸体平面翘曲变形。

（3）在拧进气缸盖螺栓时，不按规定顺序拧，扭力过大或不均匀，以及在高温下拆卸气缸盖等，也会造成气缸体与气缸盖的变形。

（4）在使用中，发动机长期在高转速、大负荷条件下工作，润滑不足、烧瓦抱轴等也会引起气缸体变形及轴承座孔中心线的变化。

2.4.1.2　气缸垫烧蚀

A　故障现象

（1）发动机运转不平稳，排气管有“突突”的响声。

（2）发动机工作性能变坏，动力下降，转速不能提高。

（3）相邻两缸窜气。气缸压力降低。

（4）气缸垫水道处窜气，致使发动机散热器内有气泡。

（5）冷却水漏入气缸内，排白烟，发动机难以启动。

（6）冷却水漏入曲轴箱，使润滑油油面升高，且变质。

（7）发动机温度高，有时会出现发动机外部气缸垫边缘漏水现象。

B　故障原因

（1）气缸盖螺栓拧紧力不均匀，或拧紧力不够。

（2）气缸体和气缸盖接合面变形。

（3）发动机经常在大负荷、点火过早、发动机过热、爆震等情况下运行。

（4）气缸垫本身质量差。

C　故障诊断

及时拆检更换气缸垫，必要时研磨气缸盖平面。

2.4.1.3　气缸磨损

A　故障现象

（1）冷启动时有明显的“嗒嗒”的敲击声，温度升高，响声减弱或消失。

（2）缸压低。

（3）有时排气管排蓝烟；加机油口处冒蓝烟。

（4）发动机动力性下降。

（5）油耗增加。

B　气缸的磨损规律

气缸是在润滑不良、高温、高压、交变载荷和腐蚀物质作用下工作的。气缸磨损是不均匀的，但正常情况下有一定的规律性。

从气缸的纵断面看，活塞环行程内的磨损一般是上大下小的不规则“锥形”或“锥体”。磨损最大部位是活塞位于上止点时第一道活塞环所对应的缸壁。个别磨损成中间腰鼓形。如图 2-3 所示。

在气缸内活塞环接触不到的上口，由于没有磨损而形成了明显的台阶，称为“缸阶”或“缸肩”。气缸下部活塞运动区域外的气缸壁，由于润滑条件比较好，温度适中，没有活塞环摩擦作用，气缸也几乎没有磨损。

在特殊情况下，气缸的磨损不在上部，而是在中部，形成中间大的“腰鼓形”磨损。在同一台发动机上，不同气缸磨损情况不尽相同，一般水冷发动机的第一缸前壁和最后一缸的后壁处磨损较为严重。

从气缸横断面来看，气缸的磨损也是不均匀的，磨损成不规则的椭圆形，各气缸沿圆周方向的最大磨损部位随气缸结构、车型、使用条件的不同而异。一般是进气门对面附近缸壁磨损最大。

C　气缸磨损的原因

气缸磨损主要是由机械磨损、腐蚀磨损和磨料磨损等造成的。

（1）机械磨损。发动机工作时，活塞环自身弹力和高压气体窜入活塞环背面共同作

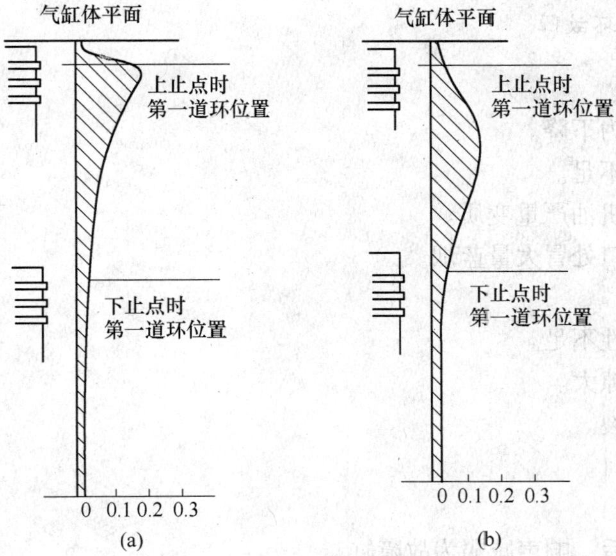

图 2-3 气缸磨损规律

（a）锥形磨损；（b）腰鼓形磨损

用，致使活塞环对气缸壁的正压力大，摩擦力也大，润滑油膜被破坏，形成半干摩擦或干摩擦，造成活塞位于上止点时，第一道活塞环对应的气缸壁磨损最为严重，形成气缸轴向上大下小的锥形磨损。

（2）腐蚀磨损。气缸内可燃混合气燃烧后，产生水蒸气和酸性氧化物 CO_2、SO_2、NO_2，它们溶于水而生成矿物酸，同时在燃烧过程中还生成有机酸（硫酸、醋酸）。这些物质附在气缸表面，对气缸表面产生腐蚀作用，使受腐蚀的气缸表面组织结构松散，并在活塞往复运动过程中逐步被活塞环刮掉，造成腐蚀磨损。由于气缸体上部不能完全被润滑油膜覆盖，其腐蚀作用更加严重。

矿物酸的生成及对磨损的影响与工作温度有直接关系。冷却水温低于 80℃时，在气缸体表面易形成水珠，酸性氧化物溶于水而生成酸。这一作用随发动机冷却水温的降低而增加。发动机未达到工作温度时，其负荷不宜过大，并且应尽量缩短低温运转时间，加快发动机的升温，以减少腐蚀磨损。对于多缸发动机，各缸磨损不均匀。如 6 缸发动机，由于 1 缸和 6 缸前后壁冷却效率较高，进气门对面被较冷的可燃混合气冲刷，润滑油膜难以形成，致使这些部位受到严重的腐蚀磨损。这使气缸上部磨损较大并形成明显的椭圆形。

（3）磨料磨损。空气中的尘埃、润滑油中的机械杂质、发动机中的磨削等浸入气缸壁间会造成磨料磨损。空气中的尘埃被吸入气缸内部，其棱角锋利，因而气缸上部磨损也最大。在风沙严重地区，大量灰尘进入气缸，由于活塞在气缸中部运动速度最大，致使气缸形成腰鼓状。

D 诊断与检查

（1）检测故障缸压力。

（2）检测气缸直径及圆柱度。

2.4.1.4　活塞环故障

A　故障现象

（1）发动机动力下降。

（2）气缸压力不足。

（3）烧机油，机油严重变质。

（4）从加机油口处冒大量蓝烟。

B　故障原因

（1）活塞环弹性不足。

（2）活塞环间隙大。

（3）活塞环断裂。

（4）活塞环对口。

C　故障诊断

（1）单缸断火后，响声减弱为故障缸。

（2）测缸压，手摇阻力小、向故障缸加机油，若缸压上升，说明为活塞环故障。

（3）延迟点火时刻，响声减弱。

2.4.1.5　活塞的故障

（1）活塞环槽的磨损。

（2）活塞裙部磨损。

（3）活塞销与销座孔的磨损。

（4）活塞的刮伤（拉缸）。该故障主要是由于活塞与气缸壁间隙过小，不能形成足够的油膜或气缸表面严重不清洁，存有较大和较多的机械杂质；活塞销与销座孔配合过紧等。

（5）活塞烧伤。该故障主要是发动机在超负荷条件下或爆燃情况下长时间工作，造成活塞顶或侧面局部或大面积熔化。

（6）活塞脱顶。活塞脱顶即活塞头部与裙部分离。主要原因是活塞环开口间隙过小，工作中经高温膨胀，在气缸中卡死；活塞环与气缸壁间发生黏结，而活塞在连杆的拖动下运动。

2.4.1.6　曲轴轴颈的磨损

A　故障现象

（1）主轴颈、连杆轴颈磨损成椭圆。

（2）机油压力明显降低。

（3）接合离合器，总有短暂颤抖。

B　故障原因

（1）润滑不好，机油牌号不对。

（2）热处理工艺不当。

（3）轴颈磨削之前，校正不好，加工时，磨掉淬硬层。

(4) 曲轴飞轮组动平衡不好。
(5) 长时间承受大负荷。
C　诊断
(1) 长期使用中，机油压力逐渐降低。
(2) 出现连杆轴瓦响、曲轴主轴瓦响。

2.4.1.7　曲轴裂纹

A　故障原因
(1) 轴颈圆角半径小或圆角淬硬不好造成应力集中。
(2) 热处理工艺不好。
(3) 长期在恶劣条件下工作或在临界转速工作，形成共振。
B　检查
做磁力探伤。

2.4.1.8　曲轴弯、扭变形

曲轴弯、扭变形的主要原因如下：
(1) 发动机工作不平稳，各轴颈受力不均匀。
(2) 发动机突然超负荷工作，使曲轴过分受振。
(3) 发动机经常发生“突爆”燃烧。
(4) 曲轴轴瓦和连杆轴瓦间隙过大，工作时受到冲击。
(5) 曲轴轴瓦松紧不一，中心线不在一条直线上。
(6) 点火时间过早。
(7) 活塞重量不一致。
(8) 曲轴端隙过大，运转时前后移动。
(9) 驾驶时紧急制动，上坡时换挡不及时，利用冲力带动发动机，使曲轴受到较大的扭力。

2.4.2　配气机构常见故障诊断分析

如图 2-4 所示，配气机构由气门组和气门传动组组成。其中气门组包括气门、气门导管、气门座和气门弹簧；气门传动组包括凸轮轴、凸轮轴正时齿轮、挺柱、推杆、摇臂等。配气机构的作用是按照各缸工作顺序和每个气缸工作循环的要求，定时开启和关闭进、排气门，使新鲜可燃混合气或空气及时进入气缸，废气及时从气缸内排出。

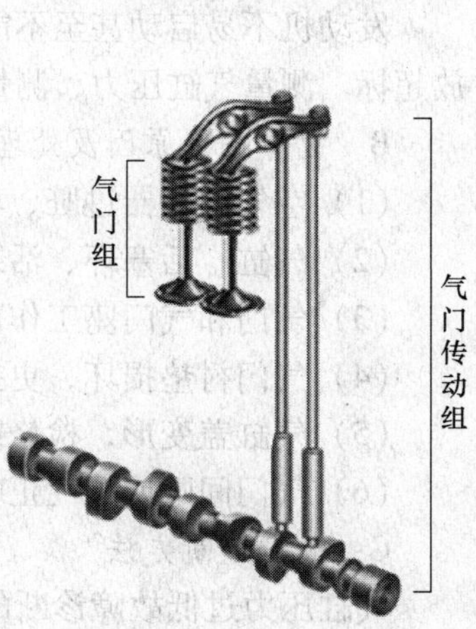

图 2-4　配气机构

2.4.2.1　气门关闭不严故障

A　故障现象
(1) 进气管回火。
(2) 排气管放炮。

(3) 发动机动力不足。

(4) 气门响。

B 故障原因

(1) 气门间隙过小。

(2) 气门弹簧过软。

(3) 气门烧蚀。

(4) 气门发卡。

(5) 气门与气门导管磨损严重。

2.4.2.2 点火正时不对

A 故障现象

(1) 发动机启动困难，同时伴有错火；进气管回火，排气管放炮。

(2) 动力性下降。

B 故障原因

(1) 正时齿轮被打坏。

(2) 正时齿轮带磨损、松旷。

(3) 正时齿轮轮毂与轮辐脱开。

(4) 凸轮轴的正时齿轮的键松动或磨损。

C 故障诊断

重新调整点火正时，若无效，拆卸检查。

2.4.3 曲柄连杆机构和配气机构的综合故障

2.4.3.1 气缸压力过低

A 故障现象

发动机不易启动甚至不能启动，怠速不稳，动力不足，机油和燃油消耗增加，尾气排放超标。测量气缸压力，测量值低于允许极限。

B 故障主要原因及处理方法

(1) 空气滤清器过脏、堵塞、清洁或更换空气滤清器芯。

(2) 气缸、活塞环、活塞磨损过大，密封不良，检修或更换气缸、活塞环、活塞。

(3) 气门和气门座工作面磨损或烧蚀，密封不良，检修或更换气门和气门座。

(4) 气门衬垫损坏，更换气缸垫。

(5) 气缸盖变形，检修或更换气缸盖。

(6) 气门间隙或配气正时不当，调整气门间隙或配气正时。

C 故障诊断方法

气缸压力过低故障诊断的方法有人工经验诊断法和仪器仪表诊断法两种。

人工经验诊断法适用于故障现象较明显、故障程度较严重的故障诊断，为提高诊断精度和效率，应采用仪器仪表诊断法。诊断气缸压力过低故障的常用仪器仪表有气缸压力表、窜气量测量仪、气缸漏气量（率）检验仪和真空表，仪器仪表的诊断方法见项目2

中的任务 2.3 中有关气缸密封性的诊断方法。

人工经验的诊断过程如图 2-5 所示。

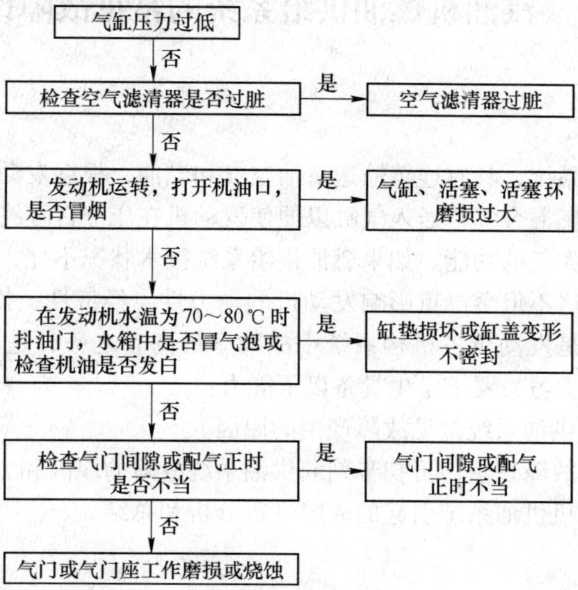

图 2-5　气缸压力低的故障诊断流程图

注：若气门与气门座漏气严重，如气门杆弯曲，不能关闭，则可能出现回火、放炮现象。

2.4.3.2　气缸压力过高

若气缸压力测量值超过原厂规定标准值，则为气缸压力过高。一般发动机气缸压力过高的原因主要是燃烧室内积碳过多，导致燃烧室容积减小，其检修方法是清除燃烧室内的积碳。刚大修后的发动机气缸压力过高的原因主要是气缸衬垫过薄或气缸盖因加工过度，厚度太薄，导致燃烧室容积太小。其排除方法是更换气缸衬垫或气缸盖。

【任务实施】

通过本任务学习，能够对曲柄连杆机构和配气机构的故障进行正确的诊断分析，并能够正确使用油压表测量燃油压力。

学生在老师的指导下，运用本次任务所学的理论知识完成下列案例的故障诊断。

(1) 某轿车车主反映："近期动力严重下降，油耗明显增加"。于是送修理厂修理，想查明原因。技师进一步询问及试车，无明显噪声和异常，初步判断是气缸压力不足所致，于是使用气缸压力表对发动机进行检测，发现压力值低于标准，于是对发动机进行拆检，更换新的活塞环后运行正常。追踪回访反映"油耗正常，无异常"。

(2) 某轿车车主到店保养，技术发现该车机油消耗量较大，但同类型车辆没有类似异常情况，启动车辆后发现发动机抖动严重，询问车主，反映时提速不畅。于是技师做进一步检查，并在不拆下缸盖的情况下，使用了专用工具更换了气门油封，装复后试车，动力性有了明显改善，叮嘱车主可不定期自行检查或到店送检机油消耗情况。通过追踪回访，确认机油消耗异常的现象消失。

任务 2.5　汽油机燃油供给系统的常见故障诊断分析

【任务描述】

汽油机燃油供给系统，具有连续输送清洁空气和燃油，根据发动机不同工况配制一定数量和适当浓度的可燃混合气，送入气缸以便使发动机在压缩行程终了时着火燃烧，膨胀做功，并将废气排入大气的功能。如果燃油供给系统技术状况不佳，甚至出现了故障，将难以保证以上功能。这不但会严重影响发动机的动力性、经济性、排放性和工作可靠性，而且无法正常工作，是发动机各机构系统中故障率最高者之一，是诊断检测中的重点对象。通过对本任务的学习，要求学生具备以下能力：

（1）熟悉发动机供油系统常见故障产生的原因。

（2）针对汽车的故障现象，可初步判断供油系统故障的原因和方向。

（3）能够对发动机供油系统引起的故障进行分析和总结。

【基本知识】

电控燃油喷射系统（EFI）是发动机电控系统的核心部分，它利用各种传感器检测发动机的状态信息，经微处理器的判断、计算，使得各种工况下均能向发动机喷射合适空燃比的混合气。所以，电控燃油喷射系统是对喷射正时、喷油量、燃油停止供油及燃油泵进行控制。随着汽车技术的快速发展，现在绝大部分汽车发动机都采取电控燃油喷射系统，加强对电喷系统故障的理论研究，进一步理解和掌握电喷系统的发生故障部位、原因和排除方法，对于一名修理工来说很有必要。

电控燃油喷射系统由空气系统、燃料系统、控制系统组成，如图 2-6 所示。作用是根据发动机的各种不同工况要求，配制出一定数量和浓度的可燃混合气，供入气缸，使之在临近压缩行程终了时点火燃烧而膨胀做功，最后将燃烧做功后的废气排入大气中。

空气系统由喷油器、稳压室、节气门体、空气流量计、空气滤清器、空气阀组成。空气系统的作用是测量和控制汽油燃烧时所需要的空气量，空气经过空气滤清器过滤后，用空气流量计进行测量，然后通过节气门体到达稳压箱，再分配给各缸进气管，由喷油器中喷出的汽油与空气混合后再被吸入气缸内进行燃烧。

燃油供给系统由燃油箱、燃油泵、燃油滤清器、压力调节器、喷油器和输油管组成。燃油供给系统的作用是向气缸供给燃烧时所需要的汽油量，燃油泵从燃油箱吸出的汽油通过燃油滤清器后，经过压力调节器加压，将压力调整到比进气管压力高出 250kPa 的压力，经过输油管送给各个喷油器和低温启动喷射阀（低温启动喷油器），喷油器根据 ECU 喷射信号，把适量汽油喷射到进气歧管中。

控制系统由传感器（水温传感器、进气温度传感器、曲轴位置传感器、节气门位置传感器），ECU、电源开关继电器、低温启动喷油器、定时开关、控制供给喷油器电流的电阻器组成。控制系统的作用是根据发动机运转和车辆运行状况确定汽油最佳喷油量，其中喷油量由喷油器的喷射时间来控制，而喷射时间则由 ECU 进行计算和控制。

目前，汽油机普遍采用的是缸内直喷技术，该技术就是将喷油器喷嘴安装在气缸内，喷油器直接在气缸内进行燃油喷射，空气在气缸内与汽油混合燃烧。

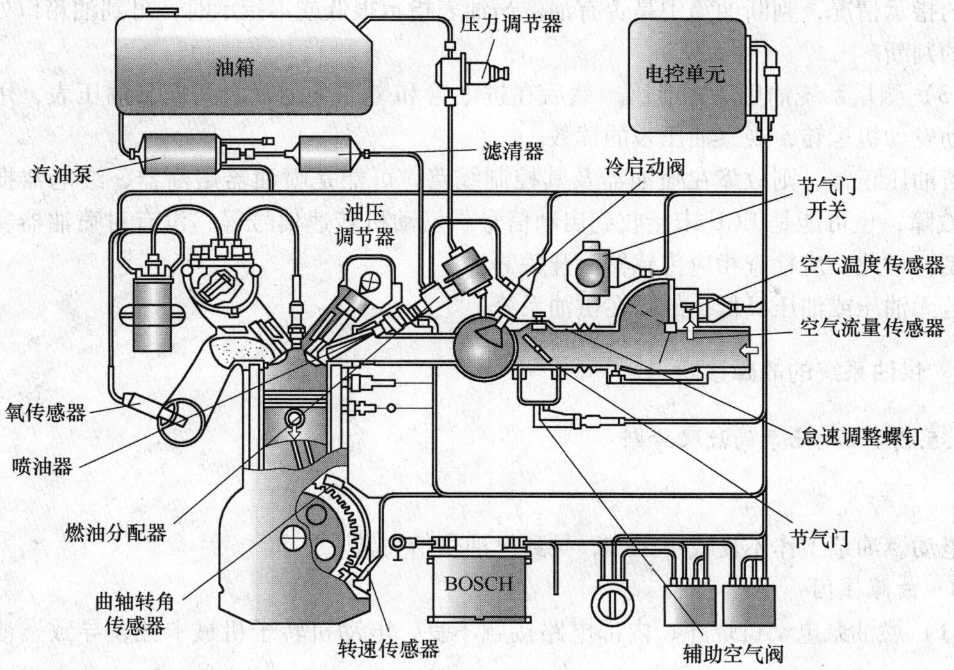

图 2-6　电控燃油供给系统的组成

2.5.1　不来油故障诊断

A　故障现象

发动机不能启动或在运转过程中自动熄火，不能再次启动，其他系统如点火系统、启动系统的性能是良好的。

B　故障原因

(1) 燃油箱内存油不足。

(2) 油管堵塞，油管及接头破裂或松动漏油。

(3) 进油滤清器堵塞。

(4) 油压调节器损坏，造成系统燃油压力过低，导致喷油器喷油量严重不足。

(5) 燃油泵、燃油泵继电器不工作，燃油泵熔断丝烧坏或线路断路、短路。

(6) 喷油器线圈、继电器、熔断器损坏或控制线路不良。

(7) 冷却液温度传感器信号失常，曲轴位置传感器无信号，启动开关信号未传入 ECU，使 ECU 未进入喷油控制。

(8) ECU 有故障。

C　故障诊断

(1) 先进行故障自诊断，检查有无故障码出现。如有，则按所显示的故障码查找故障原因，要特别注意会影响喷油控制的传感器，如发动机转速传感器和曲轴位置传感器、凸轮轴位置传感器、冷却液温度传感器等有无故障。在检测控制线路时，可采用故障模拟征兆法轻轻震动熔断器和轻轻晃动各线束连接器，看有无接触不良现象。

（2）检查油箱是否有油，若存油量过少，则予以补足。诊断人员首先根据驾驶室内油表的指示情况，判断油箱中是否有油。当油表指示很低或不指示时，可到油箱口处做进一步的判断。

（3）测量系统油压。先泄压，然后在进油管和燃油分配管之间安装油压表，用启动机带动发动机运转，观察油压表的读数。

若油压正常，则故障在喷油器及其控制线路，可能是喷油器熔断器、继电器损坏或ECU故障；也可能是ECU未接收到启动信号、发动机转速信号等，没有对喷油器实施喷油控制，对此，应检查相应传感器、开关等。

若无油压或油压极低，故障在供油系统。

2.5.2　供油系统的故障诊断

2.5.2.1　燃油泵的故障诊断

A　故障现象

电动燃油泵工作不良或不工作，导致燃油供给失常。

B　故障原因

（1）燃油泵电动机烧坏、内部电路接触不良，电动机转子机械卡死，导致燃油泵不工作。

（2）燃油泵磨损严重、安全阀泄漏或弹簧失效，导致燃油系统供油量不足，燃油系统压力下降。

（3）燃油泵单向阀泄漏，导致燃油系统保持压力过低或为零，使发动机熄火后启动困难。

C　故障诊断

（1）检查燃油泵的工作状态。有经验的工作人员可根据燃油泵的工作声音进行初步诊断。就车检查时，用跨接线将蓄电池正极与燃油泵继电器的燃油泵接线端子短接。

若打开油箱盖没听见任何声响，或用手触摸燃油管无油压脉动感，则说明燃油泵有故障。对其工作电压进行检测：使用万用表测量油泵的供电端子，在打开点火开关瞬间没有电压送来，则表明在油泵的控制上出现问题。油泵的控制检查时，要检查燃油泵保险、控制继电器、传递线路情况，通过检查就会发现相应故障点；如果有电压送到燃油泵供电端子，但燃油泵仍不工作，此时应去检查燃油泵的接地情况和燃油泵的工作电阻，进入检查步骤（3）。

若能听见燃油泵的运转声音或能感觉到油压脉动，则说明燃油泵可以工作，但不能确定其性能是否良好，此时进入下一步检测。

（2）检查燃油泵的性能。检测燃油泵的最大压力和保持压力，若其最大压力和保持压力符合原车标准，则说明燃油泵工作正常，性能良好。若燃油泵最大压力低于原车标准，则说明燃油泵磨损严重、安全阀泄漏或弹簧失效，应更换燃油泵；若燃油泵保持压力低于原车标准，则说明燃油泵单向阀泄漏，应更换或修复燃油泵。

（3）检测燃油泵电动机的电阻。用万用表测量燃油泵连接器两端子之间的电阻，其电阻值一般在 0.5~3Ω 之间。若电阻值不符，则说明燃油泵电动机有线圈短路、断路或电刷接触不良的故障，应更换燃油泵；若电阻值符合标准，但通电又不工作，则说明燃油泵电动机转子机械卡死，应更换电动燃油泵。

2.5.2.2　喷油器的故障诊断

A　故障现象

喷油器工作不良或不工作，导致发动机运转不良甚至熄火。

B　故障原因

（1）喷油器线路插接器或连接线路接触不良，导致喷油器不工作。

（2）喷油器电磁线圈短路或断路，导致喷油器不喷油。

（3）喷油器针阀胶结、喷油器针阀密封不严，导致喷油器滴油，工作不正常。

（4）喷油器针阀口积污，使喷油量减少或喷射角度过小，导致发动机动力下降。

（5）发动机 ECU 及燃油控制系统故障，使喷油信号失准，导致发动机工作异常。

C　故障诊断

当发动机运转不良而怀疑是个别缸喷油器不工作时或喷油性能变差引起时，可进行下述故障诊断。

（1）检查喷油器的工作状态。发动机怠速运行时，用手触摸或用听诊器检测喷油器工作时的振动或声响，以判断喷油器电磁阀是否动作。若感觉有振动或能听到电磁阀动作的声响，则可初步判断喷油器可以工作，但不能确定其性能是否良好；若喷油器无振动或声响，则说明该喷油器不工作。

（2）检查喷油器电路。若发动机运转时某缸喷油器无振动或声响，则检查该缸喷油器的线路有无断路或短路故障；若线路正常而喷油器不能工作，则说明该喷油器有故障。

（3）检查喷油器电阻。断开点火开关，拔下喷油器的插头，用万用表电阻挡测量喷油器线圈的电阻值。

低阻型喷油器的电阻值一般为 2~3Ω，高阻型喷油器的电阻值一般为 13~18Ω。检测时，应对照相关标准诊断。若测得的电阻值为无穷大，则说明喷油器电磁线圈有断路故障；若测得的电阻值过大或过小，则说明喷油器电磁线圈或内部线路连接有故障。喷油器电磁线圈存在故障时，应更换喷油器。

（4）检查喷油器性能。主要是检查喷油器的喷油量、喷油状况和密封性能。这些检查可通过专用的喷油器检测仪进行，当无喷油器检测仪时，可用下述方法进行检查。

1）将需检查的喷油器拆下，装上检查专用的软管及其接头，把喷油器、压力调节器和油管用连接头和连接卡夹连接好，将喷油器喷口置入量筒中。

2）用跨接线将蓄电池正极与燃油泵继电器的燃油泵接线端子连接，使电动燃油泵工作。

3）给喷油器电磁线圈施加蓄电池电压，高电阻型喷油器可以直接将 12V 电压施加到喷油器上，而低电阻型喷油器需用专用的接线器或串入一只 5~8Ω 的电阻。

4）检测喷油器的喷油量。记录在规定时间内喷入量筒的喷油量，若喷油量小于规定值，说明喷油器堵塞。清洗喷油器之后重复测试，若仍不能达到标准，则应更换喷油器。用同样的方法，测量其余各缸喷油器，若各缸之间的喷油量差值超过 5mL，则需清洗或更换喷油器。

5）检测喷油器的喷油情况。查看喷油器喷入量杯的油束形状，若油束均匀并呈圆锥形，其锥角在 10°～40°范围，则说明喷油器的喷油性能良好。否则，应更换喷油器。

6）检测喷油器的密封性能。将喷油器的电源断开，使喷油器停止喷油，观察喷油器的喷嘴，若在 1min 内滴油少于一滴，则说明喷油器的密封性能良好，否则应更换喷油器。

（5）检查喷油器的信号波形。有条件时可用示波器对喷油器的工作波形作进一步检查，利用示波器的计算功能，测量不同转速和负荷下喷油器的喷油时间，并与标准值比较，以判断喷油器是否存在故障。同时，将实测的喷油器波形与标准波形比较，可以快速诊断喷油器、ECU 以及燃油控制系统的故障。

2.5.2.3　油压调节器的故障诊断

A　故障现象

燃油压力调节器工作不良，使燃油供给系统油压过高或过低，混合气过浓或过稀，导致发动机性能下降。

B　故障原因

（1）油压调节器膜片破裂，导致燃油系统漏油，使喷油器无法工作。

（2）油压调节器回油阀密封不严，导致燃油系统漏油，使燃油系统保持压力过低或为零，发动机启动困难。

（3）油压调节器弹簧失效或调节不当，使供油系统压力失准，导致喷油器喷油量过多或过少，发动机不能正常工作。

C　故障诊断

（1）直观检查。检查油压调节器有无外部漏油迹象，若有应更换油压调节器。检查连接油压调节器的真空管有无破裂，若有应更换真空管。

（2）检查燃油系统压力，并结合下列方法诊断油压调节器是否良好。

1）当燃油系统压力过高时，先对系统泄压，然后拆下油压调节器上的回油管，套上适当的容器，启动发动机（约 3s），观察油压调节器回油管。若回油少或无回油，则说明油压调节器不良，可能是油压调节器弹簧弹力过大或失效，应重新调整或更换油压调节器。

2）当燃油压力过低时，先启动发动机使其怠速运行，然后夹住回油软管，若油压立即上升至 400kPa 以上，则说明油压调节器不良，可能是油压调节器弹簧弹力过小或失效，应重新调整或更换油压调节器。

3）启动发动机使其怠速运行，当拔去油压调节器上的真空管后，油压应上升 50kPa 左右，否则说明油压调节器不良，应予以检修或更换。

（3）检测燃油系统保持压力，若压力过低或为零，而燃油泵、喷油器及系统管路无故障时，说明油压调节器的回油阀密封不严，此时应更换油压调节器。

2.5.3　混合气过浓

2.5.3.1　故障现象

发动机怠速不稳，发动机油耗量过大，排气管冒黑烟；发动机功率下降，加速无力；

拆下火花塞，在电极表面有潮湿的汽油和大量的积碳。

2.5.3.2　故障原因

（1）传感器失效。传感器包括冷却液温度传感器、空气流量计、进气压力传感器、节气门位置传感器、氧传感器。

（2）冷启动喷油器漏油或冷启动控制失常。

（3）燃油压力过高。

（4）喷油器漏油或个别喷油器连续喷油。

（5）空气滤清器堵塞。

（6）ECU 故障。

2.5.3.3　故障诊断

（1）首先读取故障码，并按故障码提示排除故障。无故障码或不能读故障码，则按下步检测。

（2）检查空气滤清器，若堵塞应更换。

（3）检查传感器。

1）节气门位置传感器。开关式节气门位置传感器，在节气门处于中小开度时，全负荷开关应断开。若全负荷开关始终闭合或闭合时间过早，会使 ECU 始终或过早地进行全负荷加浓，从而使混合气过浓。

线性式节气门位置传感器，应检查各工况的输出信号是否符合标准值。若有异常，应予以更换。

2）检查氧传感器。

3）检测空气流量计或进气压力传感器，其数值应符合标准。空气流量计或进气压力传感器的误差会直接影响喷油量。检测结果如有异常，应更换空气流量计或进气压力传感器。

4）检测冷却液温度传感器，其在不同温度下的电阻值应符合标准。若电阻值大于实际温度下的电阻值，会使人误认为发动机处于低温状态，从而进行冷车加浓控制，使混合气过浓。

（4）检测燃油压力。怠速时的燃油压力应为 250kPa 左右，随着节气门的开启，燃油压力应逐渐上升。节气门全开时的燃油压力为 300kPa 左右，若燃油压力能随节气门开度变化而改变，但压力始终偏高，则说明回油管堵塞或油压调节器有故障，应更换。若燃油压力不能随节气门开度变化而改变，则说明油压调节器的真空软管破裂或脱落，或燃油压力调节控制电磁阀有故障，使进气管真空度没有作用在油压调节器的真空膜片室上，导致油压过高，对此，应更换软管或电磁阀。若系统油压正常，则进行下一步，检查喷油器。

（5）检测喷油器。

1）有冷启动喷油器的电喷发动机，应检查冷启动喷油控制是否正常。用电压表或试灯接在喷油器线束插头上，检查发动机启动时冷启动喷油器工作的持续时间是否符合标准值。若工作时间过长或启动后一直工作，则说明冷启动喷油控制失常，应检查冷启动时间温度开关及控制电路。

2）拆卸喷油器，检查各喷油器有无漏油。如有异常，应清洗或更换喷油器。

3）某缸喷油器连续喷油，则拆下该缸喷油器，检查是否因发卡而连续喷油。若发卡，则应予以更换。或者检查控制线路是否有搭铁。若线路正常，则应更换 ECU。

2.5.4　混合气过稀

2.5.4.1　故障现象

发动机不易启动，功率下降，温度过高；踩下加速踏板后转速不能马上提高，有卡滞现象或在加速过程中发动机转速有轻微的波动，有时出现回火、放炮现象，易熄火。

2.5.4.2　故障原因

（1）传感器失效。传感器包括冷却液温度传感器、空气流量计、进气压力传感器、节气门位置传感器、氧传感器。

（2）燃油泵性能不良。

（3）燃油压力过低。

（4）燃油滤清器堵塞，管路泄漏。

（5）喷油器堵塞或雾化不良。

（6）进气系统漏气，废气再循环系统工作不良。

（7）ECU 故障。

2.5.4.3　故障诊断

（1）进行故障自诊断。

（2）检查传感器。

1）节气门位置传感器。在节气门处于全负荷时，全负荷开关应闭合。若闭合时间过迟或不能闭合，ECU 就会过迟或不能进行全负荷加浓，从而使混合气过稀。

2）检测空气流量计或进气压力传感器，其数值应符合标准。空气流量计或进气压力传感器的误差会直接影响喷油量。检测结果如有异常，应更换空气流量计或进气压力传感器。

3）检测冷却液温度传感器，其在不同温度下的电阻值应符合标准。若电阻值小于实际温度下的电阻值，会使人误认为发动机处于高温状态，从而使混合气过稀。

（3）检测燃油压力。如压力过低，应进一步检查电动燃油泵、燃油压力调节器、汽油滤清器堵塞等。

（4）检查进气系统有无漏气现象。检查进气管接头是否松动漏气、检查进气管是否破裂、检查进气歧管上的真空管有无脱落或折断。

（5）拆检喷油器。检查喷油器滤网和喷口是否堵塞。若有异常，应清洗或更换喷油器。检测喷油器的喷油是否正常。若喷油器的喷油量小于规定值或雾化不良应清洗或更换喷油器。

2.5.5　怠速不良

怠速不良是电喷式发动机最常见的故障之一。怠速不良包括怠速不稳、怠速熄火、冷车怠速不良、热车怠速不良等。造成怠速不良的原因很多，常常是由几种原因综合引起的。在故障诊断与排除过程中，要根据故障的具体表现来分析故障原因。

2.5.5.1 怠速不稳，易熄火

A 故障现象

发动机启动正常，但不论冷车或热车怠速均不稳定，怠速转速过低，易熄火。

B 故障原因

(1) 进气系统漏气。

(2) 燃油压力过低。

(3) 空气滤清器堵塞。

(4) 喷油器雾化不良、漏油或堵塞。

(5) 怠速调整不当。

(6) 怠速控制装置工作不良。

(7) 空气流量计有故障。

(8) 气缸压缩压力过低。

C 故障诊断与排除

(1) 进行故障自诊断，检查有无故障码。若有故障码，则按所显示的故障码查找故障原因和故障部位。

(2) 检查进气系统各管接头、各真空软管、废气再循环系统和燃油蒸发回收系统有无漏气。

(3) 检查怠速控制装置的工作是否正常。拔下怠速控制装置导线连接器。如果发动机转速无变化，说明怠速控制装置或控制电路有故障，应检修电路或更换怠速控制装置。

(4) 仔细倾听各缸喷油器在怠速时的工作声音。如果各缸喷油器工作声音不均匀，说明各缸喷油器喷油不均匀，应拆检、清洗或更换喷油器。

(5) 检查燃油压力。怠速时的燃油压力应为250kPa左右，若燃油压力太低，应检查油压调节器、电动燃油泵、汽油滤清器等。

(6) 按规定的程序，调整发动机怠速。

(7) 检查翼板式空气流量计有无卡滞，如不良，应更换。

(8) 检查气缸压缩压力，如压力低于0.8MPa，应拆检发动机。

(9) 检查调整气门间隙。

2.5.5.2 冷车怠速不稳，易熄火

A 故障现象

发动机冷车运转时怠速不稳或过低，易熄火，热车后怠速恢复正常。

B 故障原因

(1) 怠速控制装置故障。

(2) 冷却液温度传感器故障。

C 故障诊断与排除

(1) 进行故障自诊断，检查有无故障码，如有，则按显示的故障码查找故障原因。

（2）检查怠速控制装置。熄火后拔下怠速控制装置线束连接器，待发动机启动后再插上；如果发动机转速无变化，说明怠速控制装置不工作，应检查控制电路或拆检怠速控制装置。

（3）测量冷却液温度传感器，如有短路、断路或阻值不符合标准，应更换冷却液温度传感器。如果没有被测车型的冷却液温度传感器检测标准数据，也可拔下冷却液温度传感器线束连接器，用一个 4~8kΩ 的电阻代替冷却液温度传感器，如果发动机怠速恢复正常，说明冷却液温度传感器已损坏，应更换。

2.5.5.3　热车怠速不稳或熄火

A　故障现象

发动机冷车运转时怠速正常，但热车后怠速不稳，怠速转速过低或熄火。

B　故障原因

（1）怠速调整过低。

（2）冷却液温度传感器有故障。

（3）怠速控制装置有故障。

（4）喷油器工作不良。

C　故障诊断与排除

（1）进行故障自诊断。如有故障代码，则按所显示的故障代码查找故障原因。

（2）检查发动机的初始怠速转速。若过低，应按规定的程序予以调整或重新进行匹配。怠速的调整步骤如下：

1）启动发动机，使之运转，直至达到正常工作温度。

2）将变速器置于空挡或停车挡位置，让转向轮处于直行位置，关闭空调器、前照灯、加热器等所有附属设备。

3）用一根导线将故障检测插座内的 TE_1 和 E_1 两插孔短接，让发动机以“初始状态”运转。

4）检查怠速转速。此时的怠速转速称为发动机的初始怠速转速，其标准为（800±50）r/min。若不符合要求，可通过拧动节气门体上的怠速旁通气道调节螺钉来调整。

5）调整结束后，拔掉第 3）步中检测插座内的短接导线。

（3）检查冷却液温度传感器。如果拔下冷却液温度传感器线束连接器后，怠速不稳现象消除，则说明冷却液温度传感器有故障，应更换。或者测量冷却液温度传感器的电阻，如不符合标准值，应更换冷却液温度传感器。

（4）检查怠速控制装置是否工作。拔下怠速控制装置导线连接器，若发动机转速无变化，则说明怠速控制装置工作不良，应检查控制电路或更换怠速控制装置。

（5）检测喷油器的工作情况。若各缸喷油器喷油不均匀或雾化不良，特别是怠速工况喷油量不均匀，应清洗或更换喷油器。

2.5.5.4　热车怠速过高

A　故障现象

冷车时发动机能以正常快怠速运转，但热车后仍保持快怠速，导致怠速过高。

B　故障原因

（1）节气门卡滞，关闭不严。

（2）怠速调整不当。

（3）怠速控制装置有故障。

（4）冷却液温度传感器有故障。

（5）空调开关、动力转向器压力开关有故障。

（6）曲轴箱强制通风阀有故障。

C　故障诊断与排除

（1）检查怠速时节气门是否全闭，节气门拉索有无卡滞。用手将节气门摇臂朝关闭的方向扳动。如果发动机怠速能下降至正常转速，说明节气门卡滞，关闭不严。若是节气门拉索卡滞，应更换新的拉索；若为节气门轴卡滞，应拆卸、清洗节气门体。

（2）按规定程序重新调整怠速。如调整无效，则应作进一步的检查。

（3）进行故障自诊断。如有故障代码，则按所显示的故障代码查找故障原因。

（4）检查怠速控制装置。发动机熄火后拔下怠速控制装置线束连接器，待启动后再插上。如果发动机转速随之变化，说明怠速控制装置工作正常；否则，应检查控制线路或更换怠速控制装置。

（5）检查冷却液温度传感器。若拔掉冷却液温度传感器线束连接器后，发动机怠速转速恢复正常，说明冷却液温度传感器有故障，向 ECU 输送过低的冷却液温度信号。

（6）在打开空调开关后或转动转向盘时，如果发动机转速没有变化，说明怠速自动控制系统有故障，应检查空调开关、动力转向器压力开关及怠速自动控制线路。

（7）用钳子包上软布将曲轴箱强制通风阀软管夹紧。如果发动机转速随之下降，则说明曲轴箱强制通风阀在怠速时漏气，使发动机进气量过大，影响怠速。对此，应更换曲轴箱强制通风阀。

【任务实施】

通过本任务学习，能够对燃油供给系统的故障进行正确的诊断分析，并能够正确使用测量燃油压力。

学生在老师的指导下，运用本次任务所学的理论知识完成下列案例的故障诊断。

一辆别克轿车，已行驶 9 万多千米，用户反映此车在行驶时间过长后会出现加速无力的现象，有时还会有发动机严重抖动、甚至熄火的现象。放置时间稍长一些后，故障又会自然消失。技师利用故障诊断仪对发动机系统进行检测，发现两个故障码，表示热氧传感器和进气温度传感器有故障。于是技师拆下进气温度传感器，用万用表对其进行电阻测试，测得电阻值与实际温度相符，说明在当前状态下，进气温度传感器及其线路是正常的。同样，利用检测仪的数据流功能对加热型氧传感器进行检测，发现氧传感器也符合要求。从以上检测结果和分析结论可知，上述两个传感器不会是该故障的主要原因。通过分析，认为该故障的原因可能是供油系统故障或混合比过低。

路试大约 20km 后，发动机表现出故障，明显感觉加油锉车，节气门开度越大，感觉越明显。停车检测汽油压力，系统压力约为 200kPa，明显低于规定值（284 ~ 325kPa）。更换汽油滤芯，拆下汽油泵，由于已经行驶了 9 万多千米，所以对油箱也进行了清洁，并测量汽油压力，油压正常。装复后试车，跑了约30km后故障又重新出现，此时测量油压，发现其压力仍偏低。因为两次测量始终有供油压力偏低的现象，因此将故障锁定在汽油泵的泵油能力上，于是更换了一个新的汽油泵，重新测量油压与试车，故障彻底被排除。

任务2.6　柴油机燃油供给系统的常见故障诊断分析

【任务描述】

柴油机的热效率高、经济性、可靠性强、功率适应范围广和排气污染小，因而在汽车上的使用越来越广。通过对本任务的学习，要求学生具备以下能力：

（1）熟悉柴油机供给系统常见故障现象及其产生的原因。

（2）能够正确排除一些有关柴油机供油系统的故障。

（3）能够对所排除的柴油供给系统故障进行分析与总结。

【基本知识】

柴油发动机具有良好的经济性、功率适应性和可靠性，且排放污染低，故其在汽车上的应用越来越广泛。柴油机的混合气形成、着火和燃烧方式等均与汽油机不同，与汽油机结构的主要区别在与燃料供给系统，柴油机的故障也由燃料供给系统引起，因此两种发动机的常见故障现象及故障原因均有较大差别。

柴油机有机械控制喷射和电子控制喷射之分，机械喷射柴油机供给系统由柴油箱、输油泵、柴油滤清器、高低压油管、喷油泵、喷油器、空气滤清器等组成，如图2-7所示。

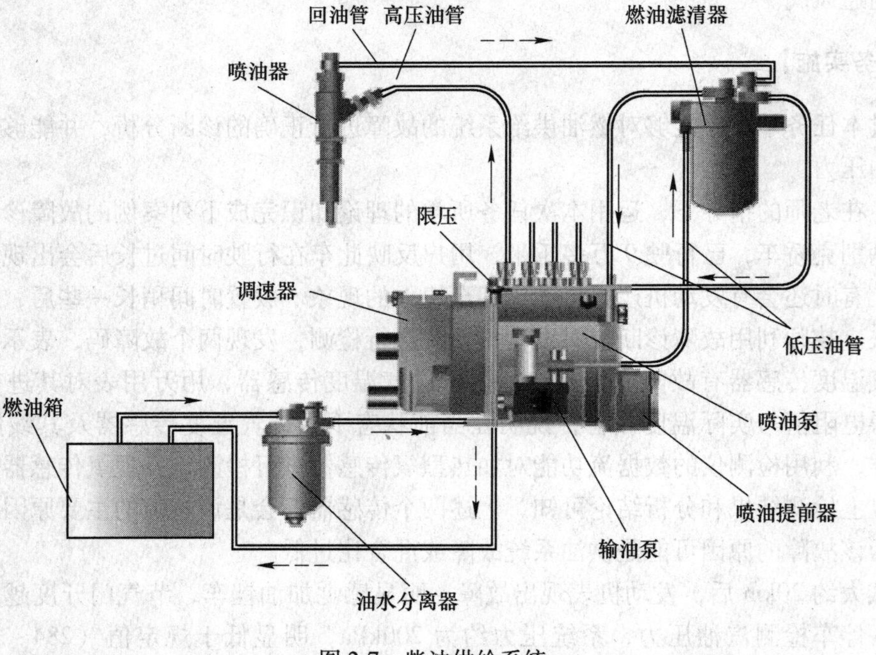

图2-7　柴油供给系统

电控直喷柴油机则增加了若干电子元件，如捷达柴油发动机喷射系统设有发动机转速传感器、冷却液温度传感器、进气歧管温度传感器、燃油温度传感器、调节活塞位移传感器、油量调节器、针阀升程传感器、喷油始点信号阀、ECU 及各种开关等。

喷油泵（A 型/P 型）按照柴油机的运行工况和气缸工作顺序，以一定的规律定时定量地向喷油器输送高压燃油。喷油泵供油量调节机构能够根据柴油机负荷的变化，通过转动柱塞来改变循环供油量，由驾驶员直接操纵或由调速器直接控制。

调速器是自动调节装置，根据柴油机负荷的变化，自动增减喷油泵的供油量，使柴油机能够以稳定的转速运行。

喷油器是根据柴油机混合气形成的特点，将燃油雾化成细微的油滴，并将其喷射到燃烧室特定的部位。

柴油滤清器是用来滤除柴油中的任何杂质。

供油定时是指喷油泵对柴油机有正确的供油时刻，而供油时刻由供油提前角表示。供油提前角是指从柱塞顶面封闭柱塞套油孔起到活塞上止点位置，曲轴所转过的角度。

2.6.1　柴油机常见故障的诊断方法

2.6.1.1　判断发动机各缸是否正常工作的方法

当发动机运转不平稳、动力不足，个别缸工作不正常时，可在发动机怠速运转下，采用下述方法诊断。

(1) 听诊方法。在发动机怠速运转时，借助金属棒或听诊器等工具触及在喷油器体上，监听各缸燃油燃烧时的爆发声音。正常燃油燃烧的爆发声音为“当、当”的响声，并有类似金属的敲击回音；若敲击声很大，表明该缸供油量过大或喷油时间过早；若只有连续不清脆的“嘀嘀”声，而无敲击声时，则表明该缸供油量过小或点火燃烧过迟，或没有完全燃烧，或没有点火燃烧。

(2) 脉动方法。发动机怠速运转时，用手指触摸高压油管，感觉高压油管内的柴油在喷油泵工作（压油）时的脉动状况，以判断各缸的工作情况。在采用此法诊断时，可结合上述方法综合分析以确定故障所在缸及其故障原因。若脉动性大、爆发声音强时，表明该缸供油量偏大；若脉动性小、爆发声音弱，则表明该缸供油量偏小；若脉动大，但爆发声音弱时，则可能是由于喷油器喷孔堵塞或针阀卡滞，致使高压油管内油压很高，但喷油很少或不能喷油，因而爆发声音弱。

(3) 观察排气颜色方法。在发动机运转时，观察排气管排出的废气颜色，以诊断各缸的工作情况。正常的废气颜色为淡灰色，负荷略大时为深灰色。若排黑烟，表明可燃气体燃烧不完全；而排白烟，表明发动机过冷，柴油中有水或可燃气体没有燃烧；排蓝烟，表明机油进入气缸而被燃烧。

(4) 断油方法。逐个切断高压油管到喷油器的油路，同时观察发动机的转速变化。若断开某缸油路时，发动机转速和声音有变化，表明该缸工作正常；发动机转速和声音无变化，表明该缸有故障。

(5) 比较方法。在确诊某缸不工作的情况下，为进一步判定故障是在喷油泵还是在喷油器，可从喷油泵的高压油管接头上各拆下一个有故障缸和一个无故障缸的高压油管，然后启动发动机并使其在500~600r/min下运转，观察喷油泵的喷油柱高度。若拆下的两缸高压油管接口的喷油高度一致，表明喷油器有故障，反之，喷油泵有故障。

另外，也可将一个无故障缸的喷油器和一个有故障缸的喷油器拆下，并装在该缸的高压油管上，然后启动发动机并使其在500~600r/min之间运转，观察两喷油器的喷射质量。若两者的喷射质量均良好，表明喷油泵和喷油器均良好，反之喷油器有故障。

2.6.1.2　柴油管路渗入空气的部位及诊断方法

（1）在启动前因油路渗入空气而发动机不能启动时，其渗气部位一般是在输油泵至喷油泵的管路上。例如油管接头、排气螺塞等处不密封致使空气渗入。

（2）发动机在运转中因油路中渗入空气而自行熄火时，其渗气部位一般在柴油箱至输油泵之间的管路上。因为此时该段管路内的压力低于大气压力，空气便从该管路损坏处渗入。

（3）空气渗入油路中的另一原因是某缸喷油器和出油阀同时不密封，使气缸内的气体经喷油器、高压油管和出油阀渗入喷油泵油道内，致使发动机自行熄火。

2.6.1.3　诊断柴油管路堵塞的方法

诊断柴油管路是否堵塞时，应拧松喷油泵上的放气螺塞，然后用手油泵泵油，观察放气螺塞处流油情况。若柴油随着手油泵的压动而喷出，表明油路畅通；若流油不畅，同时压动手油泵阻力很大（很费力）则表明油路堵塞或柴油滤清器过脏。

2.6.1.4　输油泵工作不良的诊断方法

诊断输油泵工作是否正常，应在油路畅通、密封无空气的情况下进行。其诊断方法如下：拧松放气螺塞，启动发动机并使其空转，观察放气螺塞处的出油情况。若柴油向外喷出，表明输油泵工作正常；若不喷油或喷油不畅，则表明输油泵不工作或工作不正常。

2.6.1.5　诊断喷油泵出油阀和喷油器是否密封的方法

（1）诊断喷油泵出油阀是否密封时，将供油控制齿条处在停止供油位置，并从喷油泵上拆下高压油管，然后用手油泵泵油，观察各油管接头是否有柴油流出。若有柴油流出，表明该出油阀密封不良，或出油阀弹簧折断。

（2）诊断喷油器是否密封的方法是，将上述从喷油泵上拆下的高压油管的端头放入盛有柴油的杯中，启动发动机并使之空转，观察油管是否有气泡从油杯中冒出。若有气泡冒出，则表明喷油器不密封。有条件的，可将喷油器拆下，用喷油压力试验器检查其密封性。

2.6.1.6　用对比法就车诊断喷油器开启喷油压力

（1）在没有检查仪器的情况下，可采用对比法对喷油器开启喷油压力进行诊断。

（2）将自制的三通接头装在喷油泵的任一高压油管接头上，再将标准喷油器和被查喷油器分别接在三通接头的另外两个接头上。然后启动发动机并使其怠速运转，观察两喷油器的喷油情况是否一致。若喷油相同（即同时开始喷油，形状也相同），则证明被查喷油器和开启喷油压力正常；否则为不正常。

2.6.1.7　就车诊断个别缸供油量不正常的方法

若怀疑发动机运转不平稳是由个别缸供油量过小或过大引起时，可将可疑的某缸和供油正常缸的高压油管从喷油器一端拆下，并分别插入一量杯内。然后启动发动机，使量杯内装有一定油量后，将两量杯内的油量进行比较，即可判定供油量是否过小或过大。若无量杯，可用小瓶等代替，但需将两瓶内的油量测量后进行比较。

2.6.2　柴油机供给系统的常见故障部位

柴油机供给系统的常见故障部位如图 2-8 所示。

- 常见故障部位
  - 油路
    - 低压油路
      - 柴油箱
      - 输油泵
      - 低压油管及接头
      - 柴油滤清器
    - 高压油路
      - 喷油泵
      - 调速器
      - 喷油器
      - 高压油管及接头
  - 气路
    - 低温启动预热装置
    - 空气滤清器

图 2-8　柴油机供给系统的常见故障部位

2.6.3　柴油机燃油供给系统的故障诊断

2.6.3.1　柴油机不能启动或启动困难

A　故障现象

启动系统良好，但柴油机启动时无着车征兆，或虽有着车征兆但多次启动仍发动不起来；启动时排气管冒烟很少甚至不冒烟；启动时排气管冒白烟或黑烟；听到不连续的爆发声音。

B　故障原因

（1）柴油不进气缸。

1）油箱无油，油箱开关未打开，油箱滤网脏。

2）柴油滤清器滤芯堵塞。

3）输油泵故障：进油口滤网堵塞，活塞弹簧折断，活塞磨损严重。

4）油路中有空气，油管破裂或管接头漏油、堵塞。

5）油路中有水，冬季结冰使油路堵塞。

6）柴油牌号不对，冬季使用夏季用油，冷凝后析出石蜡堵塞油路。

7）喷油泵损坏，泵内有空气，喷油泵供油拉杆被卡在不供油位置；油门操纵杆脱落；喷油泵驱动联轴器损坏，发动机不能驱动喷油泵；柱塞磨损严重。

（2）柴油进入气缸，不能正常燃烧的原因。

1）供油时间过迟，调整不当，联轴器上调整螺栓松动。

2）供油量太小，过低油路溢流阀损坏使供油压力不足，引起喷油泵供油量减少；喷油泵出油针阀密封不良，柱塞偶件磨损严重。

3）喷雾质量差，喷油器的调整压力过低，针阀磨损严重。

4）柴油中含有水分。

5）空气滤清器堵塞。

6）排气不畅。

7）气缸压力不足，气门间隙不当，气缸不密封。

8）外界温度低，预热装置失效。

C 故障诊断

（1）如果排气管有较浓的柴油味而无法着车，应首先检查发动机的进气系统。此时，可以把空气滤清器芯取下，让空气直接进入，并进行启动。如果顺利着车，则说明空气滤清器芯太脏，应清洗或更换；如果空气滤清器取下后，发现进气口有烟排出，表明进气门密封不严，应拆下气门进行研磨或更换，如果进气系统没问题，则供油系统故障。

（2）供油系统。供油系统的故障诊断如图 2-9 所示，在供油系统的故障诊断中，关于低压油路和高压油路的故障诊断流程如图 2-10、图 2-11 所示。

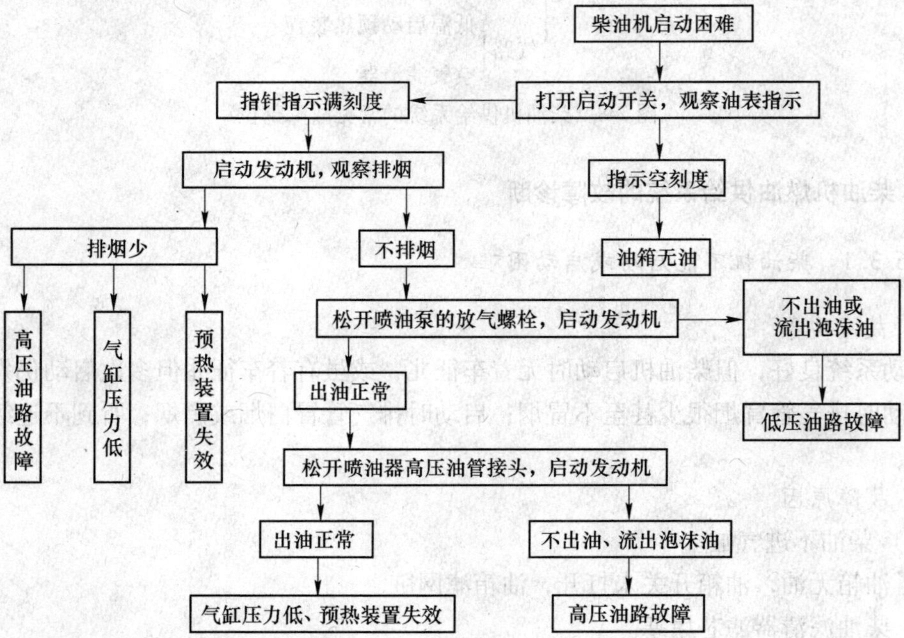

图 2-9 柴油机启动困难的故障诊断流程图

2.6.3.2 怠速不稳

A 故障现象

发动机怠速时，转速不稳定，发动机抖动，怠速时易熄火或怠速过高。

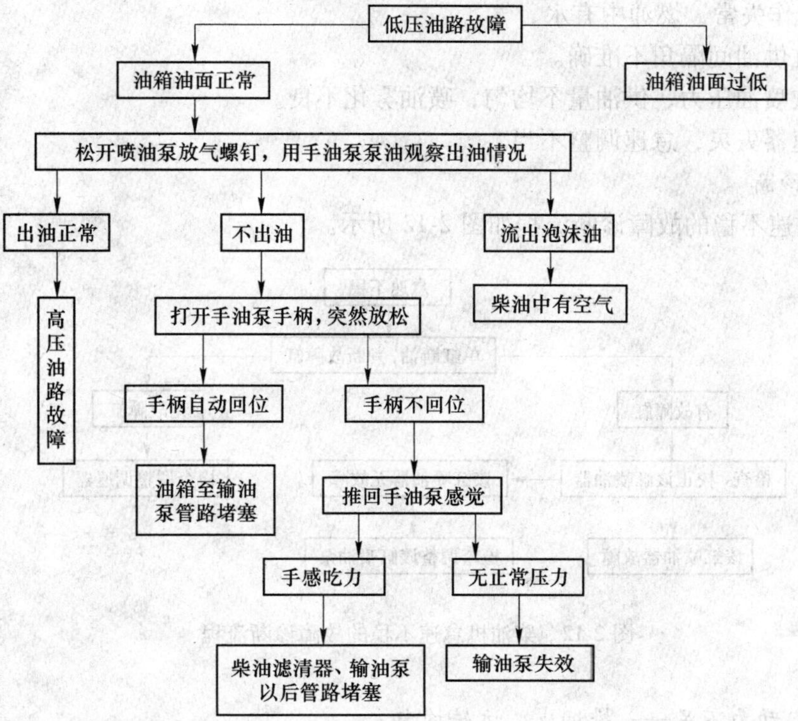

图 2-10　低压油路故障诊断

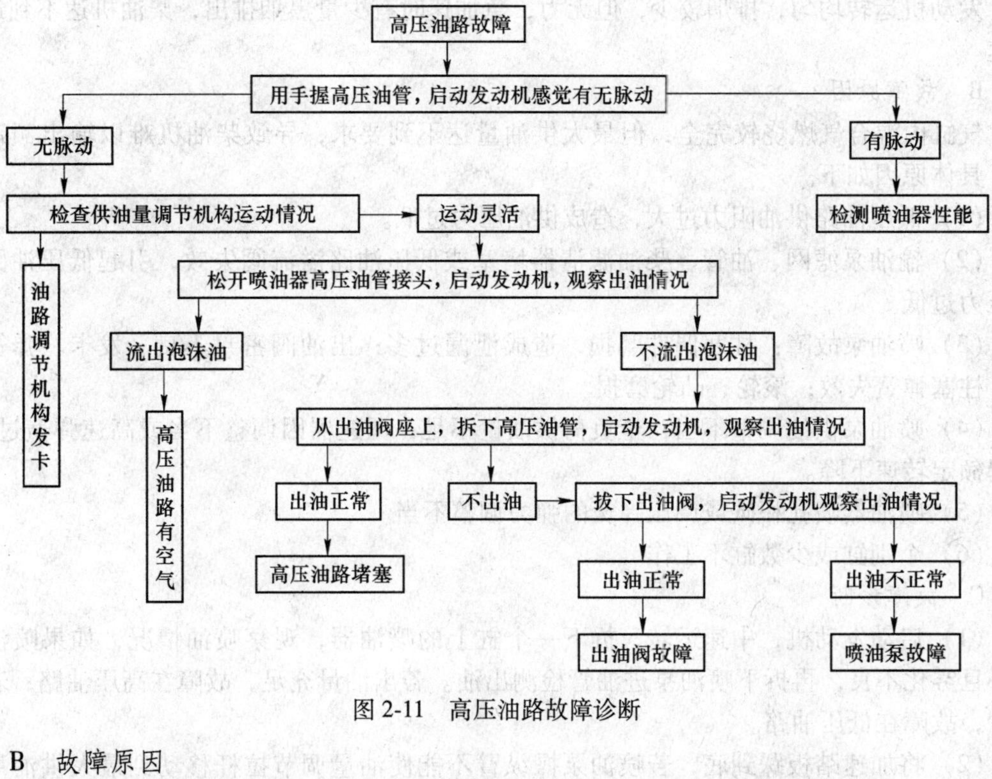

图 2-11　高压油路故障诊断

B　故障原因

(1) 喷油泵柱塞磨损，出油阀不密封；喷油器针阀磨损，关闭不严，卡滞，喷孔堵塞，输油泵工作失常，燃油中有水、气。

（2）各缸供油间隔角不准确。

（3）各缸喷油压力、供油量不均匀，喷油雾化不良。

（4）调速器失灵，怠速调整不当。

C 故障诊断

柴油机怠速不稳的故障诊断流程如图 2-12 所示。

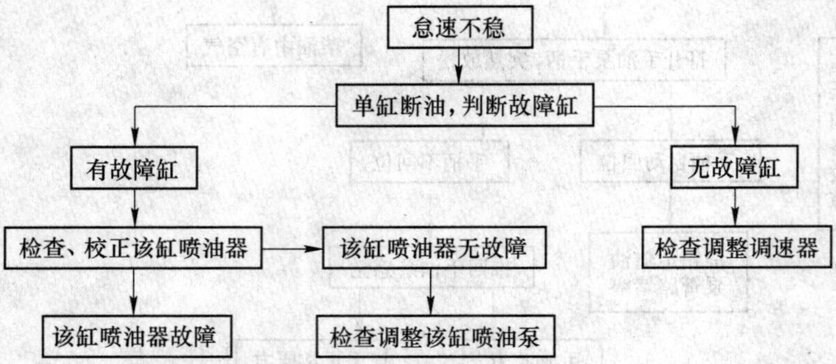

图 2-12 柴油机怠速不稳的故障诊断流程

2.6.3.3 动力不足——排烟少、运转均匀

A 故障现象

发动机运转均匀，排烟较少，但无力，急加速时有少量黑烟排出，柴油机达不到最高转速。

B 故障原因

气缸内混合气燃烧较完全，但最大供油量达不到要求，导致柴油机难以输出额定功率，具体原因如下。

（1）低压油路供油阻力过大，造成供油压力过低。

（2）输油泵滤网、油管、柴油滤清器堵塞或低压油路溢流阀失效，引起低压油路供油压力过低。

（3）喷油泵故障：柱塞偶件磨损，造成泄漏过多；出油阀密封不良、发卡、弹簧折断；柱塞弹簧失效；滚轮、凸轮磨损。

（4）喷油泵供油调整不当，全负荷供油量不足；调速器因调整不当或高速弹簧过软，引起额定转速下降。

（5）喷油器喷孔积碳或调压弹簧的弹力调整不当。

（6）个别缸或少数缸不工作。

C 故障诊断

（1）启动发动机，中速运转，拆下一个缸上的喷油器，观察喷油情况，如果喷油压力小且雾化不良，再拆下喷油泵进油管检测出油。若出油量充足，故障在高压油路；若出油少，故障在低压油路。

（2）将加速踏板踩到底，若喷油泵操纵臂不能使油量调节拉杆移动到最大供油量位置，则应检修加速踏板拉杆或加速踏板轴。

（3）踩下离合器踏板，并将加速踏板踩到底，观察车上发动机转速表指示值，若低于发动机最高转速，则应检查调速器高速限制螺栓和最大供油量限制螺栓。

（4）拆下喷油器检查喷油器针阀的密封性和喷油压力。

（5）在低温季节，还应检查柴油牌号是否符合要求。

2.6.3.4　动力不足——排白烟

A　故障现象

发动机运转不均匀，无力且排出灰白烟雾，有时还排水汽白烟；柴油机刚启动时排白烟，温度升高后变黑烟。

B　故障原因

供油正时过迟；发动机温度过低；喷油泵的喷油压力低，柴油雾化不好，气缸压力过低，柴油内含有水分；气缸垫烧蚀或气缸破裂。

C　故障诊断

柴油机动力不足，排白烟的故障诊断流程如图 2-13 所示。

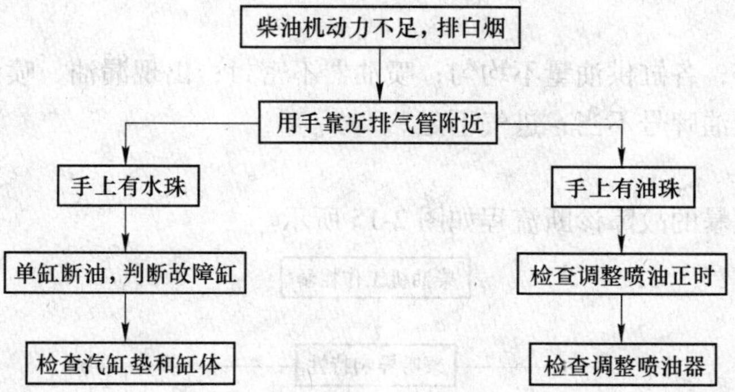

图 2-13　柴油机动力不足且排白烟的故障诊断流程

2.6.3.5　动力不足——排黑烟

A　故障现象

发动机运转无力且排黑烟，节气门加大时，出现敲击声。

B　故障原因

空气滤清器过脏；进、排气道不畅通；气门间隙过大；喷油泵个别柱塞卡滞在上部，个别扇形小齿轮固定螺栓松动致使喷油正时改变；喷油器故障，针阀关闭不严或卡在开启位置；调压弹簧过软、折断或喷油压力调整螺栓松动；喷油正时过早或过迟；气缸压力低。

C　故障诊断

柴油机动力不足且排黑烟的故障诊断流程如图 2-14 所示。

2.6.3.6　发动机工作粗暴

A　故障现象

发动机运转不稳，伴随着排气管排烟而产生敲击声，加速时，声响加剧，转速升高后

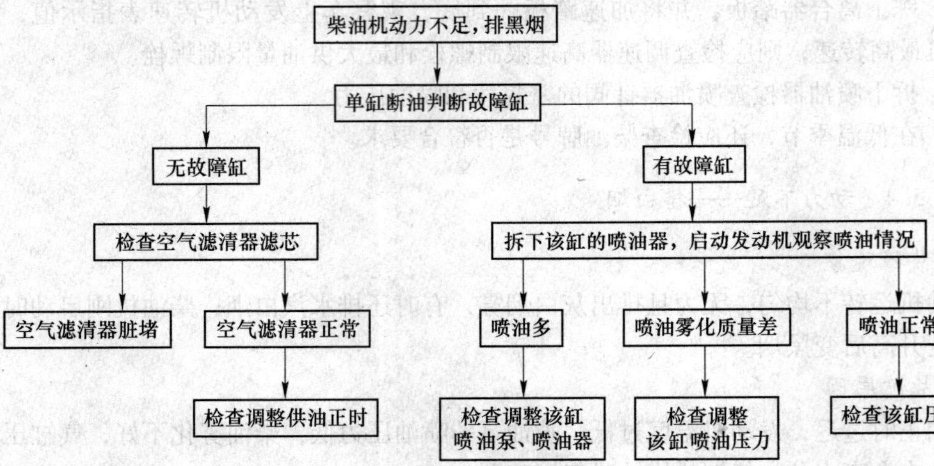

图 2-14　柴油机动力不足且排黑烟的故障诊断流程

敲击声减弱或消失，怠速时不出现敲击声。

B　故障原因

供油时间过早；各缸供油量不均匀；喷油器不密封；出现漏油、喷油雾化不良，气缸压力不足；选用柴油牌号不当；进气不足。

C　故障诊断

柴油机工作粗暴的故障诊断流程如图 2-15 所示。

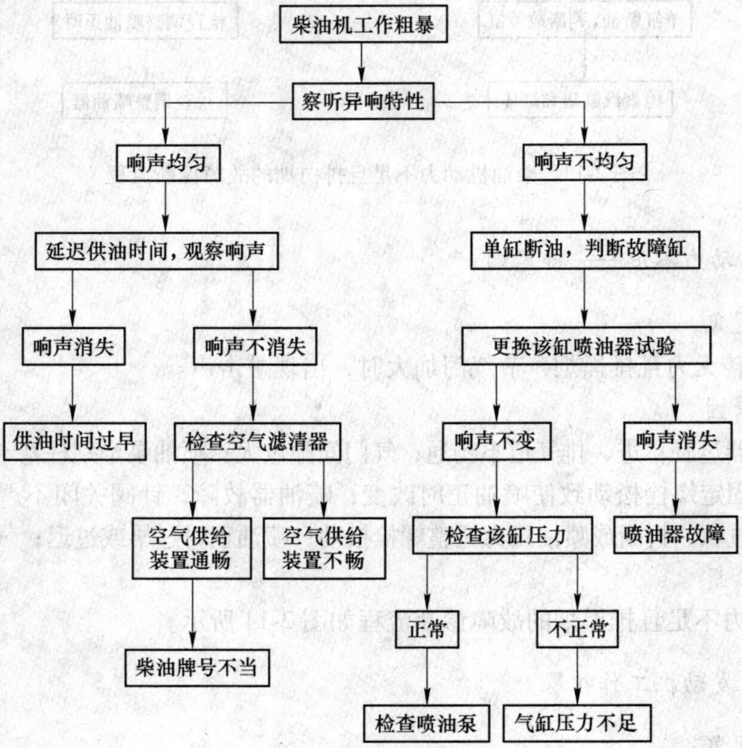

图 2-15　柴油机工作粗暴的故障诊断流程

【任务实施】

通过对本任务的学习，能够对柴油机燃油供给系统的故障进行正确的诊断分析，并能够正确使用检测设备。

学生在老师的指导下，运用本次任务所学的理论知识完成下列案例的故障诊断。

一辆依维柯 40-10 型汽车，当车速在 40km/h 以下时，车速有明显的波动现象，当车速在 40km/h 以上时，车速波动现象逐渐消失，同时伴有加速迟缓现象。

用单缸断油法检测各缸工作情况，无明显稳定的个别缸工作不良；检查供油正时，供油提前角略有波动，但基本正常，改变发动机转速，供油提前角有变化，且基本符合要求；检测喷油泵泵腔油压，油压正常，拆下各缸喷油器检查，其喷油压力和喷雾情况良好；检测各缸气缸压力，各缸正常；在认真拆检喷油泵时，发现调速杆总成上的球销的圆柱部分与启动杠杆的安装孔磨损间隙过大。更换喷油泵调速杆总成后，汽车恢复正常行使。

任务 2.7　点火系统的常见故障诊断分析

【任务描述】

点火系统汽油发动机最重要的组成部分之一。汽油机在不同工况下工作时，需要按点火次序适时地供给强电火花，点燃混合气，燃烧并产生动力。点火系统技术状况不良甚至发生故障，会严重影响发动机的动力性、经济性和排放性，造成发动机无法正常工作。实践证明，点火系统在汽油机各机构中是故障率最高者之一，因此，快速、准确地检查和诊断汽油机点火系统故障，对保持汽车正常的技术状况是十分重要的，因此点火系统往往是诊断检测的重点对象。通过对本任务的学习，要求学生具备以下能力：

（1）熟悉点火系统常见故障产生的原因。

（2）熟悉点火系统的相关电路图及控制原理。

（3）能够对所排除的点火系统故障进行分析与总结。

（4）针对所操作的汽车，进行点火系统的实物与图纸对应关系的正确查找与识读。

（5）针对汽车的故障现象，可初步判断点火系统故障的原因或方向。

（6）对点火系统的故障进行正确的诊断与排除。

【基本知识】

现在的汽油机中大量使用的点火系统有三种：传统点火系统、电子点火系统和计算机控制点火系统。下面对这三种点火系统的结构组成加以介绍。

传统点火系统（图 2-16）一般由蓄电池、断电器、分电器、点火线圈、附加电阻、电容器和火花塞等组成。传统点火系统的低压电路和高压电路如图 2-17、图 2-18 所示。

点火系统的低压电路为：蓄电池“ +”→电流表 →点火开关 →点火线圈“ 开关+ ”→热变电阻→“开关”→初级绕组→点火线圈“ - ”→断电器触点→搭铁→蓄电池“ - ”。

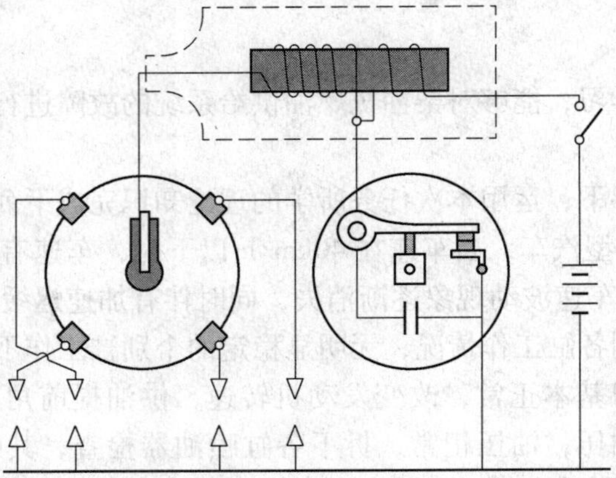

图 2-16　传统点火系统的组成

其中启动时，热电电阻将被短路。

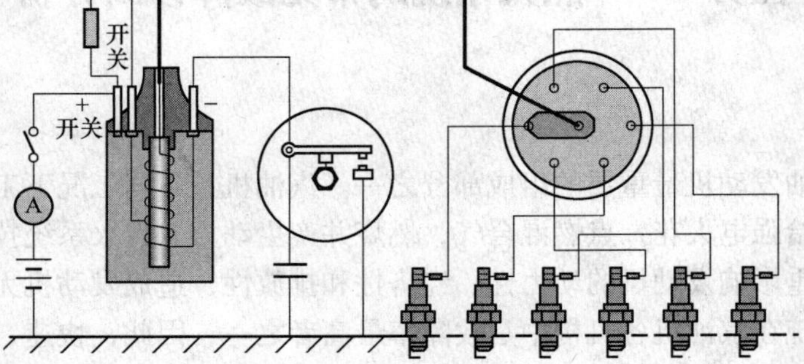

图 2-17　点火系统的低压电路

点火系统的高压电路为：点火线圈次级绕组→“开关”→热变电阻→“开关+”→点火开关→电流表→蓄电池→搭铁→火花塞侧电极→中心电极→配电器旁插孔→分火头→配电器中心插孔→次级绕组。

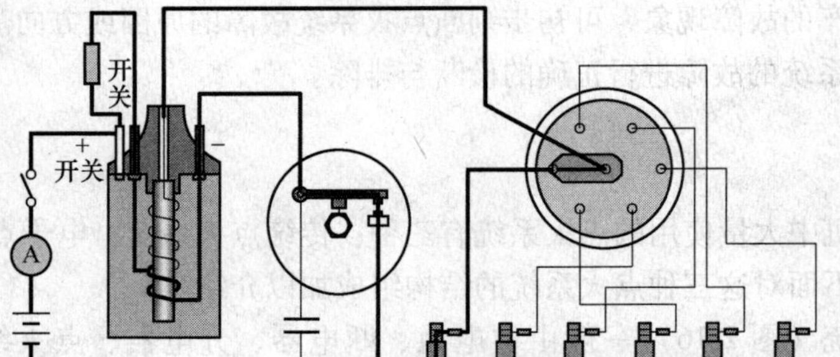

图 2-18　点火系统的高压电路

无触点式电子点火系统（图 2-19）由低压电源（蓄电池）、点火信号发生器（安装在分电器轴上，可随分电器轴一起转动）、电子点火控制器（控制点火线圈初级电路的接通与切断）、分电器（点火信号发生器、配电器和点火提前装置安装在一起）、点火线圈和火花塞组成。

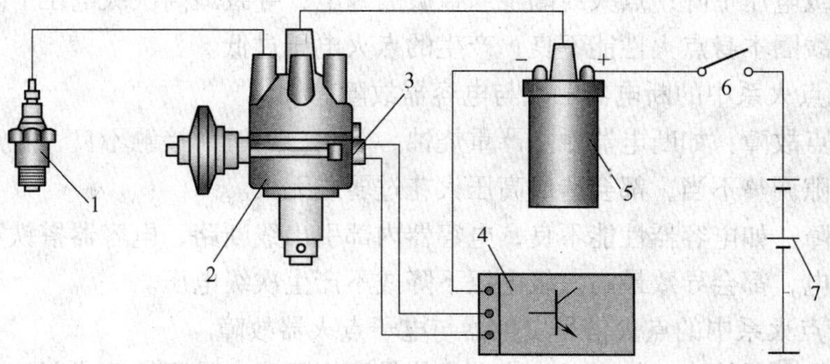

图 2-19　无触点电子点火系统的组成

1—火花塞；2—分电器；3—点火信号发生器；4—点火控制器；5—点火线圈；6—点火开关；7—电源

计算机控制式电子点火系统（图 2-20）由传感器（曲轴位置传感器、空气流量传感器、冷却液温度传感器、氧传感器、节气门位置传感器、车速传感器等）、电子控制器、点火器组成。

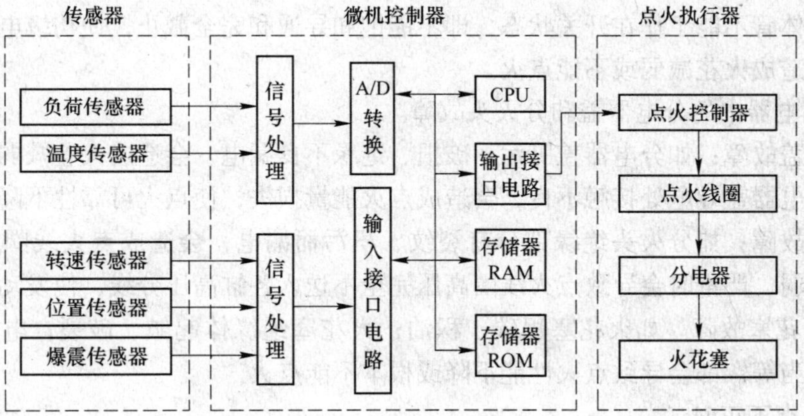

图 2-20　计算机控制式电子点火系统

2.7.1　传统点火系和电子点火系的故障诊断

2.7.1.1　*发动机不能启动*

A　故障现象

接通启动开关时，启动机能带动发动机正常转动，供油系正常，而发动机无着火现象，确定是点火系故障。

B　故障原因

点火系不点火、火花太弱、点火不正时均能造成发动机不能启动，具体原因如下：

（1）低压线路短路、断路、搭铁、不能产生高压电。

（2）高压线脱落或漏电，不能传输高压电。

（3）点火线圈故障。如点火线圈初级或次级绕组断路、短路、搭铁，导致不产生次级电压或最高级电压下降；点火线圈绝缘盖破裂漏电，导致最高次级电压下降或不产生次级电压；点火线圈本身点火性能不良，产生的点火电压过低。

（4）传统点火系中的断电器触点与电容器故障。

断电器触点故障：如断电器触点严重烧蚀、氧化、过脏而接触不良，触点臂弹簧弹力不足，触点间隙调整不当，都会造成高压火花过弱或无火。

电容器故障：如电容器性能不良，电容器内部引出线断路，电容器搭铁不良，电容器绝缘击穿或漏电，都会导致最高次级电压下降或不产生次级电压。

（5）电子点火系中的点火信号发生器与电子点火器故障。

点火信号发生器故障：如磁感应式点火信号发生器感应线圈短路或断路，会导致无信号输出而不能触发电子点火器工作；其信号转子轴磨损偏摆或感应线圈与导磁铁心组件移动，会导致转子凸齿与铁心的间隙不当，造成信号过弱或无信号输出而不能触发电子点火器工作。

电子点火器故障：如电子点火器线路接触不良或断脱，会造成火花减弱或不能点火；电子点火器内部电子元器件短路、断路、漏电，会造成功率晶体管不能导通，使点火线圈初级无电流而不工作；功率晶体管不能截止，使点火线圈初级绕组不能断路而不产生高压电；功率晶体管不能工作在开关状态，即不能饱和导通和完全截止，使初级电流减小或断流不彻底，造成火花减弱或不能点火。

（6）配电器中的分电器盖和分火头故障。

分电器盖故障：如分电器盖脏污、破损、绝缘不良漏电，会造成火花减弱而不点火或错火等；分电器盖导电处接触不良，会造成点火能量损失，使点火可靠性下降。

分火头故障：如分火头绝缘部分有裂纹、积污而漏电，会造成点火线圈点火能量损失，火花减弱，严重时会导致点火线圈高压完全不送入各缸高压分线，使发动机不点火。

（7）火花塞故障。如火花塞积碳、积油；火花塞绝缘体起皱、破裂，电极烧蚀；火花塞间隙不当等，都会导致点火性能下降或根本不能点火。

（8）点火不正时。

C　故障诊断

首先察看点火线圈和分电器上的高压导线、低压导线有无松脱，然后拔出分电器上的中央高压线，使高压线端距发动机机体 5～8mm，再接通点火开关，启动发动机，看高压线端与机体间是否跳火。有三种可能的情况：一是火花强，其特征是火花线较粗、呈蓝白色，且可听到较清脆的“叭叭”声；二是火花弱，其特征是火花很细，呈暗红色；三是无火花。再根据各种情况按图 2-21 进行故障诊断。

2.7.1.2　发动机动力不足

A　故障现象

发动机运转无力，加速不良，其余系统正常工作。

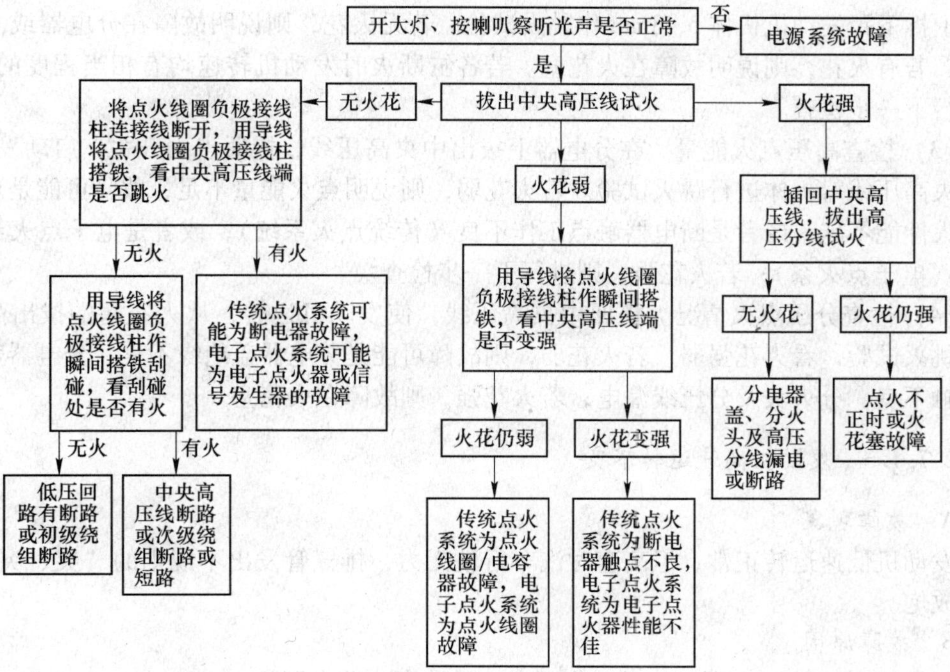

图 2-21　发动机不能启动的故障诊断流程

B　故障原因

（1）点火不正时，导致动力不足，加速不良。

（2）个别缸不工作，导致动力不足。

（3）断电器触点接触不良，导致高压火花过弱，动力不足；分电器盖漏电。

（4）传统点火系统由于分电器脏污、破坏、绝缘不良漏电，分电器盖导电处接触不良，分火头漏电，点火能量损失，导致点火可靠性下降，动力不足。

（5）电子点火系的电子点火器性能不良，导致高压火花过弱，动力不足。

（6）火花塞绝缘体破裂漏电，电极油污严重或积碳过多，电极间隙过大或过小，导致点火可靠性下降，动力不足。

C　故障诊断

（1）检查点火正时。将汽车在平坦路面以最高挡低速运行，当发动机冷却液温度达80~90℃时，突然将加速踏板踩到底。

1）若发动机瞬间不能发出“嘎嘎”声的突爆声，且车速提高不快、加速发闷，则说明点火过迟，可能说明点火正时调整不当，初始点火提前角过小，也可能是点火提前失效，应予以检查调整。

2）加速时，发动机若有短促轻微的爆燃敲击声，瞬时声响又消失，则说明点火正时准确，可进行下一步检查。

（2）检查不工作气缸。在发动机怠速运转情况下，逐缸短路高压分线使其断火，观察发动机的反映。若断火时发动机转速没什么变化，则说明断火缸不工作，其故障可能是该缸火花塞工作不良，或该缸高压线路存在漏电现象，此时可将不工作缸的高压分线从火花塞上拆下距发动机机体 5~8mm 作跳火试验。若无火花，则说明故障在分电器或高压分线上，若有火花，则说明故障在火花塞。若各缸断火时发动机转速均有相当程度的下降，则进行下一步检查。

（3）检查高压点火能量。在分电器上拔出中央高压线，接通点火开关，启动发动机，用中央高压线对机体进行跳火试验。若火花弱，则说明点火能量不足，故障可能是点火线圈点火性能不佳，或者是断电器触点工作不良（传统点火系统），或者是电子点火器性能不良（电子点火系）；若火花强，则进行下一步检查。

（4）检查分压点火情况。插回中央高压线，使发动机运转，从火花塞端拔出高压分线作跳火试验，看火花强弱。若火花弱，则故障可能是分电器盖绝缘不良、分电器盖导电处接触不良、分火头及分压线漏电；若火花强，则故障在火花塞。

2.7.1.3　发动机高速运转不良

A　故障现象

发动机低速运转正常，但高速时汽车行驶无力，排气管发出不规则的“突、突”声，甚至放炮。

B　故障原因

（1）气缸高速断火不工作或工作不良，导致高速动力不足。

（2）火花塞间隙过大、油污严重、积碳过多，导致所需击穿电压过高，易产生高速断火。

（3）传统点火系中断电器触点间隙大，断电器触点烧蚀引起接触不良，断电器触点臂弹簧过软，导致高速时触点闭合时间过短，点火能量不足，点火可靠性下降。

（4）电子点火系中，电子点火器性能不佳，闭合角调控功能失效，易导致高速断火。

C　故障诊断

（1）检查高速点火能量。启动发动机并高速运转，从任意缸火花塞上拆下高压线，使其端头距气缸盖 5~8mm，观察点火能量。若火花强而连续，则说明故障在火花塞，此时保持发动机高速运转，将拆下的高压线对准距火花塞顶约 5mm 处进行试火，若火花断续，则说明所测缸的火花塞间隙过大，高速工作不良，通过各缸的检测可确定故障所在，必要时，可拆检火花塞。若高速点火能量过小，火花断续，对于电子点火系来说，则说明电子点火器性能不佳；对于传统点火系来说，则进行下步检查。

（2）检测分电器。打开分电器盖，慢慢摇转发动机曲轴，检查断电器触点间隙，正常值为 0.35~0.45mm，若间隙过大，则说明故障在此。若间隙正常，则接通点火开关，摇转发动机曲轴使触点闭合，用旋具拨动触点试火，若高压分线火花很强并不断火，则说明活动触点臂弹簧过软，若高压分线火花弱，跳火距离短，则故障可能是断电器触点烧蚀引起的接触不良所致。

2.7.2　电子控制点火系的故障诊断

2.7.2.1　微机控制点火系统的故障检测与诊断方法

微机控制点火系统发生故障后，其点火线圈、分电器、点火器及高压电路元器件以及高压电路和部分低压电路的检测与诊断方法，与前文所述的电子点火系基本相同。这里仅对其电脑控制部分的诊断与检测方法进行介绍。

A　直观诊断

当电脑控制点火系统发生故障时，应先对与故障现象相关的部位、部件及其连接导线进行外观检查，查找各个插接器是否有污损、插接不到位而引起的接触不良，检查电线是否断开，是否有因磨损而引起线间或与地短路烧坏的地方，检查各个传感器和执行器是否有零件松动、丢失、变形、卡死、磨损越限等机械故障，检查发动机工作时是否有异响，点火器、点火线圈温度是否正常，询问用户故障发生过程及现象等。由于电脑控制点火系统结构原理复杂，工作可靠性也较高，发生故障后，除了电子元器件本身的损坏外，很多故障是由于线路短路、断路、插接器接触不良造成的，而与电脑系统无关，直观诊断法可以比较容易地发现这些故障，结合经验诊断方法，可以达到事半功倍的效果，是一种最简单、最基本的故障诊断方法。

B　利用自诊断系统诊断

汽车电脑控制系统几乎都含有自诊断功能，微机控制点火系统也不例外，因此，当微机控制点火系统出现故障时，应首先利用汽车的自诊断功能调取存储在电脑内的故障码，根据故障码及其含义，可快速对电控系统自身故障的范围做出初步判断并进一步排除故障。因此，利用自诊断系统是针对电脑控制点火系统电控部分最主要的诊断手段，但这种方法不能诊断电控系统范围以外的发动机故障，如点火线圈、高压配电器等高压电路元器件以及高压电路的故障。关于具体能被诊断的部位可查各厂家的说明书或维修手册。关于故障码的读取、故障码的具体含义和故障码的消除，目前世界各汽车厂尚未完全统一，可通过车上的诊断接口，利用专用的解码器或人工调码的方法读取。

C　仪器诊断

利用一些简单的通用仪器仪表（如数字万用表、示波器等）或一些专用的诊断仪器设备（如发动机综合分析仪、解码器、点火分析仪、正时灯等），对电脑控制点火系统故障进行检测、分析和诊断的方法。可对故障元器件性能参数、各主要测试点信号以及整个点火系统进行检测、特性曲线及波形的定性定量分析，从而对故障部位做出快速准确的判断，大大地提高对点火系统故障的诊断效率。但现代化的诊断仪器设备价格相对较高，操作人员对系统的结构和电路原理、控制电路特点必须要有相当的了解。

2.7.2.2　电子控制点火系常见故障诊断

A　故障现象

（1）发动机不能启动或发动机在运行中熄火且再也不能启动。

（2）点火系不点火或火花太弱。

B　故障原因

现代轿车点火系多采用无触点电子控制点火系。这种点火系是由发动机 ECU 根据各个与点火控制有关的传感器输入信号对点火时刻、点火能量进行控制，从而实现点火。因此，电子控制点火系统的故障原因主要有如下几点。

（1）点火信号发生器存在故障，导致无信号输出而不能触发电子点火器工作。

（2）电子点火器存在故障或性能不良，不能及时通断点火线圈初级电流，使点火线圈次级绕组不能适时产生高压电。

（3）点火线圈故障，不能产生点火高压，或点火电压太低，点火能量不够。

（4）火花塞故障。火花塞承受高温、高压、冷热高频交变、燃油废气的侵蚀等，工作环境恶劣，随着运行里程的增加会逐渐使性能变坏，产生电极烧损、积碳、积油等。

（5）点火系的高压线路故障。线路插头、插座连接牢固才能保证接触可靠、传递信息准确。由于发动机本身运转时的振动和汽车在不平路面上运行时的振动，会引起高、低线路接触不良。另外，高压线损伤、漏电都会导致点火系工作不正常。

（6）与电子控制点火系有关的传感器失效，如发动机转速传感器、节气门位置传感器、冷却液温度传感器、爆燃传感器等失效，会引起点火系工作不正常。

（7）与电子控制点火系有关的控制线路短路或断路，导致控制信号异常，使点火系工作不正常。

（8）发动机 EUC 故障，导致点火系异常。

C　故障诊断

电子控制点火系的故障诊断流程如图 2-22 所示。

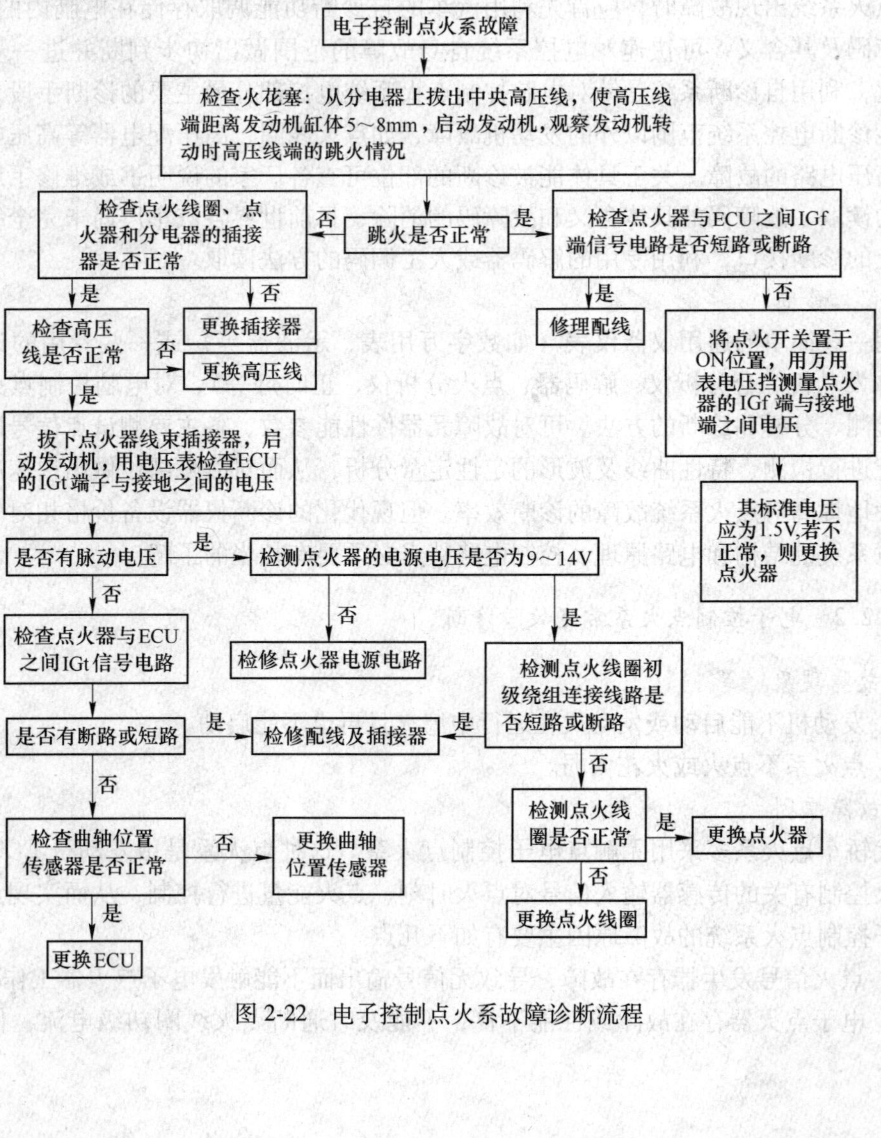

图 2-22　电子控制点火系故障诊断流程

【任务实施】

在老师的指导下能够运用诊断方法对下列案例进行故障诊断。

一辆一汽奥迪 100 乘用车，在怠速时，偶有进气管回火、排气管放炮现象，在中高速时回火、放炮现象明显加重。

检查分电器上各缸点火高压线的插接顺序，顺序正确；用跳火法检查分电器盖的绝缘性能，各插孔无漏电现象，绝缘性能良好；用点火正时仪检测点火正时，点火提前角不稳定；打开分电器盖，检查分电器触发叶轮，发现叶轮可在分电器轴上滑转。

最终更换分电器，该车的故障消除。

任务 2.8　启动系统的常见故障诊断分析

【任务描述】

车用发动机从不转到自己做功转动，需要外力拖动曲轴转动的机构就是利用蓄电池放电产生转矩的启动机。发动机启动时，启动电流很大，启动机在大负荷下工作易产生故障。启动机发生故障后，就会影响发动机的启动，所以，必须对启动机的故障进行及时排除。启动机常见的故障主要有启动机不转、启动机运转无力、启动机空转等。通过对本任务的学习，要求学生具备以下能力：

（1）了解启动系的组成及工作原理。

（2）掌握启动系统常见的故障现象及原因。

（3）针对汽车的故障现象，初步判断启动系统故障原因或方向。

【基本知识】

启动系一般由启动机、蓄电池、启动继电器、点火开关等组成。

启动机由直流电动机、传动机构、电磁操纵机构组成，如图 2-23 所示。其中直流电动机的作用是产生电磁转矩；直流电动机由磁极、电枢、电刷组件组成。传动机构的作用是在发动机启动时，使启动机齿轮与飞轮齿圈啮合，将电动机转矩传给发动机飞轮，在发动机启动后，使启动机自动脱开飞轮；传动机构由单向离合器、驱动齿轮组成，在电动机

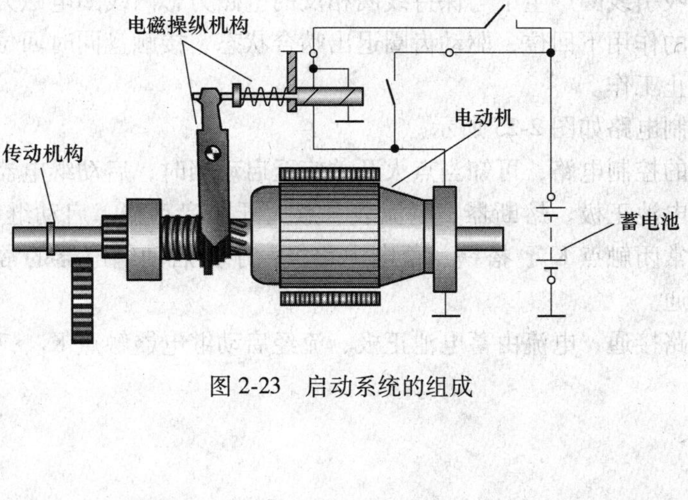

图 2-23　启动系统的组成

的延长轴上。电磁操纵机构的作用是控制启动机主电路的通断和驱动齿轮移出与退回；电磁操纵机构主要指电磁式控制开关，包括主接触盘、活动铁芯、吸拉线圈、保持线圈、拨叉等。

蓄电池是汽车的电源，作用是供电、协助供电、保护电子元件。

启动继电器作用是控制启动机，与点火开关配合，控制启动机电磁开关中吸拉线圈和保持线圈中电流的通断，以保护点火开关。

启动机的电路如图 2-24 所示。

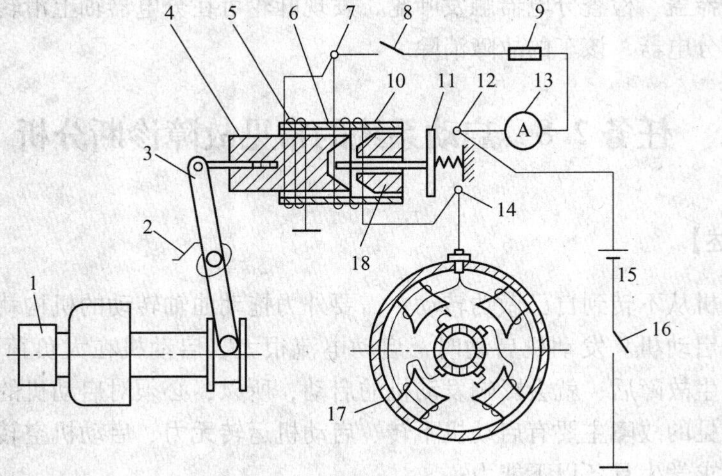

图 2-24　启动机的电路

1—驱动齿轮；2—回位弹簧；3—拨叉；4—活动铁芯；5—保持线圈；6—吸引线圈；7—电磁开关接线柱；8—启动开关；9—熔断丝；10—黄铜套；11—接触盘；12，14—触点及接线柱；13—电流表；15—蓄电池；16—电磁开关；17—电动机；18—磁轭

根据启动机电路分析可得，当接头启动开关后，吸引线圈和保持线圈通电，在吸引线圈和保持线圈电磁力的作用下，活动铁芯克服弹簧力右移，从而带动拨叉移动，将驱动齿轮推向飞轮，当驱动齿轮与飞轮啮合时，接触盘也被活动铁芯推至与触点接触位置，使启动机通入启动电流，产生电磁转矩，启动发动机，接触盘接触后，吸引线圈被短路，活动铁芯靠保持线圈的电磁力保持啮合位置。发动机启动后，断开启动开关，此时流经电磁线圈的电流依次流经蓄电池的正极、接线柱、接触盘、接线柱、吸引线圈、保持线圈，最后流经搭铁。由于吸引线圈产生了与保持线圈相反的电磁力，两线圈电磁力相互抵消，活动铁芯在弹簧弹力的作用下回位，驱动齿圈退出啮合状态，接触盘同时回位，切断启动机电路，启动机便停止工作。

启动机的控制电路如图 2-25 所示。

根据启动机的控制电路，可知当点火开关旋至启动挡时，启动继电器通电，回路中的电流依次流经蓄电池正极、熔断器、电流表、点火开关启动挡、启动继电器线圈 L_1、充电指示灯继电器常闭触点 K_2、搭铁、蓄电池负极，于是启动继电器的常开触点 K_1 闭合，电磁开关电路接通。

电磁开关电路接通，电流由蓄电池正极、流经启动继电器触点 K_1、吸引线圈、搭铁、蓄电池负极。

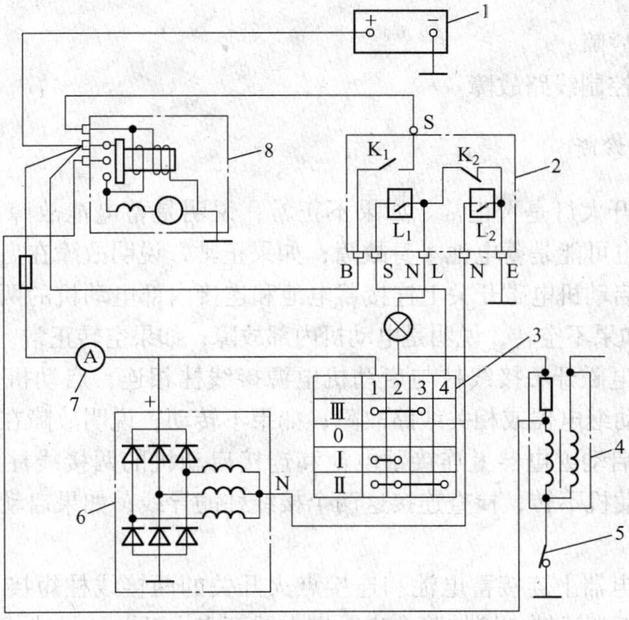

图 2-25　启动机的控制电路

1—蓄电池；2—组合继电器；3—点火开关；4—点火线圈；5—断电器触点；6—发电机；7—电流表；8—启动机

发动机启动后，松开点火开关，点火开关自动返回点火挡（1 挡），启动继电器触点 K_1 断开，切断了电磁开关的电路，电磁开关复位，启动机停止工作。

若发动机启动后，点火开关没能及时返回点火挡（1 挡），这时复合继电器中充电指示灯继电器线圈由于承受了硅整流发动机中性点的电压，使常闭合触点 K_2 打开，自动切断启动继电器线圈的电路，触点 K_1 断开，使电磁开关断电，启动机便自动停止工作。

若在发动机运转时，误将启动机点火开关旋至启动挡位，由于在此控制电路中，充电指示灯继电器的线圈总加有硅整流发电机中性点电压，充电指示灯继电器触点处于断开状态，启动继电器线圈不形成电流回路，电磁开关不动作，启动机不工作。

2.8.1　启动机不转

2.8.1.1　故障现象

启动时，接通启动开关，启动机不转动，且无动作迹象。导致此类故障的原因较多，归纳起来主要分为蓄电池和启动机两方面。

2.8.1.2　故障原因

（1）电源故障。可能是蓄电池损坏或电量不足，启动电路导线断路，导线连接松动，接线柱接触不良。

（2）启动机故障。可能是磁场绕组或电枢绕组有断路或短路，换向器与电刷接触不良，绝缘电刷搭铁，电枢轴弯曲与磁极卡滞，启动机轴承过紧或损坏卡死。

（3）启动继电器故障。可能是启动继电器线圈短路、断路、搭铁，电磁开关触点烧蚀、接触不良。

（4）点火开关故障。

（5）启动系统控制线路故障。

2.8.1.3　故障诊断

（1）按喇叭、开大灯是否正常。如果不正常，说明是蓄电池故障，可能是蓄电池连接线路接触不良，也可能是蓄电池本身故障；如果正常，说明故障在启动机。

（2）用旋具将启动机电磁开关上连接蓄电池和连接内部电动机的两接线柱短接，启动机是否空转正常。如果不空转，说明是电动机内部故障；如果空转正常，则进行下一步。

（3）用旋具将电磁开关接线柱与启动机电源接线柱相连，启动机是否转动。如果转动，说明故障在启动继电器或相关线路故障；如果不转动，说明故障在电磁开关。

（4）用旋具将启动继电器上连接蓄电池和连接启动机的两接线柱短接，启动机是否正常转动。如果启动机不转，检查连接这两个接线柱的导线；如果启动机能正常运转，则进行下一步。

（5）将启动继电器上连接蓄电池和连接点火开关的两接线柱短接，观察启动机能否正常运转。如果能正常运转，则故障在启动继电器至点火开关的导线或点火开关本身有故障；如果不能运转，则说明启动机继电器不良。

2.8.2　启动机运转无力

2.8.2.1　故障现象

启动时，驱动齿轮能啮入飞轮齿环，但启动机转速明显偏低甚至停转。

2.8.2.2　故障原因

（1）启动机开关触点烧蚀严重，因调整不当而不能接触。
（2）电动机炭刷磨损过多或炭刷弹簧压力不足，使炭刷接触不良。
（3）激磁绕组或电枢绕组局部短路，使启动机功率下降。
（4）启动机轴承过松，致使电枢铁芯与磁极相碰。
（5）换向器脏污严重，使接触电阻变大。
（6）电磁开关线圈有短路处。
（7）启动线路导线有接触不良处。
（8）蓄电池亏电或极板硫化、短路，启动电源导线连接处接触不良等。

2.8.2.3　故障诊断

启动机运转无力的故障诊断流程如图 2-26 所示。

2.8.3　启动机空转

2.8.3.1　故障现象

启动时，启动机转动，但发动机不转。

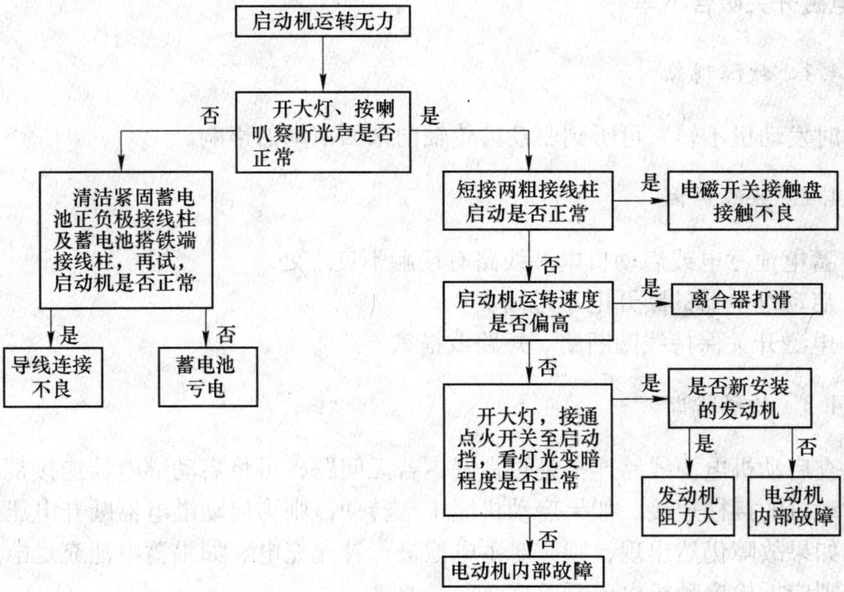

图 2-26　启动机运转无力的故障诊断流程

2.8.3.2　故障原因

(1) 直接操纵式的拨叉脱槽，不能拨动驱动小齿轮；或其行程调整不当，不能进入啮合状态。

(2) 单向离合器打滑或损坏。

(3) 电磁控制式电磁开关铁芯行程太短，使电动机开关闭合时间过早。

(4) 启动机固定螺栓松动。

(5) 电枢移动式辅助线圈短路或断路，不能将电枢带到工作位置。

(6) 飞轮齿环磨损严重或损坏。

2.8.3.3　故障诊断

(1) 排除调整不当原因。倘若有时空转，但有时又能驱动曲轴，这种情况可能是发动机驱动齿轮和止推垫圈的间隙调整不当（标准为 0.1~0.4mm）或开关接触过早，对此只要重新加以调整，故障即可被排除。

(2) 检查飞轮齿环是否损坏。当启动机驱动齿轮正好与损坏的齿环相遇时，就不能驱动曲轴旋转，这种情况出现时，在接通启动开关时会伴有碰撞声，更换即可。

(3) 检查单向离合器。因单向离合器打滑导致启动机空转，一般不会出现碰撞声，检查单向离合器是否打滑，应拆下启动机，将电枢握紧固定，然后用力向逆时针方向转动单向离合器，如果转不动，而顺时针方向能转动，则更换新件。

(4) 检查轨槽。利用惯性传动装置的启动机，发生空转的原因多为齿轮移动的轨槽不清洁阻碍了驱动齿轮的滑行，可将其打开检查，经清洗后，故障即可排除。

2.8.4　电磁开关吸合不牢

2.8.4.1　故障现象

启动时发动机不转，可听到驱动齿轮轴向来回窜动的声响。

2.8.4.2　故障原因

(1) 蓄电池亏电或启动机电源线路有接触不良之处。
(2) 启动继电器的断开电压过高。
(3) 电磁开关保持线圈断路、短路或搭铁。

2.8.4.3　故障诊断

先检查启动机电源线路连接是否良好，若无问题，可将启动继电器连接蓄电池的接柱和连接启动机的接柱短接。如果启动机能正常转动，则为启动继电器断开电压过高，应予以调整；如果故障仍然出现，则应对蓄电池进行补充充电。如果蓄电池充足电后故障仍不能消除，则应拆检启动机电磁开关。

2.8.5　启动机启动时出现异常声响

2.8.5.1　故障现象

接通启动开关，启动机转动时有撞击声，且不能带动发动机运转。

2.8.5.2　故障原因

(1) 启动机驱动小齿轮或飞轮齿环磨损严重或损坏。
(2) 启动机开关接通时间过早。
(3) 小齿轮端面被齿环平面遮住，齿轮不能迅速推入轮齿。
(4) 启动机固定螺栓或离合器松动。
(5) 减振弹簧过软。

2.8.5.3　故障诊断

(1) 检查启动机开关是否闭合过早。如果曲轴转过任何角度都不能清除撞击声，驱动小齿轮始终不能啮合，则应进一步检查启动机开关是否闭合过早，使启动机驱动齿轮在未啮入飞轮齿环之前，启动机电路就已经导通，造成齿轮在高速旋转中与齿环啮合，产生强烈撞击与极响的打齿声。当驱动齿轮端面被齿平面挡住，主电路已接通时，因齿轮不能迅速推入齿环而发生强烈的打齿声。出现这种情况时，可采取以下措施：

1) 直接操纵式启动。可采用增大拨叉顶压螺丝头部与接触盘推杆间隙的方法来解决。

2) 电磁操纵式启动。可采用旋入铁芯与拨叉的连接螺丝钉，增大铁芯与接触盘推杆间隙的方法进行调整解决。

注意：对于异常声响故障，也可根据撞击声响的特征来大致判断故障原因。一般行程调整不当或带有空转的撞击声是连续的。而启动机固定螺栓或离合器壳松动，或飞轮齿环损坏引起的撞击声是不连续的，且有时可以啮入启动发动机。

（2）排除螺丝钉（栓）松动的可能。当接通启动开关时，如发现启动机壳体不断抖动，则为固定螺栓或离合器壳体固定螺丝钉松动所造成，应立即停车，将松动处固定紧。

（3）启动时，启动机发出“嗒嗒”声响，启动不连续，很难使发动机启动。这种故障多是启动机电磁开关中的保持线圈开路引起的。

如保持线圈开路，在启动机启动时，启动机的驱动齿轮在吸引线圈电磁力的作用下，向发动机飞轮方向移动。当启动机的驱动齿轮与飞轮齿环啮合到一定程度时，电磁开关中的主触点接通，转子旋转。由于此时保持线圈已开路，驱动齿轮不能保持啮合状态，电磁开关的主触点也不能保持接通状态，因此驱动齿轮在弹簧力的作用下向初始位置移动，当移动一定程度时电磁开关主触点断开，吸引线圈相继又有电流通过，产生吸引力，驱动齿轮又向飞轮方向移动，这样重复上述过程，从而产生了“嗒嗒”响声，并导致启动不连续故障。电磁开关中保持线圈开路，一般都是线圈头与接点开焊或折断，只要打开电磁开关，重新焊好，故障即可被排除。

2.8.6 启动机不停转

2.8.6.1 故障现象

发动机启动后，启动机不停转。

2.8.6.2 故障原因

（1）单向离合器卡死。
（2）启动机安装不当，侧齿间隙过小。
（3）单向离合器回位弹簧弹力变弱或折断。
（4）电动机开关触点烧蚀或连接在一起使电路不能切断。
（5）继电器触点烧蚀或弹簧损坏。
（6）电磁开关触片短路或开关线圈短路。

2.8.6.3 故障诊断

这种故障多出在单向离合器和各种控制开关（包括电磁开关、继电器开关）上。前者为离合器不能脱开，后者为电源不能断开，检修时应主要围绕这两方面进行。

发生启动机不停转故障时，应立即拆除蓄电池搭铁线或蓄电池与启动机间的连接线，否则启动机在短时间内就会烧坏。然后应扳撬飞轮使其脱开，或将变速器置于高挡位，切断电源，晃动车辆，看启动机小齿轮与飞轮齿环能否脱开，如仍不能脱开，可将启动机的固定螺栓松开一些再晃动车辆，直至使其脱开。

【任务实施】

在老师的指导下能够运用诊断方法对下列案例进行故障诊断。

一辆奥迪 100 四缸发动机的启动机运转无力。该车主反映，曾维修过发动机、启动机，更换过蓄电池。

分析故障原因，怀疑是换用的蓄电池质量不佳，但借用无故障的蓄电池试车，故障依然存在。按动电喇叭，声响嘹亮，表明蓄电池性能可靠；分析可能是线路存在故障，在发动机中速运转时，用万用表测得发动机电枢接线柱的输出电压为 13. 0～13. 5V，蓄电池正负极间的电压为 11. 5V，仪表板上充电指示灯在发动机运转后熄灭，这些都表明线路无故障。

检查启动机，电源接线柱处有烧蚀痕迹，拆除蓄电池搭铁线，发现螺母松动，拧紧螺母，装上蓄电池搭铁线，发动机顺利启动。

任务 2. 9　润滑系统的常见故障诊断分析

【任务描述】

运动副之间的摩擦阻力是发动机启动和运转时的主要内部阻力，因此，必须重视改善发动机的润滑情况，提高发动机输出的有效功率，同时，润滑状况不良时，发动机做相对运动的配合副磨损加剧，正常配合间隙被破坏，引发破坏性故障。通过对本任务的学习，要求学生具备以下能力：

（1）了解润滑系的组成及工作原理。

（2）掌握润滑系统常见的故障现象及原因。

（3）针对汽车的故障现象，初步判断润滑系统故障原因或方向。

【基本知识】

润滑系一般由机油泵、机油滤清器、集滤器、油底壳和机油散热器、机油冷却器、油尺组成，如图 2-27 所示。

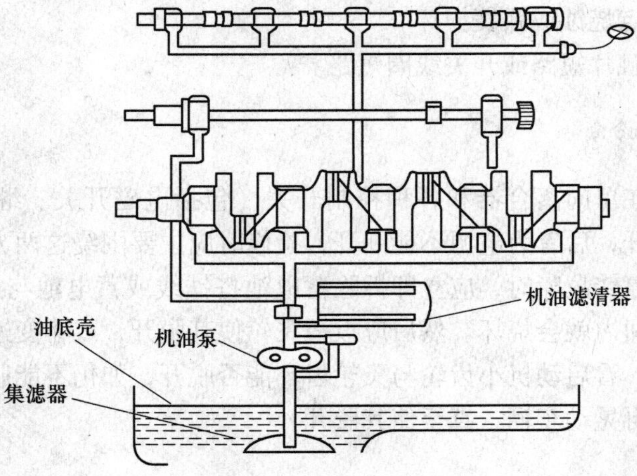

图 2-27　润滑系的组成

机油泵的作用是保证机油在润滑系统内不断循环；机油滤清器作用是收集润滑油中的各种异物，如金属屑、机油中胶质积碳等；集滤器安装于机油泵进油管上，防止较大的机械杂质进入机油泵；油底壳收集并储存循环后的机油；机油散热器安装在冷却系散热器前面与主油道并联，机油工作时，一方面将机油供给主油道，另一方面经限压阀、机油散热器开关、进油管进入机油散热器内，冷却后从出油管流回机油盘；机油冷却器将机油置于冷却水路中，利用冷却水的温度来控制润滑油的温度；油尺用来检查油底壳内油量和油面高度。

2.9.1 机油压力过低

2.9.1.1 故障现象

发动机启动后，带有压力指示的仪表上机油压力迅速降至0左右，或发动机在正常温度和转速下运转时，机油压力始终过低，机油压力警告灯不断闪亮或蜂鸣报警器发响报警。

2.9.1.2 故障原因

(1) 机油量过少。
(2) 机油黏度过小。
(3) 机油压力表、传感器失效，或线路断路、短路。
(4) 燃油或冷却液进入油底壳导致机油变质。
(5) 机油滤清器或集滤器堵塞。
(6) 机油泵磨损或工作不良。
(7) 机油限压阀弹簧弹力下降或弹簧折断、卡滞。
(8) 油管破裂或接头泄漏。
(9) 曲轴主轴承、连杆轴承、凸轮轴轴承间隙过大。

2.9.1.3 故障诊断

(1) 拔出机油尺，检查机油油面是否过低。若过低，说明机油不足；若正常，则用手捻机油，观察机油黏度是否过低，如果不是过低则进行下一步。

(2) 拆下油压传感器，短时间启动发动机，观察喷油量。若多而有力，则油压传感器、油压表或油压报警器失效，可用新配件进行替换来确诊故障；若少而无力，则进行下一步。

(3) 检查机油滤清器是否脏污、堵塞，旁通阀是否堵塞不能开启。若有故障，则更换滤芯或机油滤清器进行试车检查，此时若机油压力正常，则说明原滤清器堵塞了油路；若机油压力仍低，则进行下一步检查。

(4) 如机油限压阀安装在发动机外表，则直接拆检限压阀，必要时更换限压阀元件，并重新调整限压阀后进行试车。若机油压力正常，则说明限压阀技术状况不良或调整不当；若机油压力仍低，则故障原因可能是机油泵磨损严重，集滤器滤网堵塞，机油管路泄漏，曲轴主轴颈、连杆轴颈、凸轮轴轴承的间隙过大所致，这样可在拆除油底壳后进行确诊。如果机油限压阀在发动机内部，则限压阀的检查调整也需拆除发动机油底壳。

（5）检查机油滤清器安装部位是否泄漏。若存在泄漏，则说明油路密封不良；否则进行下一步。

（6）检查冷却液中是否有机油花。若有机油花，说明缸垫或缸盖内油道泄漏；否则进行下一步。

（7）将发动机从怠速升至 2500r/min 左右观察报警灯情况。若仅低速报警，则说明缸体主油道至缸盖主油道堵塞；若仅高速报警，就调松滤清器座上安全阀，如好转说明是机油滤清器堵塞，未好转说明机油泵不良或集滤器堵塞；若一直报警，就在发动机转数为 2500r/min 左右时拔下缸盖上低压报警传感器上的连线并悬空，如不报警，说明缸体主油道至缸盖主油道堵塞，仍报警进行下一步。

（8）调松滤清器座上安全阀，是否好转。若好转，则说明机油滤清器堵塞或安全阀失效；若没好转，则说明机油泵性能不良；限压阀调整低；内部机油油路泄漏，轴承泄漏。

2.9.2　机油压力过高

2.9.2.1　故障现象

汽车在运行过程中，偶尔会出现机油压力过高的情况，往往会有机油泄漏或滤清器破裂的现象，个别情况会使发动机气门不能完全关闭，造成不能启动。

2.9.2.2　故障原因

（1）机油黏度过大。

（2）机油限压阀卡滞或调整不当。

（3）曲轴与凸轮轴轴承处或油道有严重堵塞。

（4）发动机各轴承处的间隙过小。

（5）机油报警装置失效。

2.9.2.3　故障诊断

（1）抽出机油尺用手捻试机油，判断黏度大小，若黏度正常，则进行下一步。

（2）更换新机油压力表及传感器，运转发动机看机油压力是否正常，正常说明传感器或压力表有故障；否则进行下一步。

（3）检查限压阀。更换限压阀之后试车。若油压正常，说明限压阀有故障；若不正常，说明缸体内通往各摩擦面的分油道堵塞或大修发动机、新车的轴承间隙过小。

2.9.3　机油消耗异常

2.9.3.1　故障现象

发动机各密封衬垫、油封处有机油泄漏；发动机工作时，排气管冒蓝烟，火花塞、燃烧室积炭严重；发动机的机油消耗量超过 0.001L/km。

2.9.3.2 故障原因

(1) 机油泄漏或机油液面过高。
(2) 汽缸磨损严重，活塞、活塞环与汽缸壁间隙过大；活塞环与环槽侧隙过大。
(3) 活塞环对口、装反、弹力下降、侧隙过大、油环卡死等。
(4) 气门油封老化或损坏，气门导管与气门杆配合间隙过大等；曲轴箱通风不良。

2.9.3.3 故障诊断

(1) 检查发动机外部是否漏油。应特别注意有无漏油痕迹，重点检查主要漏油部位，如曲轴前后端，凸轮轴后端油路。

(2) 如发动机盖罩、气门室盖、油底壳衬垫和发动机前后油封有多处漏油，应重点检查曲轴箱通风装置，如该装置不良，易使曲轴箱内气体压力和机油温度升高，易造成机油渗漏、蒸发，甚至进入气缸燃烧，使机油消耗过多。

(3) 检查机油排烟。发动机工作时，若排气管明显地冒蓝烟，则说明机油进入燃烧室参与了燃烧。当发动机高速运转或急加速时排气管大量冒蓝烟，同时机油加注口也向外冒蓝烟，则为活塞、活塞环系列故障。当发动机大负荷运转，排气管冒蓝烟，而机油加注口不冒烟，则表明气门导管磨损过甚，气门杆油封损坏，易使机油被吸入燃烧室。

(4) 对于采用气压制动的汽车，当松开湿储气筒放水排污开关后，若发现伴有大量油污排出，则表明空气压缩机的活塞、活塞环与气缸壁磨损过甚，导致大量机油在此泵出。

2.9.4 机油变质

2.9.4.1 故障现象

发动机工作时间不长或没有达到保养的时间时，就出现了机油品质下降或不能使用的情况。

2.9.4.2 故障原因

(1) 长时间使用而不更换。
(2) 使用较低级别的机油。
(3) 滥用添加剂。
(4) 冷却液窜入润滑系统。

2.9.4.3 故障诊断

分析机油变质可采用人工法和仪器法。

人工法：若机油发黑、变稠，则说明机油氧化；若机油发白，则说明机油中有水；若机油变稀，则说明机油被汽油或柴油稀释。

仪器法：用机油不透光度分析仪或介电常数分析仪或滤纸油斑试验法检测。

【任务实施】

在老师的指导下能够运用诊断方法对下列案例进行故障诊断。

一辆本田雅阁 CD5 轿车，发动机运转正常，行驶中加速时机油压力报警灯闪亮。

经检测，如果汽车在加速，机油压力报警灯闪亮，一般是机油压力不足或机油压力传感器的故障。拔出机油尺检查机油油路，油量在标尺刻度中间，基本正常；发动机在运转过程中无异响，初步判定曲轴与连杆轴承间隙也正常；外观检查发动机油底壳等部位，没有凹陷现象；更换机油压力传感器，故障依旧。检测机油泵压力：怠速时，机油泵压力为 120kPa，正常；当转子转速升至 3000r/min 时，实测机油泵压力为 330kPa（标准值为 450kPa），且不再升高。

根据检测结果，可以断定该故障是由于机油泵磨损或泄漏、机油通道堵塞导致；拆检机油泵，转子与泵壳内腔未发现严重磨损迹象，减压阀体也未卡滞，但却发现减压阀有明显砂眼，显然机油从此处泄出，造成机油泵泵油压力达不到规定值。

更换机油泵总成，试车确认，故障现象消失，故障排除。

任务 2.10　冷却系统的常见故障诊断分析

【任务描述】

发动机的冷却系统应根据车辆运行的技术要求，车辆无论在高速、低速、轻载、重载或不同道路、不同气温条件下运行，发动机的冷却液温度应保持在 80~100℃左右。超过这个界限，温度过高或过低，说明冷却系统出现了故障，发动机温度过高或过低，不仅使功率降低、油耗增加，还会加快发动机运动时的磨损。因此，一旦出现故障，会使发动机无法正常工作甚至会严重损坏发动机。通过对本任务的学习，要求学生具备以下能力：

（1）了解冷却系的组成及工作原理。

（2）掌握冷却系统常见的故障现象及原因。

（3）针对汽车的故障现象，初步判断润滑系统故障原因或方向。

【基本知识】

冷却系一般由水泵、散热器、节温器、冷却风扇组成，如图 2-28 所示。

水泵的作用是对冷却液加压，保证其在冷却系统中循环流动。散热器的作用是增大散热面积，加速水的冷却，冷却水经过散热器后，其温度降低 10~15℃，为了将散热器传出的热量尽快带走，在散热器后面装有冷却风扇与散热器配合工作。节温器是控制冷却液流的阀门，当冷却液温度大于 80℃时，节温器打开，此时冷却液处于大循环；当冷却液温度小于 70℃时，节温器关闭，此时冷却液处于小循环。

2.10.1　发动机过热

2.10.1.1　故障现象

汽车在行驶过程中，冷却液温度表指针长时间指在红区或冷却液温度报警灯闪烁，发动机过热，冷却液沸腾，出现蒸汽，散热器呈“开锅”现象。

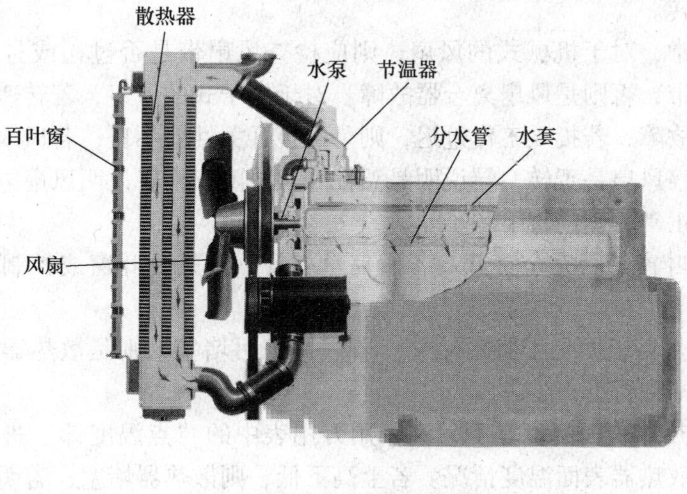

图 2-28　冷却系的组成

2.10.1.2　故障原因

（1）冷却液不足，冷却系统存在泄漏。

（2）散热器风扇电动机或电动机温控开关出现故障。

（3）混合气过稀、点火时间不当、燃烧室积炭过多。

（4）散热器和水套内沉积水垢，锈污过厚；散热器上部回水管凹瘪或堵塞；分水管锈烂，分水功能丧失。

（5）节温器主阀门打不开或打开过迟，使冷却液循环受阻。

（6）水泵工作性能不佳。

（7）百叶窗不能完全打开。

（8）气缸衬垫过薄或缸体、缸盖结合磨削过多。

（9）缺机油或机油过稠，致使润滑性能或散热性能降低。

（10）汽车超载，长时间用低挡行驶，爬坡，在天气炎热或高原地区长时间行驶。

（11）温控开关、水温传感器失效。

2.10.1.3　故障诊断

（1）检查冷却液量，观察液面是否过低。若液面过低，则为冷却液不足；否则进行下一步。

（2）检查冷却液流动状况，发动机运转，90℃左右，用手触摸缸盖、散热器进液口，观察温差。若温差很大，则为冷却液循环不良，故障部位为节温器；若节温器正常，则为水泵。若温差不大则进行下一步。

（3）加速发动机的运转，加速时触摸散热器进液管，观察冷却液流动是否随转速的提高而提高。若不随转速的提高而提高，则水泵有故障；若冷却液循环良好则进行下一步。

（4）检查风扇运转情况。使发动机冷启动运转，在发动机温度升到过热过程中，看风扇是否正常运转。

若运转不正常，对于机械式的风扇，则应检查风扇带是否过松或打滑，如过松或打滑，则故障在皮带，否则是风扇离合器故障。对于电子式的风扇，若转速过低，则可能是风扇电枢或线路故障；若投入工作过迟，则是温控开关性能不良；若风扇不转，在怠速低温时开空调，观察风扇是否转，转说明是温控开关故障，不转说明风扇电动机故障。

若风扇运转正常，则进行下一步。

（5）检查百叶窗是否完全打开。若没完全打开，则是百叶窗或控制机构故障；若完全打开，则进行下一步。

（6）检查散热器表面是否脏污堵塞。若表面脏污堵塞，则是散热器表面问题，进行维护或更换；否则进行下一步。

（7）检查散热器表面温度是否偏高，用万用表中的“点温度计”进行测量，测量散热器表面，检查散热器表面温度情况。若上高下低，则散热器堵塞；若明显偏低，则观察散热器进出水管是否有凹瘪，如果有凹瘪，则是进出水管凹瘪故障，没有凹瘪，则检查发动机前后部水温有无明显前低后高，有则是分水管破裂，没有则是节温器或水泵不良；若温度正常，则进行下一步。

（8）检查冷却系内漏，拆下散热器盖，使发动机运转，查看加液口是否有高温气泡漏出或有大量气泡。若有，则是汽缸垫烧坏；气缸体、气缸盖有裂纹、漏气。若无且长期未清洗发动机，则为水套内、散热器积垢太多。

（9）检查非冷却系统，检查点火正时是否点火过晚。若是则为点火正时不正确。若没有过晚则在低速时急加速，观察有无严重的爆燃现象，有则是燃烧室积炭；没有则稍拉阻风门，观察过热现象是否减轻，若减轻，说明混合气过稀，若没减轻，再观察水箱是否冒泡，是的话说明汽缸垫密封不严，不冒泡说明发动机水套或散热器积垢。

2.10.2　发动机温度过低

2.10.2.1　故障现象

发动机工作时，冷却液温度长时间或全部时间低于正常工作温度，发动机动力不足，油耗增加。

2.10.2.2　故障原因

（1）节温器失效，主阀门卡在全开位置，使冷却系无小循环。

（2）散热器风扇电动机的温控开关故障，使风扇低温时就运转或风扇总是高速运转。

（3）风扇离合器接合过早。

（4）环境温度太低且逆风行驶。

（5）发动机润滑油太多。

2.10.2.3　故障诊断

（1）检查散热器风扇的转动情况。冷车时运转发动机，在冷却液升温过程中观察风扇。若冷却液温度表指示低时 ，风扇就运转或低温时风扇以高速运转，则故障在风扇的温控开关，需更换。

（2）检查节温器工作情况。在冷却液温度低于节温器主阀门开启的温度下，用手触摸缸盖出液口与散热器进液口处，如无温差或温差小，则故障在节温器。

2.10.3 冷却液消耗过多

2.10.3.1 故障现象

汽车发动机的冷却液是全封闭的，在正常情况下，不需经常添加，如果冷却液液面下降很快，则表明冷却系有泄漏。

2.10.3.2 故障原因

（1）散热器及冷却系各胶管连接处渗漏；暖气热交换器渗漏；水泵水封损坏、渗漏；散热器盖渗漏。

（2）节温器盖等金属连接处松动或密封垫损坏。

（3）气缸体或气缸盖上的水管泄漏。

（4）气缸垫损坏或缸盖螺栓松动。

（5）V 形发动机的进气歧管衬垫水道口泄漏。

（6）AAC（辅助空气控制）阀或节气门体等某处被腐蚀而导致冷却液向进气管泄漏。

（7）气缸体损坏或气缸体、缸盖的水套出现裂纹。

2.10.3.3 故障诊断

（1）通过目测检查外部有无漏水痕迹，确定有无外部泄漏。

（2）通过检查机油是否发白或发动机水温正常时排气是否冒白烟确定是否内部渗漏。

可用专用手动压力测试器进行就车检测。方法：在冷却系中注满水，用专用接头将测试器和散热器水箱密封连接，用手推测试器，使测试器压力表指示 0.10MPa，保持不动，在 5min 内压力不应下降，同时观察冷却系外部各密封处有无漏水现象，漏水处即为不密封处，若外部无漏水现象，而压力下降过快，说明内部有泄漏。

（3）若无内外渗漏，则冷机启动，在升温过程中，观察水温表正常的情况下，散热器是否有蒸汽逸出，若有则散热器盖蒸汽阀有故障。

【任务实施】

在老师的指导下能够运用诊断方法对下列案例进行故障诊断。

一辆本田雅阁 2.0 轿车，启动后，仅怠速运转 15~20min 散热器就“开锅”，发动机过热，电子式冷却风扇不转动。

针对该车的症状，首先对冷却系统的外部进行检查。打开散热器盖，检查冷却液的数量与质量，结果都正常。拆下节温器总成，并将其放入装水的容器内，加热测试，结果是节温器上的副阀门能在规定的温度（低于 76℃）开启，但主阀门在达到 95℃ 时最大升程仅为 2mm（标准升程为 8mm），说明其存在故障。更换节温器后，再次启动，故障仍未排除。

接着，对电子风扇不转的原因进行查找，确认 ECU、点火继电器、温控开关、电子风扇控制继电器和电机等元件、线路和插头都正常。最后在检测发动机冷却液循环压力时发现其值偏低（怠速时仅 80kPa），且各部件无液体渗漏处，故确定水泵有故障。

将水泵总成拆下，在试验台上对其进行空转试验，叶轮转动正常；但在进行泵水试验时，转速不够，甚至停转。将其分解后，发现水泵的叶轮与水泵轴配合面磨损、松旷。

由此可知，该车出现故障原因有二：一是节温器主阀门开度不够，引起冷却液循环散热不良而“开锅”；二是水泵叶轮孔与水泵轴滑转，引起冷却液循环压力不足，流速和流量降低，并使电子风扇的温控开关传感器感测不到发动机的实际工作温度，因而无法适时地使风扇继电器动作、电子风扇转动。

任务 2.11　发动机电子控制系统的故障诊断

【任务描述】

发动机电子控制系统的工况对发动机的运转性能有很大的影响，不论是该系统的哪一环节出现问题，都会在一定程度上影响发动机的启动性、运转平稳性、动力性、经济性、排放性等。通过对本任务的学习，要求学生具备以下能力：

（1）了解电控系统检测诊断的一般程序、注意事项、基本原则等。

（2）掌握电控系统的故障自诊断。

（3）掌握电控系统部件的检测诊断方法。

【基本知识】

发动机电控系统主要由电子控制单元（ECU）、各类传感器和执行器组成。

ECU 由微型计算机和各种辅助电路组成，它是整个电子控制系统的核心，用来接受传感器的信息，并储存、计算、处理信息，输出执行命令以控制执行器。

传感器是一种转换器，用来感知发动机外部条件与自身性能的变化，并及时将这些信息传给 ECU。

执行器则根据 ECU 发出的指令完成某项操作，对发动机进行控制，使发动机在各种工况下都处于优化的状态工作。

2.11.1　检测诊断的一般程序

发动机电子控制系统的检测诊断，可按以下程序进行。

（1）客户调查。向用户询问故障发生的时间、征兆、条件、过程，是否已检修过，动过什么部位等详细信息。进行客户调查时，可让客户认真填写有关故障的项目调查表，此表可作为发动机电子控制系统故障现象的记录。它与检测诊断结果一起构成查找故障源的依据。

（2）直观检查。直观检查的目的是为了在进入更为细致的检测诊断之前，发现并消除从发动机外部能直观观察到的故障和存在的问题，以提高故障诊断效率。直观检查的内容如下：

1）检测发动机各管路是否正常。

2）检查电子控制系统电线束的连接情况。

3）检视每个传感器、执行器、ECU 是否有明显的损伤。

4）对检查发现的故障进行必要的排除。

（3）试车检查。试车检查的目的是为了对发动机的故障征兆作进一步确定，并了解通过对发动机电子控制系统的直观检查及处理后，其故障是否排除。对于有故障码显示的电子控制系统故障，此时应先清除故障码，然后重新读取故障码，看故障是否确实存在。通过试车检查，可将发动机电子控制系统故障作出有无故障码的分类，便于后续故障诊断。

（4）深入诊断。深入诊断的目的是为了确定故障的具体位置和原因并排除故障。深入诊断可使用各种形式的诊断仪器，利用车载故障自诊断系统调出故障码，借助万用表、示波器及专用检测仪器测量电路中的结构参数、传感器信号，并和标准值比较，以判断故障的具体原因。

对于故障码与征兆一致的发动机电子控制系统，应按故障码确定的故障部位，用该车型维修手册中故障码所示的故障诊断流程诊断故障；对于故障码显示正常，而故障征兆依然存在的发动机电子控制系统，应仔细辨别故障现象，分析故障可能的原因，然后从最容易出现的故障可能部位进行检查，通常按故障征兆诊断表和常见故障诊断方法来诊断故障；对于存在间歇性故障的发动机电子控制系统，应用故障征兆模拟法验证故障，采用与车辆出现故障时相同或相似的条件和环境进行试验模拟，使其故障再现，以便诊断故障的部位和原因。

2.11.2　检测诊断的注意事项

发动机电子控制系统是一个比较复杂的微机控制系统，在对该系统进行检测诊断时，除必须严格遵守检修工艺外，还应注意下列事项。

（1）在未弄懂发动机电子控制系统结构、原理和检修方法之前，千万不要盲目拆卸，以免引起新的故障。

（2）在诊断电控系统需要拆卸电源线之前，必须读取已储存在系统中的全部故障码，以免蓄电池断开后故障码被清除而失去故障信息；必须记录下带防盗码的音响设备的密码等信息，以便重新连接蓄电池时使用。拆卸蓄电池电源线必须在点火开关断开时进行。

（3）在点火开关接通、电子控制系统电路通电时，绝不可拆卸电子控制系统中任何线束插头及部件插接器，以免有关线圈产生很高的自感电动势而导致系统中电子元件和 ECU 的损坏。电路的通断操作应在点火开关断开时或蓄电池搭铁线拆下时进行。

（4）在断开带有锁扣的线束或部件插接器时，不能直接拉扯导线和插头，而应先脱开防止插接器松脱的锁扣，再来直接拔出插头。

（5）电子控制单元一般不易损坏，也不易维修，所以不要随意拆检。

（6）对 ECU 进行检查诊断时，要采取措施将人体静电屏蔽掉，如操作者用防静电手腕带，则可防止人体静电对 ECU 电路的损坏。

（7）除非特殊说明，一般不要使用指针式测试表检测 ECU 和传感器，而使用高阻抗数字式测试表进行测试，以免损坏 ECU 和传感器。

（8）检测电子控制系统电路安装时，要确保各线束、插接器连接正常和牢固可靠，以防新添接触不良故障。

（9）检测电子控制系统电路的通断绝不可用刮火的方法。因为刮火时，会使电路产生瞬时过电压而容易损坏系统中的电子元件。

（10）蓄电池安装时，应注意正、负极不能接反。

（11）不能使用除标准电压蓄电池以外的任何启动电源来启动发动机。

（12）进气系统管路不能有裂纹、漏气现象，否则会导致发动机电子控制系统工作异常。

2.11.3 检测诊断的基本原则

（1）先机后电原则。电子控制发动机主要由机械和电控两大部分组成。当电子控制发动机出现故障时，首先应确定是发动机机械故障还是电子控制系统故障，切不可盲目拆检。

发动机机械部分在正常使用条件下的故障远比电子控制系统要多。另外，机械部分相应简单，故障的诊断也较容易掌握，所以诊断时应从易到难，先机后电，优先排除发动机机械故障，再检测诊断并排除电子控制系统故障。

（2）先外后内原则。电子控制系统最常见的故障通常是因汽车运行的振动而引起接口、连线的松脱或运行条件潮湿，从而腐蚀接口及连线，造成线路的接触不良，因此，诊断和排除发动机电子控制系统故障时，应遵循先外后内原则。

（3）先查后诊原则。

（4）根据故障征兆进行诊断原则。

2.11.4 故障自诊断

故障自诊断就是利用 ECU 不间断地检测发动机电子控制系统各组成部分的工作状况参数，并和存储的标准参数比较，从而判断系统中的故障。

2.11.4.1 故障自诊断原理

在发动机电子控制系统的 ECU 中，预先设置了判别各输入信号的监控程序和有关诊断参数标准。工作时，自诊断系统不断地监测发动机各传感器输入的电信号、执行器的反馈信号和微机的工作状态。当电子控制系统工作异常时，自诊断系统就会作出有故障的判断，ECU 把这一故障以代码的形式存入内部随机存储器，同时点亮故障警告灯，并启动备用参数运行或启动安全保障措施。ECU 故障自诊断是针对系统中传感器、执行器和微机进行的。

（1）传感器故障自诊断。ECU 内存有各个传感器工作正常时输入的电信号范围，当传感器或电路出现异常输入信号或不能识别信号时，自诊断系统就判断该传感器或连接线路出现了故障。为使发动机不因一些传感器发生故障而停止工作，自诊断系统自动启动备用参数来代替故障传感器的信号参数工作，以维持发动机基本的运行，以便能将汽车就近送入维修厂或开回驻地。

（2）执行器故障自诊断。发动机运转时，ECU 安装发动机工况不断地向各执行器发出各种指令，而故障监控回路随时向 ECU 反馈器执行情况，若执行器不能正常工作，则 ECU 能及时得到故障信息，并启用安全保障措施，确保发动机停止运转或维持运转。

(3) 微机故障诊断。对 ECU 微机故障的诊断是通过 ECU 内部的监视电路来实现的。监测电路中安装有独立于微机系统之外的计数器。当微机正常运行时，由微机的运行程序对计数器时进行清零处理。这样，监视计数器的数值是永远不会溢出。当微机出现故障时，微机就不能对这个计数器进行定时清零，致使监视计数器不能复位而造成溢出。自诊断系统则根据监视计数器的溢出信号即可判断微机出了故障。微机系统若发生故障，控制程序就不可能正常运行，这样便会使汽车因发动机控制系统故障而无法行驶。为了保证汽车在微机出现故障时仍能继续运行，在 ECU 内设置了应急的后备电路。当 ECU 中微机发生故障时，ECU 则根据监视计数器的溢出信号自动调用后备电路完成控制任务，启用固定的控制信号，进入简易控制运行状态，使车辆继续行驶。采用备用电路工作时，故障警告灯亮。

2.11.4.2　故障自诊断信息的检测

对于电子控制发动机的汽车，接通点火开关后，若发动机电子控制系统故障警告灯亮起后不熄灭，或者汽车行驶中其故障警告灯亮起，则说明自诊断系统已检测到电子控制系统有故障。其存储在 ECU 存储器中的故障码信息，可利用汽车电控系统故障诊断或人工方法获取。

(1) 利用故障诊断仪检测故障信息。汽车电控系统故障诊断仪是一种和车载故障自诊断系统专门配套使用的微型计算机，它通过汽车电子控制系统的故障检测通信接口与发动机 ECU 相连。从本质上看，其故障诊断仪相当于自诊断系统的终端设备，起人机交互的作用。

(2) 利用人工法检测故障信息。人工法检测故障信息，需要进行适当的操作。首先应使发动机 ECU 进入自诊断测试状态，再根据故障码的显示方法读取故障码，然后通过查阅相应的维修手册获取故障码信息。

(3) 故障码的清除。发动机电子控制系统故障排除后，原故障码仍然会存在 ECU 的存储器中，其显示装置还会显示故障信号。因此，电子控制系统故障排除后应清除存储器中的故障码。

项目3 发动机综合故障的诊断

【项目导入】

项目2分别就各机构或系统出现的常见故障的诊断方法进行了介绍，这主要是出于两方面考虑，一方面是单个机械或系统的故障诊断能解决一些简单故障的诊断，另一方面它又是综合故障深入诊断的基础。在实际使用中，发动机发生故障时，其故障原因往往涉及整个系统或机构，此类故障称为综合故障。在发动机发生综合故障的情况下，若能首先根据故障现象确定故障所属系统或机构，进而根据各系统或机构的故障诊断方法查明具体故障部位和原因，就能提高维修工作的针对性，避免维修工作中的盲目拆卸，有效提高维修效率，降低维修成本。

发动机综合故障诊断涉及的机构或系统多，故障表现和程度不一，理论上可能故障部位和原因繁多，另外各类型发动机的结构又各有特点，所以要提出完整统一的诊断方法很难。本项目介绍发动机部分常见故障的诊断过程，其故障部位和原因也是较为常见和共性的，其目的是提供故障诊断的基本思路和基本方法。在实际诊断中应结合具体车型发动机的结构特点和故障发生规律，可以适当调整诊断顺序（虽然设计和制造水平不同，但每一型号发动机的故障易发部位和原因总有一定的规律）。

任务3.1 发动机异响故障诊断与分析

【任务描述】

正常发动机转速是均匀的，运转声轻微的、有节奏的机械振动和排气声音。当正常发动机转速发生变化时，表现为连续的声音强弱变化，转速过渡圆滑而不间断。如果发动机在运转过程中，出现间歇且无规律的碰撞声、摩擦声和强烈的振抖声，即为异响。异响着的发动机存在故障。通过对本任务的学习，要求学生具备以下能力：

（1）掌握发动机异响的原因及特性。

（2）掌握发动机异响的故障诊断程序。

（3）掌握发动机两大机构的异响诊断。

【基本知识】

发动机异响主要有机械异响、燃烧异响、空气动力异响和电磁异响等。根据异响类型的不同可以查明异响产生的原因，从而诊断出存在故障的机件或机构，进而排除故障。

机械异响，主要是因发生磨损或调整，运动副配合间隙过大或配合面有损伤所致。当运动副配合间隙过大时，运转中会引起冲击和振动，进而产生声波，如曲轴主轴承响、连杆轴承响、凸轮轴轴承响、活塞敲缸响、活塞销响、气门响、正时齿轮响等，多是因配合间隙过大造成的，但有些异响也可能是配合面有损失或其他原因造成的。

燃烧异响，主要是由发动机不正常燃烧造成的，如汽油发动机产生爆燃和表面点火，柴油机发动机工作粗暴时，气缸内均会产生极高的压力波。这些压力波撞击燃烧室壁及活塞连杆组，发出强烈的类似敲击金属的异响。燃油发动机的回火声，即排气管发出放炮声或“突突”声，也属于燃烧异响。

空气动力异响，主要发生在发动机的进、排气管及运转的风扇处，是因漏气或气流振动造成的。

电磁异响，主要发生在发电机、电动机和某些电磁元件内，是由于磁场的交替变化，引起某些机械部件或某一部分空间容积产生振动而造成的。如发动机的整流二极管短路时，可能会发出一种哼叫的噪声，拔下发电机的连接器，异响就会消失。

3.1.1　发动机异响的传播途径

了解异响的传播路径，有助于进行异响诊断。异响的传播路径主要有：空气直接传播，各种壳体支撑架、坐垫传播，发动机与车身的连接件传播，变速器的变速杆系或拉索传播，转向机构传播，悬架系统传播。

（1）空气直接传播。空气是异响传播的主要方式之一，几乎所有的异响都能通过这种方式进行传播，但在实际诊断中能够清晰听到的主要是一些音调较高、振幅较小、频率较高的异响。

（2）各种壳体支撑架、坐垫传播。发动机或底盘的振动和异响，经过变速器的支撑胶垫及支架传给车身，车身再进行放大，并通过座椅等路径传播。

（3）发动机与车身的连接件传播。底盘传动系统的振动和异响会直接传递给发动机，与发动机的振动和异响混合，再由发动机与车身的连接件传递给车身，车身再进行防腐，通过座椅等进行传递。发动机与车身的连接件主要有发动机支撑胶垫、节气门拉索、各种管道及线束。

（4）变速器的变速杆系或拉索传播。发动机或底盘的振动和异响，经变速器变速杆系或拉索传入车内。

（5）转向机构传播。发动机或底盘的振动和异响，经过变速器的支撑胶垫、支架以及其他连接件传给车身，再经过转向传动杆系传递给人体。

（6）悬架系统传播。发动机或变速器的振动和异响与传动轴和悬架的振动和异响混合，由悬架的连接件传递给车身，再通过座椅等传递。

3.1.2　发动机异响特性分析

发动机异响通常与发动机负荷、转速、温度、润滑条件及工作循环等多种因素有关，通过其异响特性分析，找出异响的变化规律，有利于对异响故障作出准确判断。

（1）异响与负荷的关系。许多异响与发动机负荷有关，负荷变化时异响加重或减弱。

如曲轴主轴承响、连杆轴承响、活塞敲缸响、点火敲击响等均随负荷增大而增强，随负荷减小而减弱。

而有些异响与负荷无关，如气门脚响，负荷变化时异响大小不变。检测时，常用断火法解除 1~2 缸负荷，听异响是否减轻或消失来鉴别异响与负荷的关系。

（2）异响与转速的关系。大部分异响与发动机转速密切相关。

有些异响在发动机怠速或低速运转期间出现，当转速提高后则消失，如活塞与缸壁间隙过大、活塞销装配过紧或连杆轴承装配过紧、挺柱与其导孔间隙过大、凸轮磨损、启动爪松动影响皮带轮响等。

有些异响在发动机急加速时出现，维持高速运转声响仍存在，如主轴承松旷发响、连杆轴承松旷异响、轴瓦烧熔、活塞销折断等。

有些异响则在发动机急减速时更明显，如凸轮轴正时齿轮破裂损坏发响、活塞销衬套松旷发响等。

（3）异响与温度的关系。发动机的某些异响，与发动机的温度有关系，温度变化时异响加重或减弱消失。如活塞与缸壁间隙过大而发出的敲缸声，在低温发响，温度升高后声响减轻甚至消失；如发动机过热引起的早燃、爆燃发出的敲缸声，高温时声响严重，而温度降低后声响减轻或消失。

（4）异响与工作循环的关系。多数异响与发动机工作循环有明显的关系，这是由于发动机循环式工作，导致其内部有些机件的运动与受力情况呈周期性变化所致。而有些异响与发动机工作循环无关，如发动机运转时，金属的连续摩擦声以及诸如发电机、电动风扇、冷却液泵等附件所引起的异响。

（5）异响与发动机部位的关系。由于异响部件在发动机中所处的位置不同，因此异响在发动机上所引起的振动强度，各部位不尽相同。检测时应根据声源找准振动强度最大的部位，以便准确判断故障。

发动机常见异响的听诊部位为气缸盖部位、气缸体中上侧部位、气缸体下侧部位、油底壳与曲轴箱分界面部位、发动机前端附件部位等。

（6）异响与润滑条件的关系。发动机的曲柄连杆机构和配气机构异响，多与润滑条件有关，润滑不良时异响明显加重。因此，检测时常常通过改善润滑条件，监听异响的变化来诊断异响故障。

（7）异响与其他故障现象的关系。发动机在发生某些异响故障时，常常伴随出现其他故障现象。例如主轴承松旷发响时，往往伴随着机油压力降低、机件抖动等异常现象；活塞敲缸响时，通常伴随机油消耗过快、机油变质、排气管冒蓝烟等异常现象。检测时，利用异响故障的伴随现象，能方便诊断其异响故障。

实践和研究表明，在发动机上，不同的机件、不同的部位和不同的工况，声源所产生的振动是不同的，因而发出的异响在音调、音高、音频、音强、出现的位置和次数等方面均不相同。检测时只要充分利用发动机异响特性，采用适宜的温度、适当的转速和负荷、正确的听诊部位和合理的诊断方法，即可准确诊断发动机的异响故障。

3.1.3　发动机异响的诊断方法

发动机异响的诊断方法有两种，即人工经验听诊法和仪器辅助诊断法。

（1）人工经验听诊法。技术人员通过改变发动机工况等措施使异响再现，找出异响的特征与规律，并了解异响出现时发动机的运行状况及故障征兆，进而判断出异响部位。这是目前使用最普遍也是最主要的方法。

（2）仪器辅助诊断法。由于人工经验听诊法的准确率较低，因此常用一些仪器来辅助听诊与分析。常用的仪器主要有听诊器、噪声计、振动分析仪等。

在发动机异响的诊断过程中，常常借助螺钉旋具来察听异响。这一传统的方法虽然简便有效，但也存在明显的不足，主要表现在三方面：一是螺钉旋具的长度有限，并且不能弯曲，由于受车上空间的限制，许多部位都无法触及，也就无法察听；二是必须侧耳对着异响部位，眼睛无法看着螺钉旋具，为保证安全，不能触及各种转动零部件；三是用螺钉旋具察听时，一只耳朵能听到螺钉旋具传来的声音，而另一只耳朵听到很强的背景噪音，降低了判断的准确性。

因此，为了方便准确地查明故障部位和异响特征，在维修时可借助各种听诊器进行听诊。

3.1.4　发动机异响的故障诊断

3.1.4.1　曲轴轴承异响的故障诊断

A　故障现象

沉重发闷，发动机一般稳定运转不响，急加速，发出沉重而有力的“镗镗”“杠杠”金属敲击声，严重时发动机发生振抖，转速越大，负荷越大，响声越明显。

B　故障原因

（1）主轴承盖螺栓松动。

（2）轴承径向间隙大。

（3）曲轴润滑不良。

（4）主轴承减磨合金烧损、脱落。

（5）曲轴弯曲。

C　故障诊断

诊断曲轴轴承响，可在发动机刚体下部及油底壳部位辅助听诊。

（1）先使发动机低速运转，然后微微抖动加速踏板，反复变更发动机转速，发出明显而沉闷的连续敲击声，同时伴有机体振抖现象，且随着发动机转速的升高而增大，则为曲轴轴承响。

（2）观察机油压力，发动机高速时，机油压力下降更明显，在机油加注口察听，转速突然变化时，发出低沉的“镗镗”声，则为曲轴轴承响。

（3）若发动机在怠速、低速运转时响声较为明显，而高速时显得乱，且异响随温度的升高而增大，则可能是曲轴弯曲所致。

（4）若发动机在高速运转时，机体有较大的振动，机油压力过低，则说明主轴承间隙过大，减磨合金烧损或脱落。

（5）发动机在中速反复加速、减速，加速时明显增大，为主轴承松旷响。

（6）断火诊断。对 1 缸进行单缸断火，若断火后响声明显减弱，则说明第一道主轴承响；对最末缸进行单缸断火，若断火后响声明显减弱，则说明最后一道主轴承响；进行单缸断火试验，声响变化不大，而相邻两缸断火时，声响明显减弱或消失，则说明两缸之间的曲轴轴承有异响。

3.1.4.2　连杆轴承异响的故障诊断

A　故障现象

发动机在怠速运转时无明显声响，转速稍高于怠速时有清晰的敲击声，类似钢球落在钢板上的声音；高速运转时有“咯咯”敲击声，急加速时声响尤为明显；比曲轴轴承响轻缓而短促；发动机负荷增加时，声响也会增大，单缸断火时，声响明显减弱或消失。

B　故障原因

（1）连杆轴承盖螺栓松动。

（2）轴承径向间隙过大，连杆轴承与轴颈磨损严重。

（3）连杆轴承合金烧毁或脱落。

（4）润滑不良，机油压力低或黏度太小。

C　故障诊断

（1）使发动机怠速运转，由低速到中速再到高速，若响声随着转速的升高而升大，在加油瞬间更突出，且比主轴承的响声清脆、缓和、短促，则诊断为连杆轴承响。

（2）检查机油压力。若响声严重，又伴随机油压力低，则为连杆轴承响。检查机油压力是否下降，然后变换转速，由低速到中高速，发出有节奏的“当当”声，单缸断火响声减弱或消失，复火时若响声恢复，则为连杆轴承间隙过大。

（3）断火诊断。在怠速、中高速情况下，逐缸反复进行断火试验，若某缸断火后响声明显减弱或消失，而复火瞬间又出现，则说明该缸连杆轴承响。

（4）低温开始启动发动机，由低速到中高速，发出有节奏的“当当”响声，温度升高，响声升高，转速增高，其响声减弱而杂乱，单缸断火试验响声消失，则为轴承合金过热熔化所致。

3.1.4.3　活塞冷敲缸异响的故障诊断

A　故障现象

发动机在低温时有敲击声，温度升至正常时，响声减弱或消失；怠速时，响声尤为明显，严重时响声沉重，转速提高后响声减弱或消失；某缸断火后响声减弱或消失，且火花塞跳火一次发响两声。

B　故障原因

（1）活塞与气缸壁磨损严重，配合间隙过大。

（2）活塞顶碰缸盖衬垫，连杆变形。

（3）活塞裙部腐蚀或气缸磨损过大。

（4）油压过低，汽缸壁润滑不良。

（5）活塞与连杆衬套装配过紧，活塞呈反椭圆。

（6）气缸圆柱度过大，活塞环弹性失效。

（7）活塞装配不当。

C　故障诊断

将听诊器或听诊触杆在机体上部两侧进行听诊，若响声较强并伴有振动，再结合断火（油）试验，即可判断出异响气缸。

（1）转速关系。将发动机转速控制在异响最明显的范围内（怠速工况），查看机油加注口是否冒烟，排气管是否冒蓝烟，用听诊器在机体上部两侧听诊，听是否有振动、敲击声，若出现上述症状，则可确诊为活塞敲缸。

（2）温度关系。发动机低温时，响声明显，温度升高时响声随之减小或消失，则为活塞敲缸响。

（3）缸位关系。将发动机异响控制在响声明显的转速下，进行主缸断火试验，某缸断火后响声减弱或消失，该缸即为故障缸。

（4）加机油试验法。向有疑问的气缸内加注 20~30mL 新机油，随即启动发动机，若响声减弱或消失，不久又重新出现，则可断定该缸活塞敲缸。若发动机仅冷车时敲缸，热车后响声消失，则该发动机尚可继续使用，可等有机会时再修。

3.1.4.4　活塞热敲缸异响的故障诊断

A　故障现象

发动机在怠速时，有规律的“嗒嗒”声，高速时发出“嘎嘎”的连续金属敲击声，并伴有机身抖动，且温度越高，响声越大。

B　故障原因

（1）活塞与气缸壁配合间隙过小。

（2）活塞与活塞销装配过紧，使活塞呈反椭圆。

（3）连杆轴颈与曲轴轴颈不平行。

（4）连杆弯曲、扭曲或连杆衬套轴向偏斜。

（5）活塞环背隙、端隙过小导致活塞环卡滞。

（6）油压过低，汽缸壁润滑不良。

C　故障诊断

（1）发动机在低温时没有异响，而温度升高后在怠速时出现“嗒嗒”响，并机体有振动现象，且温度越高，响声越大，则说明故障为活塞变形或活塞环过紧造成的活塞敲缸。

（2）发动机在低温时不响，而温度升高后在中、高速时发出急剧而有节奏的“嘎嘎”声，单缸断火时，其声响变化不大，则故障为连杆变形或连杆装配不当造成的活塞敲缸。

（3）发动机在热启动之后就敲缸，且单缸断火后声响加大，表明该缸现象严重，也可能产生拉缸，此时应停机修理。

3.1.4.5　冷热均敲缸的故障诊断

A　故障现象

发动机在低速时，有规律的“嗒嗒”声，转速提高后声响消失，或低速运转时发出了有节奏且强弱分明的“杠杠”声，有时会短暂消失，但很快又会出现，转速提高后消失。

B　故障原因

发动机在冷热态均敲缸，一般是由活塞连杆组技术状况恶化所致，主要原因如下：

（1）活塞销与连杆小头装配过紧。

（2）连杆轴承装配过紧。

（3）活塞裙部圆柱度误差大。

C 故障诊断

（1）逐缸做断火试验，若某缸断火后声响减小但不消失，说明故障由该缸连杆与曲轴或活塞销装配过紧所致。

（2）断火试验时该缸声响加重，且由间断声变为连续声响，则说明活塞磨损变形。

（3）低速时有“嗒嗒”敲击声，当转速提高后声响消失，说明是活塞裙部圆柱度误差大。

3.1.4.6 活塞销响的故障诊断

A 故障现象

发动机在怠速、低速和从怠速响低速抖动加速踏板时，发出清脆而又连贯的“嘎嘎”的金属敲击声，加速时响声更明显，稍微将点火时间提前，声响加剧，在同样的转速下比活塞敲缸响连续而尖锐。

B 故障原因

（1）活塞销与销孔、连杆衬套磨损严重，配合间隙过大。

（2）配合处润滑不良。

（3）卡环松旷，脱落、活塞销断裂。

C 故障诊断

（1）在不同的温度下诊断。若发动机冷机运行时响声较小，而温度升高后响声更大，则为活塞销响，原因可能是活塞销与销座孔间隙过大。

（2）断火诊断。先将发动机控制在响声最明显的转速范围内运转，然后逐缸断火，若某缸断火后响声明显减弱或消失，而在复火后立即恢复或连续出现两个响声，则断定为活塞销响。

3.1.4.7 气门响

A 故障现象

发动机工作时，气门脚与摇臂碰撞发出响声。即发动机怠速时，能听见汽缸盖处发出有节奏的“嗒嗒”响声，转速升高，节奏加快，声响也随之增大，中高速以上时，声响变得混杂。

B 故障原因

（1）气门脚间隙过大，气门脚间隙调整螺栓松动（因磨损或调整不当）。

（2）气门脚处的摇臂磨损呈凹型。

（3）推杆弯曲。

（4）气门脚处润滑不良。

（5）气门杆与气门导管配合间隙过大；气门头部与气门座圈接触不良。

C 故障诊断

（1）断火试验。在气门室罩处察听，异响节奏随发动机转速的变化而变化。发动机温度发生变化或单缸断火时，声响不变，且点火一次，发响一次。

（2）气门间隙检测。将气门室盖或罩拆下，在怠速时用适当厚度的塞尺插入气门脚间隙中逐个试验。察听异响有无变化，如果插入气门间隙后，异响明显减弱或消失，即可确诊此气门间隙过大。

（3）若气门间隙正常，可能是润滑不良或是气门杆与气门导管磨损严重，间隙过大。将机油喷注到可能发出异响的气门导管上，如果响声减小或消失，即表明此气门与导管有碰撞异响。

3.1.4.8　气门液压挺杆响的故障诊断

A　故障现象

发动机怠速运转时，在凸轮轴附近发出有节奏的金属敲击声，中速以上响声减弱或消失。

B　故障原因

（1）油底壳中机油过低或过高。

（2）机油压力低、黏度低或被稀释，空气进入机油中。

（3）液压挺柱失效或有脏物。

（4）液压挺杆体和柱塞之间磨损过度。

C　故障诊断

（1）发动机怠速或低速时出现断续的响声，一般由挺杆单向阀磨损或脏污所致。

（2）怠速时有异响，转速提高后异响消失，一般是由挺杆体和柱塞之间过度磨损过度所致。油压过低或机油黏度过小也会出现这种响声。

（3）怠速时不响，高速时发响，表明挺杆体液压油中有空气。原因可能是机油液面过高，曲轴搅动机油使空气进入机油中；也可能是油路渗漏，机油泵吸入空气。

（4）发动机在任何转速下，液压挺杆始终发响，其主要原因为液压挺杆脏污或沉积物卡住、机件严重磨损、油压过低。

（5）在启动发动机时，液压挺杆往往会产生较低的响声（机油未充分进入液压挺杆），如果在短时间内（15s）内响声消失，则为正常。若转速达到2500时，液压挺杆仍有异响，应先检查和调整机油压力，若压力正常，应更换液压挺杆。

3.1.4.9　气门座圈响的故障诊断

A　故障现象

（1）在冷车启动时易出现气门座圈响，运转时发出清脆的响声，但很快就会消失，严重时此声响将频繁出现。

（2）火花塞跳火一次，发响一次，中速运转时响声清晰，单缸断火时响声不断。

（3）异响出现时常伴随个别缸不工作的现象，响声消失后气缸工作恢复。

B　故障原因

（1）气门座圈材料热膨胀系数过小。

（2）气门座圈与缸体镶配过盈量过小。

C　故障诊断

(1) 拆下气门室盖，在气门处听诊，当声响出现时，如果伴有个别缸不工作的现象，且声响消失后气缸又恢复正常，则可诊断为此缸的气门座圈松脱，与承孔碰撞产生异响。

(2) 利用气缸压力表测量气缸压力，压力过低的气缸即为发出异响的气缸。

3.1.4.10　凸轮轴响的故障诊断

A　故障现象

(1) 发动机中速运转时从缸体凸轮轴一侧或缸盖处发出钝重的声响，高速时声响混沌不清。

(2) 异响时出现凸轮轴轴承附近有振动，单缸断火声响不变。

B　故障原因

(1) 凸轮轴轴承松旷或轴颈配合间隙过大。

(2) 凸轮轴轴承合金烧蚀、剥落或过度磨损。

(3) 凸轮轴轴向间隙过大，凸轮轴弯曲。

C　故障诊断

(1) 异响出现时，常伴有机油压力明显下降的现象，单缸断火试验时，声响无变化。

(2) 缓慢变换节气门，若发动机怠速和中速运转时声响清晰、明显，高速时声响由杂乱变弱，则说明凸轮轴轴向间隙过大或轴承滑转。

(3) 使发动机在声响最强的转速下运转，对于下置式凸轮轴，在缸体凸轮轴一侧用听诊器或螺钉旋具抵触在各凸轮轴轴承部位听诊；对于上置式凸轮轴，可拆卸气门室盖，直接在各凸轮轴部位听诊，若轴承某处声响较强并伴有振动，则可确诊为该轴承发响。

(4) 如果凸轮轴的一个凸轮磨损，当发动机以2000~3000r/min的转速工作时可以听到较重的“咔嗒”声；当有几个凸轮及挺杆被刮伤时，发动机怠速时会发出连续沉闷的“咔嗒”声，在怠速平稳、加速不良的情况下，排气凸轮磨损时会导致发动机回火。

3.1.4.11　正时齿轮响的故障诊断

A　故障现象

(1) 发动机怠速运转或转速变化时，正时齿轮室盖处发出杂乱而轻微的“嘎啦”声，转速提高后响声可能消失；急减速时声响会尾随出现，有时正时齿轮室盖处有振动现象。

(2) 声响有时受温度影响，高温时声响明显，单缸断火时声响无变化。

B　故障原因

(1) 正时齿轮磨损或装配不当导致啮合间隙过大或过小。

(2) 曲轴或凸轮轴中心线不平行导致啮合不良。

(3) 正时齿轮润滑不良或松动、破裂或折断。

C　故障诊断

(1) 发动机怠速时发出有节奏的“嘎啦”声，中速时最明显，高速时杂乱。用听诊器或螺钉旋具抵触正时齿轮盖部位听诊，若声响更明显，则可诊断为正时齿轮啮合间隙过大。

（2）改变发动机转速，声响随之变化，且声响类似于呼啸声；或怠速运转时发出有节奏的“哽哽”声响，转速提高时声响加大，说明可能是正时齿轮啮合不良。

（3）将发动机转速逐渐提高到某一较高转速，突然发出强烈而杂乱的声响，急减速时同样会发出一声“嘎”的声响（正时齿轮盖有振动感），然后消失，这多是凸轮轴正时齿轮松动引起的。

（4）若新车或更换正时齿轮后出现连续不断的“呜呜”声，转速越高响声越明显，则说明正常齿轮啮合间隙过小。

【任务实施】

在老师的指导下能够运用诊断方法对下列案例进行故障诊断。

客户反映其桑塔纳 2000 轿车的发动机有如下故障现象：在气缸体下部，急加速时发出轻而短促的金属敲击声（“当当”），且机油压力明显降低，发动机温度上升，异响变化不大，严重时怠速也可听见。

症状体验：通过听诊器在发动机台架上气缸体上体验发动机症状，同时比较发动机正常运转时的情况。

症状描述：发动机负荷提高，响声增大，气缸压力明显降低。

原因分析：异响发生在发动机气缸体下部，且具有发动机负荷提高、响声增大，机油压力明显降低的故障特征。故障原因可以排除活塞销响、活塞敲缸。其异响原因可能是连杆轴承异响，也可能是发动机曲轴主轴承异响。

故障诊断：

（1）根据异响部位确定故障原因。听诊部位在曲轴箱上与曲轴轴线平齐处，如果能听到沉重有力的响声，则可初步诊断为曲轴主轴承响；听诊部位在曲轴箱上部，如果能听到轻而短促的响声，则可初步诊断为连杆轴承响。

（2）通过单缸断火试验法确定异响故障的原因。分别使各缸断火，如果响声减弱或消失，可诊断为断火时减弱的缸的连杆轴承发生异响。

（3）通过双缸断火试验法确定异响故障的原因。分别使 1、2 缸，2、3 缸，3、4 缸断火，如果响声减弱或消失，可诊断为曲轴主轴承发生异响，且两断火缸之间的主轴承为发响轴承。

任务 3.2 发动机排放异常的故障诊断与分析

【任务描述】

（1）掌握发动机排放异常故障的症状类型、故障位置与可能原因。

（2）掌握发动机排放异常故障的诊断方法与检修方法。

（3）掌握发动机排放异常故障检测设备的使用。

【基本知识】

发动机排放异常根据表现程度不同可分为排气烟色异常和排放有害物质超标两类。发动机正常工作时，排气管排出的废气是无色透明的气体，只有在短时间内接近全负荷运转或启动时，废气才呈现灰色或深灰色。发动机排气烟色异常是指排气的烟色为黑色、蓝色、白色。为控制汽车排气对大气的污染，国家和地方政府相继出台了汽车排放污染物控制标准，若汽车实际排放有害物质超过标准则为排气有害物质超标。

3.2.1　发动机排烟异常的故障诊断

3.2.1.1　发动机排黑烟的故障诊断

A　汽油机

a　故障现象

发动机动力不足，混合气燃烧不彻底；排气管排黑烟、放炮、油耗增加，汽缸内大量积炭 。

b　故障原因

(1) 混合气过浓。

(2) 点火系高压火花过弱。

(3) 点火时刻过迟。

(4) 气门间隙调整不当。

(5) 个别缸不工作或空气滤清器堵塞。

c　故障诊断

(1) 调整发动机工况观察冒黑烟情况。仅怠速时冒黑烟，则为怠速供油装置调整不当或损坏；仅急加速时冒黑烟严重，则为供油系加速装置故障、喷油器雾化不良；各工况下都冒黑烟，则进行下一步诊断。

(2) 察听排气管是否存在有节奏的“突突”声。若有，则为个别缸不工作；若无则进行下一步。

(3) 检查空气滤清器是否堵塞。拆下空气滤清器，观察排气颜色。若排黑烟情况好转，则为空气滤清器脏污或堵塞；若没好转则进行下一步。

(4) 拔出各分缸对机体试火，观察火花是否强烈。若不强烈则为点火系统故障；若强烈则进行下一步。

(5) 用汽缸压力表检查气缸压力。压力正常则进行下一步；压力过低则为活塞环卡滞或磨损、汽缸磨损、气门磨损、积炭导致关闭不严。

(6) 检查点火正时是否过迟。若是则调整点火正时；若没有过迟则为混合气过浓(汽车在行驶时，随着车速的提高，冒黑烟放炮现象变得严重，拆下火花塞，若火花塞湿，则为混合气过浓)。

B　柴油机

a　故障现象

发动机动力不足，运转不均匀，排气管排黑烟、加速时出现敲缸声。

b　故障原因

(1) 柴油质量低劣。

(2) 供油时间过早。

(3) 气缸压缩压力不足。

(4) 空气滤清器堵塞，造成进气量不足。

(5) 喷油泵供油过多或各缸供油不均匀度过大。

c　故障诊断

(1) 调整发动机工况观察冒黑烟情况。若仅怠速时冒黑烟，则为怠速供油装置调整不当或损坏；若仅急加速时冒黑烟严重，则为供油量过大、喷油器雾化不良；若各工况下都冒黑烟，则进行下一步诊断。

(2) 察听排气管是否存在有节奏的“突突”声。若有则为个别缸不工作；若无则进行下一步诊断。

(3) 检查空气滤清器是否堵塞。拆下空气滤清器，观察排气颜色。若排黑烟情况好转，则为空气滤清器脏污或堵塞；若没有好转，则进行下一步诊断。

(4) 检查供油时间是否过早。若过早则调整供油正时；若没有过早则进行下一步诊断。

(5) 测量气缸压力是否普遍偏低。若偏低，则为气缸密封性不好；若没有偏低，则为供油系故障。

(6) 发动机运转时，逐缸断油试验。

(7) 若上述方法仍不能排除，对于喷油泵柱塞挺杆具有调整螺钉的，应该检查各缸喷油是否一致，必要时进行调整。

3.2.1.2　发动机排白烟的故障诊断

A　汽油机

a　故障现象

发动机运转不均匀，排气管冒白烟（在气温较低的冬季，发动机冷启动后往往冒白烟，当发动机热机后白烟能正常消失，这是正常现象）。

b　故障原因

(1) 发动机气缸体、汽缸盖或由汽缸盖拧紧力矩不足或扭力不均，使气缸垫损坏而使冷却液进入燃烧室 。

(2) 汽油或机油中有水。

(3) 发动机气缸体或气缸盖有裂纹。

(4) 室外温度低，燃烧水蒸气遇冷变白烟。

c　故障诊断

(1) 检查汽油和机油中是否含有水。

(2) 检查油底壳油平面是否上升或机油是否呈乳状。若呈乳状，则是气缸盖或气缸体有裂纹；若没有呈乳状则进行下一步诊断。

(3) 冷车时取下水箱盖，启动发动机，观察水箱口的冷却液是否呈沸腾状态并排出大量气泡。若出现该现象，则是气缸垫损坏，使水路与气缸相通。

B　柴油机

a　故障现象

发动机动力不足，运转不均匀，排气管排出大量白烟。

b　故障原因

(1) 供油时间过迟。

(2) 柴油中有水或因汽缸垫烧穿、缸套缸盖破裂漏水等原因造成气缸漏水。

(3) 汽缸温度过低或汽缸压缩压力不足。

(4) 喷油器喷雾质量不佳等。

c　故障诊断

(1) 首先检查发动机温度。若发动机温度过低，是由保温措施不足或百叶窗控制不佳造成。

(2) 若发动机温度正常，排气管排水蒸气烟雾时，将手靠近排气管口处（注意温度过高时手勿靠近，可用纸巾或毛巾），当白烟掠过，手面留有水珠，应检查柴油中是否有水或缸垫烧穿、缸体缸盖破裂漏水等。

(3) 发动机动力不足，排气管排灰白烟雾时，一般是供油时间过迟，应检查和调整供油时间。

(4) 检查喷油器的喷雾质量。采用单缸断油的方法，找出工作不良的气缸。具体的做法是拆下喷油器，在缸外连接到原来的高压油管上，启动柴油机运转，观察喷雾质量。若喷雾质量不佳，应检查、调整，必要时更换喷油器。

(5) 若发动机刚启动时排白烟，温度升高后冒黑烟，通常是汽缸压力造成的。

3.2.1.3　发动机排蓝烟的故障诊断

A　故障现象

汽车运行过程中排气冒蓝烟，机油消耗量过大。

B　故障原因

(1) 油底壳油面过高或机油压力过大。

(2) 活塞环装错或磨损损坏。

(3) 汽缸与活塞之间配合间隙过大。

(4) 曲轴通风装置进风过多。

(5) 气门与气门导管间隙过大。

(6) 气门油封损坏。

C　故障诊断

(1) 检查发动机油量及机油压力。若油面过高应放掉部分机油。若机油压力过高，则应检查油量是否堵塞、机油泵限压阀是否损坏（详细见润滑系统中机油压力过高的故障诊断）。

(2) 当踩下加速踏板使发动机高速运转时，排气管大量排除浓蓝烟，机油加注口也大量冒蓝烟或脉动冒烟，说明气缸与活塞、活塞环磨损过大，或活塞环装反或对口，应拆下活塞连杆组进行检查分析，对症检修。

(3) 若发动机大负荷运转时，排气管冒浓蓝烟，但加机油口并不冒烟，则故障为气门杆与气门导管的配合间隙过大或气门油封损坏，使机油窜入燃烧室烧掉，应更换气门油封、气门或气门导管。

(4) 最后，还应检查曲轴箱通风情况，曲轴箱强制通风系统阻塞、通风流量控制阀装反、失效或丢失，也可能导致发动机排蓝烟，应及时检修。

3.2.2　发动机排放超标的故障诊断

3.2.2.1　发动机排放超标的含义及发动机排放检测

A　了解发动机尾气排放物

（1）碳氢化合物（HC）。HC 排放物本质上是没有燃烧的燃油。即发动机状态良好，点火与燃油系统的工作状况令人满意，也会产生 HC。这是因为当燃烧室内的火焰前锋面到达较冷的气缸壁时，火焰前锋面被淬熄，留下一些未燃烧的 HC。当然，这些 HC 在经过良好的三元催化转换器后几乎可以完全被转化。

废气分析仪的 HC 读数一般表示的是在尾气中 HC 体积含量占尾气总体积的百分比。

既然 HC 本质就是没有燃烧的燃油，那么显然，当个别缸因点火系统或其他原因（除喷油器不喷油外）造成该缸不工作时，气缸中所有未燃烧的燃油都会进入排气系统，导致一个很高的 HC 读数直至故障被 ECU 检测到并中止该缸喷油器的喷油。如果 ECU 不能检测缺火并中断该缸的喷油，那么可能使三元催化转换器温度过高，甚至可能导致三元催化转换器、排气管烧红，最终将导致三元催化转化器内部载体熔化烧结而损坏。

混合气过稀也会导致气缸不能正常工作，HC 排放升高。气缸压力过低、较浓的空燃比也将导致 HC 的升高。

（2）一氧化碳（CO）。CO 是燃油燃烧的副产品，是燃油在燃烧时，混合气中氧气不足造成的。所以通常在混合气较浓时易产生。任何造成混合气偏浓的因素都会增加 CO 的排放量。

CO 用体积分数来表示，如果废气分析仪显示“1%”，则表示 CO 的体积占排气体积的 1%，在装有三元催化转换器的汽车上，排气管内的 CO 排放量应该很低。

较高的 CO 读数是燃油没有完全燃烧的结果。因 CO 是燃油燃烧的副产品，当发动机缺火、个别缸不能工作时并不增加 CO 的排放量，反而可能使 CO 的排放量稍有下降，当然这是在缺火且空燃比不改变的情况下。但现在的发动机热车后都会进入闭环控制状态，当发动机个别缸缺火时必然引起氧传感器检测混合气过稀而使 ECU 增加喷油脉宽，从而导致总体上混合气过浓，CO 排放反而增加。

（3）氧（O_2）。正常情况下，空气中含氧量约 21%（体积分数）。可燃混合气在燃烧时是需要消耗氧气的。如果混合气过浓，空气中所有的氧全部与燃油混合参与燃烧，排气中 O_2 是很低的。

当空燃比很低时，没有足够的燃油与所有进入发动机的空气混合，排气中氧的排量就高，因此它是稀空燃比的一个很好的指示剂。由于燃烧消耗氧气，当发动机个别缸不工作时，显然排气中氧的排放量将增加。

（4）二氧化碳（CO_2）。可燃混合气燃烧后的主要产物是 CO_2 和 H_2O。CO_2 是燃烧产物，燃烧得不好，CO_2 的排量就会降低。

（5）氮氧化合物（NO_x）。NO_x 是多种多样氮氧化合物的总称，其中对环境危害最大的是 NO 和 NO_x，它是由混合气在高温下燃烧时，混合气中的氮气和氧气发生化学反应产生的。氮气是惰性气体，只有当气缸内的温度高，且氧浓度充足的情况下才易产生 NO_x。

故产生过多NO_x的原因是燃烧温度过高，所以应适度降低混合气的燃烧温度。

B　各种发动机排放物的参考值

通过检测汽车排放的 5 种尾气的含量，就能精确确定发动机的燃烧效率并可检查发动机总的运行状况。

如果电控发动机一切正常，那么对于装有三元催化转化器的汽车，在二次空气喷射泵不工作的情况下，其怠速运转时排放物排放的典型读数（体积分数）是：HC 在 0.1%以下，CO 在 0.5%以下，CO_2为 14.5%～16.5%，O_2为 0.5%～3.0%，NO_x为 0.05%～0.08%。一般发动机怠速运转时，CO 的排放应低于 0.3%，HC 的排放应低于 0.01%，NO_x的排放约为 0.002%或更低。当发动机转速在 2500r/min 时，CO 的排放应低于 0.2%，HC 的排放应低于 0.005%～0.007%，O_2的排放量约为 1.0%～2.0%，CO_2的排放量约为 13.8%～15%。

对于没有三元催化转换器的汽车，在将二次空气喷射泵堵住时其排放物成分（体积分数）的典型值为：HC 在 0.3%以下，CO 在 3.0%以下，CO_2为 12.5%～14.5%，O_2为 0.5%～2.5%，NO_x为 0.05%～0.08%。需注意的是，不能将这些排放物含量作为各种汽车的精确规定。可将它们作为一般的指导，这有助于建立汽车基线数据。

3.2.2.2　发动机混合气过浓或过稀的故障诊断

A　汽油机排放超标

a　混合气过浓

现象：发动机混合气过浓，意味空气量不足，燃烧不完全，废气中 CO 含量必然增高。

诊断：

（1）检查是否供油压力过高。可夹住进油软管看排气管冒烟情况，若排烟好转，放炮声减弱，说明供油压力过高，应更换油压调节器。

（2）检查各缸喷油器工作情况，逐缸拔下喷油器导线插头，查看排烟情况，若某缸断油时故障现象减弱，说明该缸供油控制或喷油器工作不良。拔下温度或氧传感器的插头，若放炮声和排黑烟加重，说明喷油器故障。

（3）检查温度传感器和氧传感器是否损坏。拔下温度或氧传感器插头，若故障现象不变，说明传感器故障，更换后故障仍不变，有可能 ECU 及接线不良，应检查或更换。

（4）检查冷启动喷油器和冷启动开关。

（5）检查空气滤清器是否堵塞。

（6）汽油机点火时刻过迟，会使混合气燃烧不彻底，致使废气中 CO、CH 含量增加。

（7）发动机冷却系不良，工作温度过低，燃油不能充分燃烧致使废气中 CO、CH 含量增加。

（8）汽缸、活塞、活塞环等磨损严重，漏气增加，汽缸压力不足，混合气不能充分燃烧。

b　混合气过稀

现象：发动机燃油量不足或进气系统漏气，使发动机动力不足，废气中氧含量增加，导致氮氧化合物含量增加。

诊断：

（1）若发动机抖动及“回火”声一会儿有一会儿减弱消失，应检查油路是否供油不畅，滤清器是否堵塞。

（2）检查油压调节器。夹住回油管来增大供油压力，若故障消失，说明油压调节器故障。

（3）检查燃油泵泵油量及泵油压力。用手捏住供油软管，应能感觉到有压力。

B　柴油机尾气超标

柴油机自由加速烟度超过标准主要原因是柴油机供油系调整不当所致。另外柴油机进气不足、汽缸活塞组、曲柄连杆机构的技术状况及柴油质量等对烟度排放也有影响。柴油机供油系调整不当和相关系统技术状况的变化，主要表现柴油机冒黑烟、蓝烟、白烟，所以可参照前面所介绍的冒烟故障诊断的方法来排除。

3.2.2.3　发动机尾气排放不合格诊断

A　故障现象

汽车排放的 CO、HC、NO 等有害气体的排量超过汽车设计时要求的排放量，或是尾气中 O_2、CO_2的含量与标准值相差较大。尾气排放不合格时可能只有一种尾气超标，也可能有两种或两种以上的尾气排放量均超标。

B　故障原因

（1）HC 的排放量过大。HC 的排放量比正常值高可能由下列条件中的一个或多个引起。

1）点火系统缺火或点火能量不足，造成混合气燃烧不充分，应检查点火系统。

2）点火时间不准确，应检查或调整点火正时。

3）混合气过浓或过稀，用 CO 和 O_2的含量来判定混合气到底是过浓还是过稀，电控系统的传感器有故障或电脑有故障均可能导致混合气过浓或过稀。

4）气缸密封性不良，检查气缸的压缩压力是否正常。

5）配气相位不正确，检查并调整配气相位。

6）三元催化转化器有故障，必要时应进行修理或更换。

7）二次空气喷射控制系统存在故障。

8）燃油蒸发控制系统不能正常工作，造成混合气过浓。

（2）CO 的排放量过大。

1）混合气过浓，检查空气滤清器是否过脏，检查燃油系统的压力、喷油器的工作性能，测试输入传感器的数据，检查喷油控制系统的运行状况。

2）喷油器有漏油的地方，测试喷油器的密封性。

3）三元催化转化器存在故障，必要时应进行更换。

4）二次空气喷射控制系统存在故障（如总是逆流泵入空气）。

5）燃油蒸发控制系统不能正常工作，造成混合气过浓。

6）曲轴箱强制通风系统有故障、窜缸混合气过多，或机油受燃油污染。

（3）NO_x的排放量过大。

1）排气再循环系统不能正常工作，应视情况进行修理。

2）检查点火提前角及点火正时控制系统。

3）输入传感器有故障、导致混合气过稀，应检查各传感器的输入信号。

4）燃烧室内有积炭，检查发动机压缩情况，看结果是否高于规定数值。

5）发动机工作温度过高，观察故障诊断仪上的发动机温度是否正常。

6）进气温度过高，应检查进气空气调温系统、增压中冷系统等。

7）检查配气正时记号、气门间隙、可变配气正时系统等。

8）增压发动机进气增压过大（如废气旁通阀卡在关闭位置）。

（4）O_2读数比正常值低，而 CO 读数比正常值高。这种情况一般是由混合气过浓引起的，应主要检查混合气过浓的原因。

1）喷油器有故障，检查喷油器是否密封不严，造成燃油泄漏。

2）燃油压力比正常值高，检查造成燃油压力过高的原因（如燃油压力调节器是否损坏）。

3）燃油喷射系统存在故障，检查相关的传感器和发动机控制模块。

4）曲轴箱强制通风系统存在故障，使过多的曲轴箱窜气参与燃烧。

5）燃油蒸发控制系统不正常，造成混合气过浓，检查相关元件的工作性能。

（5）O_2读数比正常值高，而 CO 读数比正常值低。这种情况一般是由混合气过稀引起的，应主要检查混合气过稀的原因。

1）检查是否有真空泄漏、燃油压力是否过低、喷油器是否堵塞、控制系统是否存在故障。

2）二次空气喷射系统常喷入不正常的空气，检查二次空气喷射控制系统的工作情况。

3）排气系统是否有泄漏的地方，检查排气系统的密封性。

【任务实施】

在老师的指导下能够检查发动机尾气排放是否超标。步骤如下。

（1）利用废气分析仪检测发动机尾气排放。初步分析排放超标的宏观方面的故障原因，如混合气过浓、混合气过稀、气缸缺火等。

首先开机，进行暖机，然后参见仪器设备使用说明书进行标准样气校准。检测废气排放的方法有两种：怠速检测法、双怠速检测法。

（2）进行故障码读取，检查电子控制单元是否存储了与排放超标相关的故障码。如有，按故障提示进行检查。

（3）用专用诊断仪读取动态数据流，进一步分析故障原因。

（4）评定氧传感器的好坏，结合观察氧传感器的信号波形，与尾气排放分析结果进行对比，分析故障原因。

（5）对各执行器进行动作试验，并对其性能进行进一步检查。如检查喷油器的喷油量、密封性等。

（6）检查发动机机械部分的可能原因。如积炭过多、气缸密封性低等。

任务 3.3　发动机运行异常综合性故障诊断

【任务描述】

（1）掌握发动机无法启动综合故障的症状类型、故障部位与可能原因；掌握发动机无法启动的故障诊断方法与测试方法。

（2）掌握发动机怠速不稳的综合故障的症状类型、故障部位和可能原因；掌握怠速不稳故障的诊断方法与检修方法。

（3）掌握发动机动力不足综合故障的症状类型、故障部位与可能原因；掌握动力不足故障的诊断方法与测试方法。

【基本知识】

发动机要想启动良好，应满足一定的条件：气缸内有足够的气缸压力、有合适浓度的可燃混合气、有足够强的高压火花、正确的点火正时与配气正时。

汽车发动机怠速不是一种速度的描述，而是指发动机的一种工作状况。发动机怠速是指节气门关闭，油门踏板完全松开，且发动机在无负荷（对外无功率输出）并保持最低转速运转工况的情况下的稳定运转状态。一般将发动机空转时的工作状况称为怠速，发动机怠速运转是否良好，是发动机工作性能的标准之一。一般在发动机运转时，如果完全放开油门踏板，这时发动机就处于怠速状态，发动机怠速工况时的转速称为怠速转速。通常发动机的怠速转速以发动机不抖动时的最低转速为最佳怠速转速，不同型号的汽车发动机，其怠速额定值均有不同的范围，一般轿车发动机怠速转速在750~850r/min，如桑塔纳轿车发动机怠速额定值为（850±50）r/min，一般发动机电控单元能调节的发动机转速波动为怠速期望值±10%。

汽车的动力性能主要由最高车速、加速能力和最大爬坡度来表示，是汽车使用性能中最基本的和最重要的性能。一般动力性指标是表征发动机做功能力大小的指标，一般用发动机的有效转矩、有效功率、发动机转速等作为评价指标。

3.3.1　发动机无法启动或不易启动的故障诊断

发动机不能启动的现象主要可分为：启动机带不动发动机，或能带动，但转动缓慢无力；启动机能带动发动机运转，但发动机无任何着车征兆；有着车的征兆，但发动机不能启动。汽油发动机启动困难或启动不着多为油路、电路或机械故障。

3.3.1.1　发动机不能启动，且无任何着车的征兆

A　故障现象

启动发动机时，启动机能够有力地带动发动机运转，但发动机本身没有任何着车的症状。

B　故障原因

（1）油路系统有故障，如电动燃油泵、喷油器不工作。

（2）点火系统故障。

（3）电控系统故障，转速传感器、空气流量计、喷油器、节气门控制单元、电脑工作不良致使冷启动困难。

（4）机械故障。

（5）进气系统有漏气、堵塞情况。

C　故障诊断

在检查时从点火、汽油供给、空气供给、机械、电脑几方面来考虑，操纵步骤如下。

（1）进行发动机故障自诊断，检查有无故障码。如有故障码，可按显示的故障代码查找故障部位。

（2）尾气气味的检查。

在启动的时候，可检查排气管废气的气味，如没有任何汽油味，供油系统出现故障的可能性较大，或者是重要的传感器（曲轴位置传感器）有故障；如果有较浓的汽油味，则点火系出现的故障可能性较大。

（3）燃油系统的检查。

检查燃油箱是否有燃油，观察燃油报警灯，必要时加油。

检查油压，如果有条件，可在怠速喷口或方便的地方接汽油压力表，测量汽油压力，在发动机未运转的状态下正常燃油压力应达到0.2~0.3MPa。若油压不正常，则是油路问题，须检查油泵、滤网、滤清器、蓄压器、油压调节器、喷油器。

检查油泵可在打开点火开关时，听油泵的运转声；用手握住进油管时，应能感觉到进油管的油压脉动，否则燃油泵应有故障。

检查油压调节器。卡断回油管，如燃油压力迅速上升，则说明油压调节器漏油，如果上升慢或不上升，则说明油路或电动燃油泵有故障。

检查喷油器，可用示波器检测每个喷油器接线两端是否有电脉冲。如果没有，应检查控制电路部分；如果有，应拆下每个喷油器，在喷油器接线端加12V电压，用除锈水从喷油器的入口端喷放，看喷嘴是否有喷剂喷出。如果没有喷剂喷出，说明喷嘴堵塞，应清洗或更换。如有条件，可用喷油器检测仪对喷油器进行清洗及检验。

（4）检查气缸压力是否下降。检查配气正时、缸垫、正时带位置、活塞环密封性、气门密封性等。

（5）在确认发动机没有故障码的前提下，再检查点火系统有无高压火花以及火花强弱的情况，分别检查高压线、分电器盖、点火线圈、分电器、点火器及相关的曲轴位置传感器及其控制系统。

（6）检查气路，检查是否有脱落真空管，按要求插好各种真空管路。

3.3.1.2　有着车征兆，但发动机不能启动

A　故障现象

启动发动机时，启动机能带动发动机正常运转，发动机有轻微的着车征兆，但仍不能着车启动。

B　故障诊断

（1）进行故障自诊断读出故障码。如有故障码，可按显示的故障码进行修理。影响发动机启动性能的部件一般有曲轴位置传感器、水温传感器、空气流量传感器。

（2）检查高压火花。分电器高压总线及各缸高压分线均应该检测。检测过程见点火系统的故障诊断部分内容。

（3）检查空气滤清器。若空气滤清器滤芯过脏堵塞，发动机也难以启动。可拆掉滤芯后启动发动机，如能正常启动，应更换滤芯。

(4) 检测进气系统有无漏气。采用空气流量传感器测量进气量的燃油喷射系统，如在传感器的后面有漏气，将影响进气量的计量准确性，使混合气过稀，严重时发动机无法启动。应检查空气流量传感器后面的进气软管有无破裂，各处接头卡箍有无松脱，曲轴箱通风软管是否接好等情况。

(5) 检查燃油压力。若油压偏低，应检查燃油滤清器、油压调节器及燃油泵有无故障。

(6) 检查点火正时。

(7) 检查火花塞。火花塞间隙约为 0.8~1.2mm。若火花塞间隙太大，将影响发动机的启动性能。若火花塞的表面有大量的汽油，说明气缸中有被油“淹住”的现象，发动机将难以启动。此时，应将全部火花塞拆掉，断开喷油器的控制电路，将节气门全开，启动发动机几次即可。如果仍出现“淹住”的现象，应拆卸喷油器，检测喷油器有无滴油。

(8) 检查空气流量传感器。如果空气流量传感器没有空气流量信号输出，发动机将无法工作。应查看空气流量传感器本体有无开裂、叶片式空气流量传感器的测量板转速是否发卡、转轴是否松旷等。如有上述不良情况应更换空气流量传感器；若没有，应用万用表测量空气流量传感器各端子间的电阻及输出电压是否正常，如不正常应更换空气流量传感器。

(9) 检查水温传感器。水温传感器无信号输出或输出信号不准确，将影响发动机 ECU 对喷油量的修正，造成混合气过浓或过稀，在低温时对发动机影响非常大，会使发动机出现不能启动、发动机运转不平稳，停转或间断运转等现象，水温传感器的好坏主要通过检测其不同温度时的电阻值是否符合规定值来确定。

(10) 检查冷启动喷油器。启动发动机，用示波器检测冷启动喷油器接线端是否有脉冲。若无脉冲，应检查冷启动喷油器控制电路；若有脉冲，应继续检测喷油器是否堵塞。

(11) 检查气缸压缩压力。压力应不低于 0.8MPa。

通过以上检查，可排除有着车迹象却不能启动的故障。

3.3.1.3　发动机启动困难

A　故障现象

启动发动机时，曲轴运转速度正常，有明显着车征兆，但需要较长时间才能启动，或者是多次启动才能着车，有时甚至无法启动。

B　故障诊断

(1) 进行发动机故障自诊断，检查有无故障码。

(2) 检查进气系统是否漏气。进气系统漏气将影响发动机的启动性能。可用棉纱在进气系统外表移动，如发现有吸附棉纱的现象，说明该处有漏气发生；或用真空表测量进气管的真空度，其值应不小于 66.7kPa。

(3) 检查空气滤清器。滤清器堵塞，通气不畅，使发动机启动困难，应视情况清洁或更换。

(4) 检查怠速控制阀。如果节气门全关时启动困难，而稍稍打开节气门时，发动机能正常启动，启动后关闭节气门，发动机发抖甚至熄火，那么怠速控制阀有故障的可能性较大。为进一步确认，可拔下怠速控制阀线束插头，或将附加空气阀进行软管用钳子夹住，如果发动机转速没有下降，说明怠速控制阀工作不正常，应对其进行详细的检查。

(5) 检查燃油压力。燃油压力应在 0.3MPa 左右。

(6) 检查温度时间开关。温度时间开关触点接触不良或加热线圈不良，将使冷启动喷油器不喷油或连续喷油，造成发动机启动时缺油或出现“淹住”现象，使发动机启动困难。

(7) 按前面介绍的方法检查空气流量传感器。

(8) 检查冷启动喷油器。如果冷启动喷油器不工作，将使发动机启动困难。首先检查喷油器线束插头电压。如正常，再检查喷油器是否堵塞。如热车状态下难启动，应检查冷启动喷油器是否有滴漏。

(9) 检查水温传感器。水温传感器的故障会影响喷油量的修正，可能造成混合气过浓或过稀，而使发动机难以启动。应检测水温传感器在不同水温下的电阻值变化是否符合标准。

(10) 按前面介绍的方法检查点火正时。

(11) 检查启动开关至电脑的启动信号是否正常。如果电脑接收不到启动开关的启动信号，就不能进行启动加浓控制，也会导致启动困难。此时，应检查 ECU 的 STA 端在启动时有无信号。

(12) 检查气缸压缩压力。

(13) 如上述检查均正常，可换一个新的 ECU 重试，更换后如果一切正常，说明原车 ECU 有故障。

3.3.2 发动机怠速不稳的故障诊断

怠速不稳是发动机故障状态的表征，由于发动机工作时气缸内气体作用力的变化（一个气缸作用力的变化或几个气缸作用力变化），引起各气缸功率不平衡，从而导致各活塞在做功行程时的水平方向的分力不一致，导致出现对发动机横向摇摆的力矩不平衡，从而产生发动机抖动。也可以说，凡是引起发动机气缸内气体作用力变化的故障都有可能导致发动机怠速不稳。

按车辆发动机出现的故障症状进行分类，发动机的怠速不稳综合故障症状类型较多，可分为无怠速、怠速过高、怠速不稳等。

3.3.2.1 发动机怠速不稳，易熄火

A 故障现象

发动机可正常启动，但怠速不稳定，发抖，甚至熄火。

B 故障原因

(1) 直接原因是机械零件脏污、磨损、安装不正确等，导致个别气缸功率的变化，从而造成各气缸功率不平衡，致使发动机出现怠速不稳。

(2) 间接原因是发动机电控系统不正常，导致混合气燃烧不良，造成各气缸功率难以平衡，使发动机出现怠速不稳。

C 故障诊断

(1) 进行发动机故障自诊断，检查有无故障码。

（2）检查进气是否漏气。进气系统漏气但不是很严重时，导致气缸混合气过稀，引起怠速不稳，甚至熄火。

（3）检查空气滤清器。可拆掉滤芯后启动发动机，如此时怠速正常，则更换空气滤清器滤芯。

（4）按前面介绍的方法检查怠速控制阀。怠速空气通道堵塞，将使发动机怠速不稳。

（5）怠速调整不当。发动机怠速可能过低，此时，应按规定的程序调高怠速。

（6）检查是否有个别缸不工作。怠速时逐个拔下各缸高压线，如果某缸在拔下高压线时，发动机转速基本不变，说明该缸工作不良或不工作，应检查该缸的火花塞、喷油器等。

（7）检查各缸喷油器喷油量是否不均匀。应将所有喷油器拆下，进行喷油雾化机流量检测，如有故障，应更换。

（8）检查燃油压力。怠速时的燃油压力应为 0.25MPa 左右，如压力太低，应检查燃油压力调节器、电动燃油泵、汽油滤清器等。

（9）检查气缸压缩压力，如果压力低于 0.8MPa，应拆检发动机。

通过上述检查，可找到发动机怠速不稳且易熄火的真正原因。

3.3.2.2　发动机冷车怠速不稳，易熄火

A　故障现象

发动机冷车运转时怠速不稳或过低，易熄火，热车后怠速恢复正常。

B　故障诊断

（1）进行发动机故障自诊断，检查有无故障码。

（2）检查怠速空气阀，方法如前所述。

（3）水温传感器可能有故障。测量水温传感器电阻值，应符合。

3.3.2.3　发动机热车怠速不稳，易熄火

A　故障现象

发动机冷车时怠速正常，热车后怠速不稳或易熄火。

B　故障诊断

（1）进行发动机故障自诊断，检查有无故障码。

（2）检查发动机的初始怠速转速，如果是怠速过低，应调高怠速。

（3）检查水温传感器，方法如前所述。

（4）检查怠速控制阀，方法如前所述。

（5）检查火花塞。检查火花塞的间隙是否正常，电极是否有积碳、烧蚀的现象，是否能正常跳火，如有故障应进行更换。

（6）检查喷油器。可在喷油器试验台进行，应检查喷油器的喷油量、喷雾情况及是否滴漏，如不符合规定应更换。

3.3.2.4　发动机热车怠速过高

A　故障现象

发动机冷车时能以正常快怠速运转，但热车后怠速过高。

B　故障诊断

（1）节气门不能全闭，将引起怠速过高。检查节气门转动轴是否有卡滞现象，如果有应拆检清洗节气门体。

（2）检查是否有怠速调整不当，如果有则应重新调整怠速。

（3）进行发动机故障自诊断，检查有无故障码。

（4）检查附加空气阀。热车后，附加空气阀应关闭，如不关闭，将使怠速过高。可用钳子包上软布，将附加空气阀进气软管夹紧，如转速下降，说明该阀不能关闭，应检修。

（5）检查水温传感器。测量该传感器阻值是否符合标准值。

（6）用钳子包上软布将曲轴箱强制通风阀软管夹紧。如果发动机转速随之下降，则说明曲轴箱强制通风阀在怠速时漏气，使发动机进气量过大，影响怠速，应更换通风阀。

（7）检查发动机的点火提前角。如提前角过大应重新调整值。

3.3.2.5　发动机怠速上下波动

A　故障现象

发动机怠速不稳，转速忽高忽低。

B　故障诊断

（1）进行发动机故障自诊断，检查有无故障码。

（2）检查节气门位置传感器的怠速开关在怠速时是否闭合。

（3）检查水温传感器的电阻值。

（4）检查空气流量传感器。方法如前所述。

（5）检查怠速控制阀。拔下怠速控制阀线束插头，如果怠速波动现象不变，说明该阀工作不良；如果波动现象消失，但怠速不稳现象加剧，说明怠速控制阀工作正常，喷油系统有故障。

（6）拆检喷油器、火花塞。检查喷油器雾化、滴漏等情况。检查火花塞的间隙与积炭等情况。

3.3.2.6　使用空调或转向时怠速不稳或熄火

A　故障现象

在发动机怠速运转时，打开空调或转动方向时，发动机不提速，从而引起怠速不稳甚至熄火。

B　故障诊断

（1）检查怠速控制阀是否工作正常。

（2）检查空调开关有无故障。

（3）检查转向液压开关有无故障。

3.3.3　发动机动力不足的故障诊断

3.3.3.1　故障现象

动力不足是指发动机在大负荷时，加速迟缓、动力不足，车速达不到最高值。

3.3.3.2　故障原因

（1）空气流量计故障。
（2）空气滤清器堵塞。
（3）节气门开度小，不能全开。
（4）喷油器工作不良。
（5）燃油压力过低。
（6）点火时间不正确，或高压火花太弱。
（7）气缸压力低。
（8）蓄电池亏电，电压不足。

3.3.3.3　故障诊断

（1）检查空气滤清器是否堵塞，必要时清洗。
（2）检查节气门开度。当踩下加速踏板时，节气门应全开。否则，应调整其拉索或踏板。
（3）检查高压线、火花塞、高压火花是否太弱。
（4）检查燃油压力是否过低，必要时检查电动燃油泵、油压调节器及汽油滤清器等。
（5）检查喷油器工作情况，是否有均匀的振动声音。
（6）检查蓄电池电压，电压过低时喷油量减少。

【任务实施】

在老师的指导下能够运用诊断方法对下列案例进行故障诊断。

案例一：

一辆捷达前卫轿车，行驶 50000km，启动机工作正常，但发动机不能启动。

因为该车装有防盗系统，故首先检查防盗系统。将车钥匙插入点火锁并置于点火位置，防盗器指示灯亮 3s 后熄灭，证明防盗系统工作正常。用发动机综合故障诊断仪检查，无故障码，经检查，认为是钥匙有故障，更换、匹配后，也不能点火，检查发动机无其他故障后检查线路，发现点火开关在二挡时断电，故该车不能启动，后更换点火开关，问题解决。

案例二：

一辆捷达王轿车，驾驶员反映该车急加速不良，且当打开大灯时，发动机出现怠速不稳现象，并有熄火征兆。

根据修车经验，更换了点火线圈、高压线、火花塞等，故障基本排除。约半个月后该车驾驶员又来了，说又发生了以前的故障。经试车检查，确如该车驾驶员所述。连接故障诊断仪进行检测，进入发动机电控系统，进入读取测量数据块功能的数据组，在显示区发现，当打开大灯开关时，控制单元的供电电压只有 9V 左右，由此可知是由于电控单元工作电压过低导致发动机工作不正常。用万用表检测发电机电压，大于 14.5V，正常，则有可能是控制单元的供电线路有故障，可能有附加电阻或接地不良。用万用表测得控制单元的接地线与负极间电阻值为 40Ω 左右，（正常值为 0.5～1Ω），进而询问车主，车主说该车曾经肇事，维修过，检查控制单元接地线（蓄电池旁），发现控制单元接地线的固定螺栓没有紧固好，造成控制单元接地线的虚接。重新紧固螺栓后，故障排除。

案例三：

一辆捷达王 GTX 轿车，该车配备 EA113 型 5 阀电控发动机。怠速平稳，但加速无力。

据该车主讲，该车没有按使用说明书规定的那样按时更换正时带。在一次出差图中，突然熄火，便拖去附近的修理厂进行修理。检查发现，正时皮带断裂导致点火正时错乱，顶了气门。在换完正时皮带、气门后，装复试车，发动机顺利着车，怠速稳定，但加速无力。

首先用故障诊断仪进行故障码测试，显示该系统正常，没有故障码。然后接上燃油压力表进行检测，发现燃油压力在 300kPa 左右，系统油压正常。拆下节气门进行清洗，洗完节气门又拆下喷油嘴来进行性能检测，没有异常现象。装复后试车，故障依旧。接下来，拆下高压线进行测量，各缸高压线的阻值正常。更换了 4 个火花塞后进行试车，故障依然没有排除。怀疑可能是正时皮带挂齿错误。拆下正时皮带罩，用扳手转动发动机，检查曲轴皮带轮和凸轮轴皮带轮上的正时标记，与维修手册上规定的标记吻合。拆下气门室盖检查正时链条链节，终于发现故障所在。按维修手册规定，曲轴皮带轮和凸轮轴皮带轮正时标记对准 16 个链节，而此车为 15 个链节。于是拆下进气凸轮轴、排气凸轮轴和正时链条，重新对正正时标记，装复试车，发动机启动顺利，加速顺畅，故障彻底排除。

项目4　底盘的故障诊断与排除

【项目导入】

汽车底盘包括传动系、行驶系、转向系和制动系。汽车底盘的技术状况，直接关系到整车行驶的操纵稳定性和安全性，同时还影响发动机的动力传递和燃油消耗。为确保汽车能正常运行和安全行驶，对汽车底盘应及时进行检测、诊断和维修。

常用的汽车底盘检测设备有：离合器打滑频闪测定仪、传动系游动角度检测仪、车轮定位仪、四轮定位仪、车轮动平衡仪、悬架和转向系检测仪、悬架装置检测台等。随着科学技术的发展，这些检测设备已大量采用光、机、电一体化技术，并采用微机控制，有些还具有智能化功能或专家诊断系统。正确的使用这些检测设备，可以保证在汽车底盘的维修中获得可靠的技术数据，从而保证汽车底盘有效的工作。

底盘出现故障后，若不及时排除，将会加速底盘零部件的磨损，甚至发生行车安全事故。因此必须及时判断、维修措施来排除故障。

任务4.1　离合器的故障诊断与分析

【任务描述】

离合器位于发动机与变速器之间，在汽车起步和变速器换挡时，暂时切断发动机与变速器的连接，以切断动力传递，变挡后逐渐结合，传递发动机动力，从而保证汽车平稳起步以及平顺换挡，并能防止传动系过载。目前以膜片弹簧离合器的应用最为广泛。通过对本任务的学习，要求学生具备以下能力：

（1）掌握离合器常见故障的现象、原因。

（2）掌握离合器的故障诊断程序。

【基本知识】

图4-1所示为膜片弹簧离合器的组成。其主要由主动部分（飞轮、压盘、离合器盖）、从动部分（从动盘、从动轴）、压紧机构（膜片弹簧）、分离机构（分离轴承与套筒、分离叉等）组成。

汽车在路况复杂的道路上行驶时，由于不断的变速和换挡，不可避免地需要经常踏下和松开离合器踏板，使离合器分离和接合。因此离合器的技术状况会逐渐变坏，导致出现

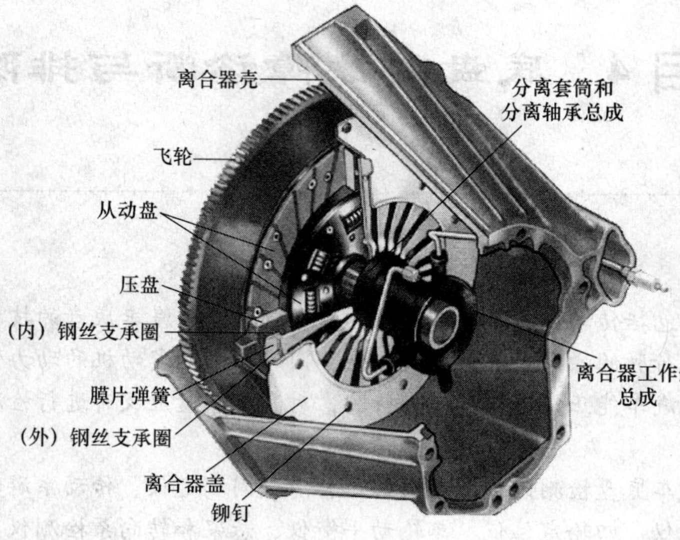

图 4-1 膜片弹簧离合器的组成

各种故障。

离合器常见的故障有离合器打滑、离合器分离不彻底、离合器发抖和离合器异响等。

4.1.1 离合器打滑的故障诊断

离合器打滑是指离合器接合传力时，离合器从动盘摩擦片在压盘与飞轮之间滑动的现象。

4.1.1.1 故障现象

汽车起步困难；汽车在行驶中车速不能随发动机转速的提高而提高，感到行驶无力；上坡满载行驶时深感动力不足，嗅到离合器摩擦片的焦味。

4.1.1.2 故障原因

根本原因是压盘不能牢固地压在从动盘摩擦片上或摩擦摩擦系数过小，使离合器摩擦力矩严重不足。具体原因如下：

（1）从动盘摩擦片磨损逾限或压盘、飞轮的工作面磨损过甚，导致分离轴承压在分离杠杆上，使离合器踏板无自由行程。

（2）从动盘摩擦片烧损、硬化、铆钉外露或有油污，使离合器摩擦副的摩擦系数过小。

（3）离合器操纵系统调整不当，导致离合器踏板自由行程小或没有。

（4）分离轴承运动发卡而不能回位。

（5）压紧弹簧变形、损坏、失效，使弹力不足。

（6）压盘、飞轮、从动盘变形或磨损严重，导致传递转矩下降。

4.1.1.3　故障诊断

汽车静止时，分离离合器，启动发动机，拉紧驻车制动器，把变速器换入一挡，缓抬离合器踏板致使离合器逐渐接合，同时踩下加速踏板，若发动机无负荷感，汽车不能起步，发动机又不熄火，说明离合器打滑；汽车在行驶中，急踩加速踏板，若发动机转速提高而车速不变，则表明离合器打滑。当离合器打滑时，可按下述方法诊断故障的具体原因。

（1）检查踏板自由行程，如图 4-2 所示。如无自由行程，则应检查离合器操纵系数是否调整不当、踏板回位弹簧是否疲劳或折断、踏板操纵杆是否卡滞、分离轴承是否不能回位、分离杠杆内端是否调整过高。若自由行程正常，则进行下一步检查。

（2）若自由行程符合要求，应拆下离合器壳底盖，检查离合器盖与飞轮的连接螺钉是否松动，如图 4-3 所示。如有松动，应予以紧固。

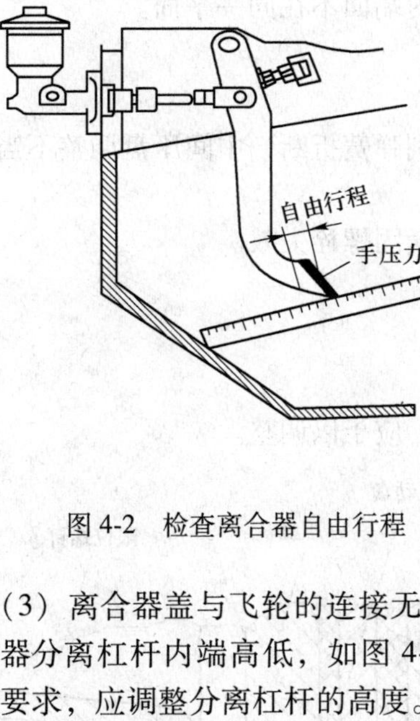

图 4-2　检查离合器自由行程

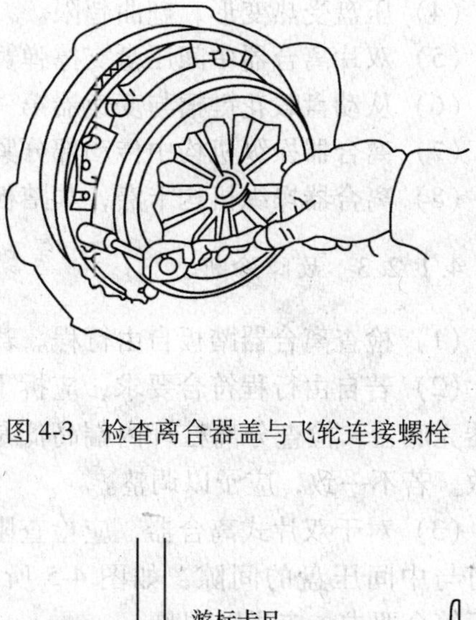
图 4-3　检查离合器盖与飞轮连接螺栓

（3）离合器盖与飞轮的连接无松动，再检查离合器分离杠杆内端高低，如图 4-4 所示。如不符合要求，应调整分离杠杆的高度。

（4）经上述检查后仍然打滑，应拆下离合器总成，检查离合器摩擦片，若摩擦片磨损过多变薄或铆钉头外露，应予以更换。若摩擦片有油污，应用汽油清洗并烘干。然后找出油污来源，予以排除。

（5）若摩擦片良好，则应分解离合器，检查压紧弹簧（或膜片弹簧）。若变形或弹力过弱，应予以更换。

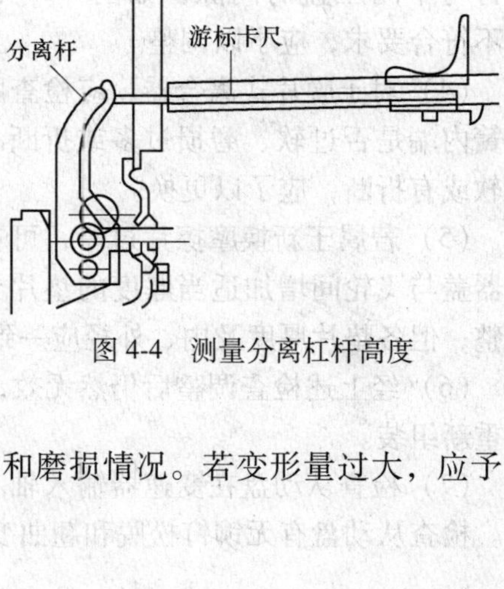

图 4-4　测量分离杠杆高度

（6）检查离合器压盘或发动机飞轮表面的变形和磨损情况。若变形量过大，应予以修理或更换。

4.1.2 离合器分离不彻底的故障诊断

离合器分离不彻底是指离合器踏板踩到底时，离合器处于半接合状态，从动盘没有完全与主动盘分离的现象。

4.1.2.1 故障现象

发动机怠速运转踩下离合器踏板换挡困难；甚至挂低速挡时，离合器踏板尚未完全放松，而汽车就有起步或发动机熄火的现象。

4.1.2.2 故障原因

根本原因：离合器踏板踩到底时，其压盘离开从动盘的移动量过小，或离合器主从动件变形导致压盘与从动盘摩擦片有所接触不能分离。

（1）离合器自由行程太大。

（2）离合器分离杠杆弯曲变形或调整不当，使其内端面不在同一平面。

（3）从动盘翘曲、铆钉松脱、摩擦衬片松动。

（4）压盘受热变形，翘曲超限。

（5）双片离合器中间压盘支撑弹簧弹力不均或个别弹簧折断、中间压盘调整不当。

（6）从动盘毂花键槽与变速器第一轴花键齿卡滞。

（7）离合器操纵机构中传动部分紧固螺栓松动或紧固螺栓失效。

（8）离合器操纵机构卡滞，其踏板踩不到底。

4.1.2.3 故障诊断

（1）检查离合器踏板自由行程。若自由行程过大，应予以调整。

（2）若自由行程符合要求，应拆下离合器壳底盖，检查分离杠杆内端高低是否一致。若不一致，应予以调整。

（3）对于双片式离合器，应检查限位螺钉与中间压盘的间隙，如图 4-5 所示。若不符合要求，应予以调整。

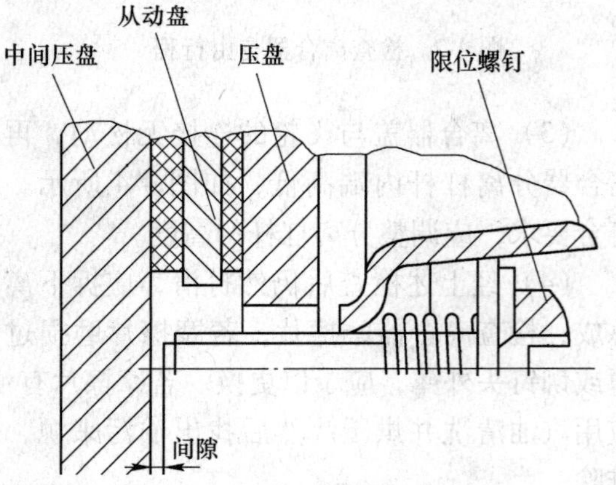

图 4-5 中间压紧限位螺钉的调整

（4）对于膜片式离合器，应检查膜片弹簧内端是否过软、磨损过多或折断。若过软或有折断，应予以更换。

（5）若属于新换摩擦片过厚，可在离合器盖与飞轮间增加适当厚度的垫片予以调整，但各垫片厚度及内、外径应一致。

（6）经上述检查调整后仍然无效，应将离合器拆下，检查从动盘是否装反。若装反，应重新组装。

（7）检查从动盘在变速器输入轴花键齿上移动是否灵活。如发涩，应清除锈蚀和油污。检查从动盘有无铆钉松脱和翘曲变形。若不符合要求，应予以更换。

（8）若经上述检查调整仍然无效，应分解检查离合器总成，分别检查压紧弹簧（或膜片弹簧）、离合器压盘和发动机飞轮表面以及其他有关零件，视情况予以修理或更换。

（9）对于液压操纵式离合器，离合器总成经检查调整后仍分离不彻底，应检查操纵系统有无漏油现象，并对液压操纵系统进行排除空气。

4.1.3　离合器发抖的故障诊断

离合器发抖是指汽车在起步过程中，缓抬离合器踏板，轻踏加速踏板，离合器接合时出现的振抖现象。

4.1.3.1　故障现象

汽车不能平顺起步，起步伴有轻微冲撞，严重时车身明显抖动。

4.1.3.2　故障原因

（1）分离杠杆变形或调整不当，各分离杠杆内端不处在同一平面。

（2）压盘、从动盘翘曲变形严重，飞轮工作端面的端面圆跳动超标。

（3）压紧弹簧弹力不均匀，个别弹簧弹力减弱或折断。

（4）从动盘摩擦片厚度不均、衬片破裂、表面不平、铆钉外露或松动。

（5）从动盘摩擦片减振弹簧失效或折断，缓冲片破损。

（6）发动机支架、变速器与飞轮壳、飞轮与离合器盖的紧固螺栓松动。

4.1.3.3　故障诊断

让发动机怠速运转，挂上低速挡，缓缓放松离合器踏板并加大油门，使汽车起步，有振动感即为离合器发抖。

当离合器发抖时，可按下述方法诊断故障的具体原因：

（1）检查分离杠杆内端与分离轴承的间隙是否一致。

（2）检查发动机前后支架、变速器与飞轮壳、飞轮与离合器盖的紧固螺栓是否松动。

（3）若上述情况良好，则应分解离合器，检查压盘及从动盘是否翘曲，摩擦是否破裂、厚度不均、表面不平、铆钉松动，压紧弹簧或膜片弹簧是否断裂，减振弹簧是否失效，从动盘毂花键槽与变速器第一轴花键齿配合是否松旷。

4.1.4　离合器异响的故障诊断

4.1.4.1　故障现象

离合器异响是指离合器在分离或接合时发出的不正常响声。表现是离合器变工况时出现连续或间断的比较清晰的响声。

4.1.4.2　故障原因

根本原因在于离合器部分零件严重磨损及主、从动件传力部位松旷。具体原因：

（1）分离轴承磨损严重、缺油或损坏。

（2）离合器踏板回位弹簧与分离轴承回位弹簧过软、折断或脱落。

（3）双片式离合器中间压盘的传动销与销孔磨损松旷。

（4）从动盘毂花键槽与变速器第一轴花键齿磨损松旷。

（5）从动盘毂铆钉松动、钢片断裂、减振弹簧折断或失效。

4.1.4.3　故障诊断

发动机怠速运转，变速器挂入空挡，控制离合器踏板，利用离合器分离与接合时发出的声音诊断其故障所在。具体诊断方法如下：

（1）发动机怠速运转时，踏下离合器踏板少许，使分离杠杆与分离轴承接触。

听到有“沙沙”的响声，则为分离轴承响；若加油后仍然发响，则说明轴承磨松旷；若再踏下离合器踏板少许，并略提高发动机转速，如响声增大，则说明分离轴承损坏。

（2）离合器踏板踩到底时，出现金属敲击声，且随发动机转速升高而加重，在中速稳定运转时声响明显减弱或消失，而在松开踏板或在踏下踏板的过程中无异响。

对于单片式离合器，其异响多为离合器压盘与盖配合松旷所致。

（3）踩下、松开离合器踏板，在离合器刚分离或刚接触的瞬间有异响，多为摩擦片铆钉松动或铆钉头外露所致。

（4）松开离合器踏板，即可听到连续的摩擦声，可先检查离合器踏板自由行程。若自由行程正常，但在发动机转速变化时发出间断的金属撞击声或摩擦声，则说明离合器分离套筒回位弹簧过软、折断或脱落。

（5）汽车起步时发出金属摩擦声并伴有发抖现象，说明从动盘与花键毂的铆钉松动或钢片破裂；若起步时发出撞击声，一般可判断为从动盘毂花键槽与变速器第一轴花键齿配合松旷。若从动盘带有减振器，则可能是减振器弹簧折断。

【任务实施】

在老师的指导下能够运用诊断方法对下列案例进行故障诊断。

一辆皇冠2.8轿车，急速踩下离合器踏板时，离合器可以分离；但慢慢踩下离合器踏板并停留片刻后，离合器则无法分离。

首先排除液压系统空气，故障依然存在。然后拆检离合器液压主缸，发现液压主缸皮碗老化、磨损，并有纵向沟槽，主缸内壁磨损严重。

当急速踩下离合器踏板时，由于制动液的黏性和流动惯性，制动液从主缸皮碗口及沟槽部位泄漏较少，皮碗前方制动液压力较大，所以离合器能够分离；如果慢慢踩下离合器踏板并停留片刻，主缸皮碗前方的压力油会沿皮碗口及沟槽部位被挤回皮碗后方的真空腔，造成管路内压力无法建立，故离合无法分离。

因此修理主缸，更换皮碗，故障消除。

任务 4.2　变速器的故障诊断与分析

【任务描述】

变速器是汽车传动系中的主要变速机构，它扩大发动机传至驱动轮的扭矩、转速的变化范围，以适应不同使用条件的要求；在发动机旋转方向不变的前提下，实现汽车倒向行驶；利用空挡，切断动力传递，便于发动机启动、怠速或换挡。

变速器在工作负荷的作用下，随着汽车行驶里程的增加，内部各零件的磨损、变形也随之加大，引起各零件间的配合关系变坏，从而引起一系列的故障。通过对本任务的学习，要求学生具备以下能力：

（1）掌握变速器常见故障的现象、原因。

（2）掌握变速器的故障诊断程序。

【基本知识】

手动变速器包括变速传动机构和操纵机构两大部分。变速传动机构包括轴和齿轮，它的主要作用是改变转速和转矩的大小、方向；操纵机构包括变速杆、拨叉、拨叉轴、锁止装置组成，它的作用是实现换挡。

自动变速器具有自动操纵汽车起步选挡和换挡等功能。具有自动变速、连续改变转矩、换挡时不中断动力传递等特点，并具有操纵轻便、换挡平稳、乘坐舒适、过载保护性能好等优点。采用此类变速器，可以大大减轻驾驶员的驾驶强度、提高车辆行驶的机动性、越野性等。自动变速器由液力变矩器、行星齿轮变速机构、液压操纵机构、电控系统组成。

汽车变速器在使用中，常见的故障有跳挡、乱挡、换挡困难、发响、抖杆及漏油等，这些故障的存在，不但驾驶员操作困难，难以正常行驶，还可能直接造成机件损坏，所以发现故障应及时排除。

4.2.1　手动变速器的故障诊断

4.2.1.1　跳挡故障

A　故障现象

汽车在行驶中，变速杆自动跳回空挡，此现象多发生在重载加速或爬坡时。

B　故障原因

（1）操纵杆系磨损松旷或变速器内拨叉弯曲变形、止推垫片磨损，使齿轮不能完全啮合。

（2）相啮合的齿轮或齿圈磨损严重。

（3）自锁装置的凹槽、钢球磨损严重，自锁弹簧疲劳或折断。

（4）轴或轴承磨损严重，使相啮合的齿轮或齿圈不同心。

（5）齿轮与轴的花键严重磨损，使配合间隙过大。

C 故障诊断

手动变速器跳挡的故障诊断流程如图4-6所示。

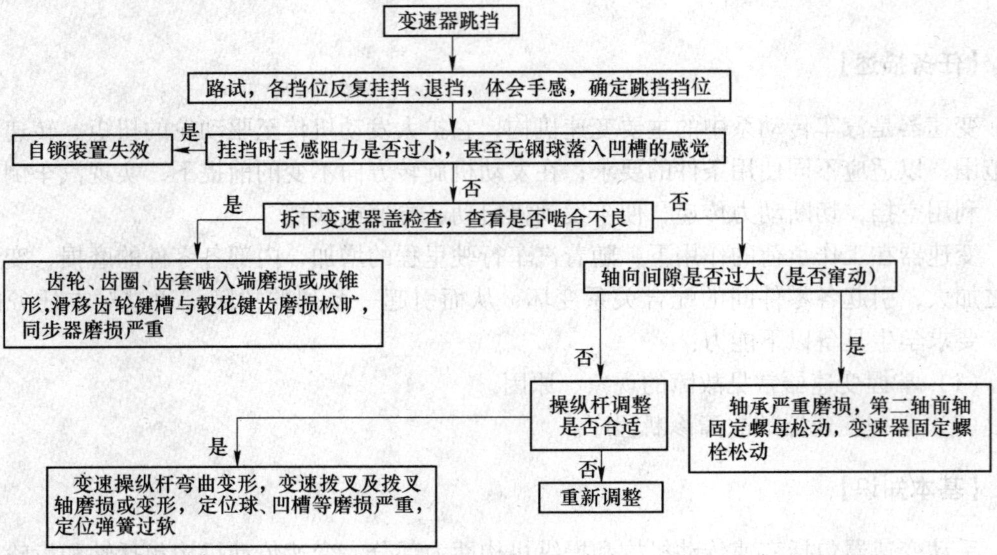

图4-6 手动变速器跳挡的故障诊断流程

4.2.1.2 乱挡故障

A 故障现象

在离合器彻底分离的情况下，要挂挡挂不上或要摘挡摘不下；有时要挂某挡，结果挂在别的挡位上；有时同时挂上两个挡。

B 故障原因

(1) 变速操纵机构互锁装置损坏，不起作用。

(2) 变速杆弯曲变形，变速杆球头磨损过大，限位销松旷或折断。

(3) 变速叉与变速叉轴固定螺钉松动或松脱。

(4) 拨叉导块凹槽和变速杆下端的工作面磨损严重，使变速杆从两个导块之间滑出。

(5) 第二轴前端滚针轴承烧结，使第一轴和第二轴连成一体。

(6) 变速器同步器损坏，同步器锁环卡在锥面上。

C 故障诊断

变速器乱挡的故障诊断流程如图4-7所示。

4.2.1.3 异响故障

A 故障现象

变速器在工作过程中发出不正常的响声，如“呼隆呼隆”声及尖锐、清脆的金属撞击声。

B 故障原因

根本原因是由于轴承磨损松旷和齿轮啮合失常或润滑不良所致。具体如下。

(1) 啮合齿轮的轮齿磨损严重，啮合间隙过大；齿轮内孔表面磨损严重，配合松旷。

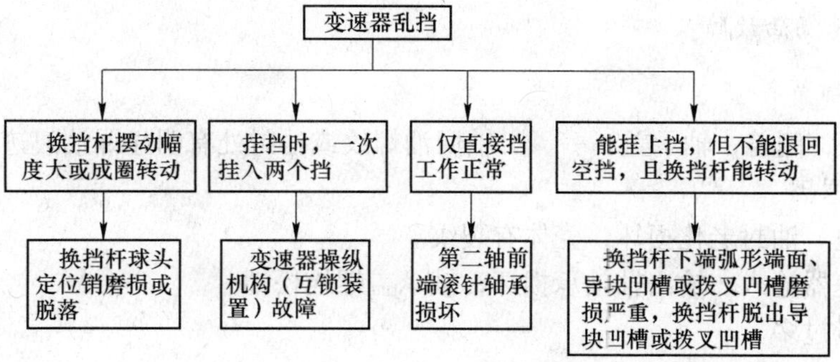

图 4-7　变速器乱挡的故障诊断流程

（2）个别轮齿折断或齿面剥落脱层及缺损；齿轮端面圆跳动或径向圆跳动超标。

（3）轴承磨损严重，轴承内（外）座圈与轴颈（孔）配合松动；轴承滚子碎裂、滚道损坏。

（4）变速器第一轴、第二轴及中间轴产生弯曲变形或其轴承松旷引起齿轮啮合间隙不当。

（5）同步器磨损严重或损坏。

（6）变速器自锁装置损坏。

（7）变速器缺少专用润滑油或油质不符合要求。

（8）齿轮或轴上的配合花键过度磨损。

C　故障诊断

变速器异响的故障诊断流程如图 4-8 所示。

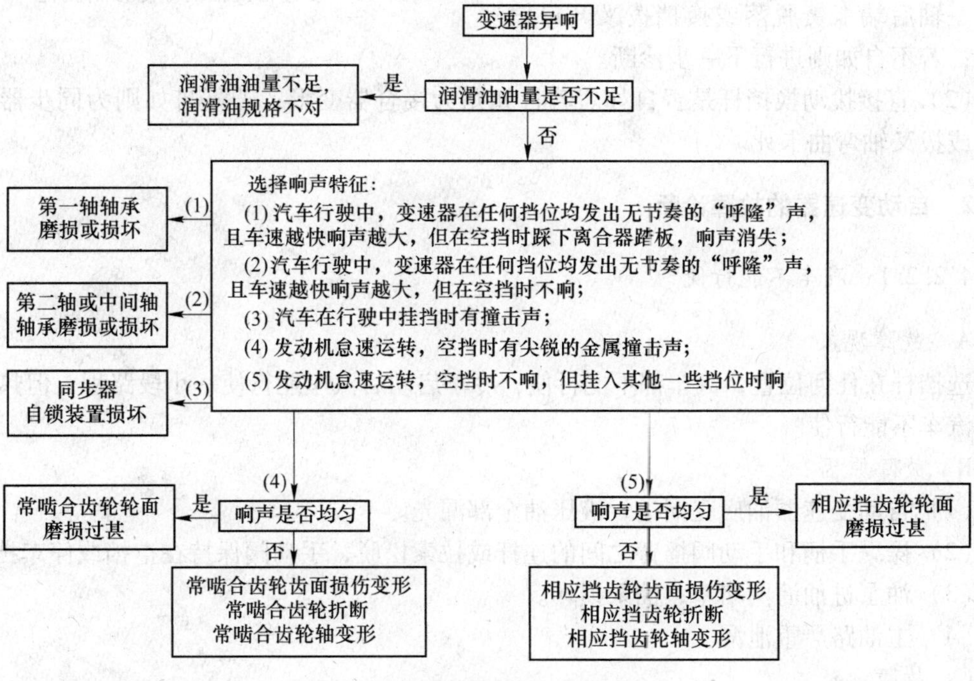

图 4-8　变速器异响的故障诊断流程

4.2.1.4 漏油故障

A 故障现象

变速器盖，侧盖，轴承盖，一、二轴回油螺纹或油封处有明显漏油痕迹。

B 故障原因

（1）衬垫、油封老化损坏，壳体有裂纹。

（2）变速器输入、输出轴轴承损坏，轴承盖螺栓松动。

（3）油量过多。

（4）通气孔堵塞，接合面变形。

C 故障诊断

变速器漏油的故障诊断流程如图 4-9 所示。

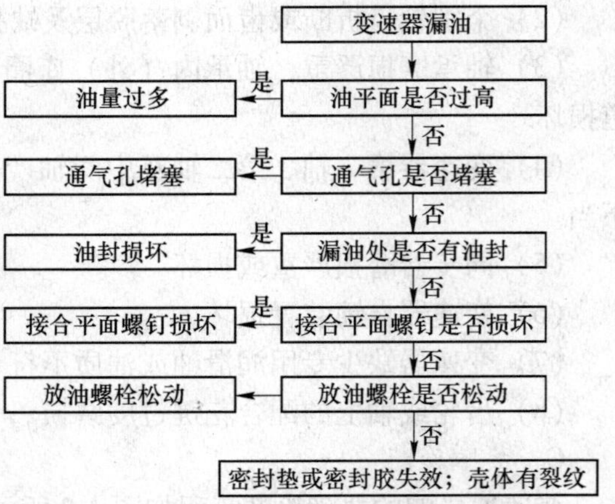

图 4-9 变速器漏油的故障诊断流程

4.2.1.5 变速器卡挡

A 故障现象

变速器卡在某个挡位，无法回到空挡。

B 故障原因

（1）同步器滑块堵塞。

（2）拨叉轴弯曲卡死。

C 故障诊断

（1）操纵换挡手柄是否自如。若自如则为一轴后端卡簧脱落或换挡拨叉开口销脱落；若不自如则进行下一步诊断。

（2）直接拨动换挡杆是否自如。若自如则为接合器变形；若不自如则为同步器滑块塞堵或拨叉轴弯曲卡死。

4.2.2 自动变速器的故障诊断

4.2.2.1 汽车不能行使

A 故障现象

选挡杆在任何位置，汽车都不能行使；冷车启动后汽车能行使一小段路程，但热车状态下汽车不能行使。

B 故障原因

（1）自动变速器油底壳漏油，液压油全部漏光。

（2）操纵手柄和手动阀摇臂之间的连杆或拉索松脱，手动阀保持在空挡或停车挡位。

（3）油泵进油滤网堵塞；油泵损坏。

（4）主油路严重泄漏。

C 故障诊断

由自动变速器故障引起的汽车不能行驶的故障诊断流程如图 4-10 所示。

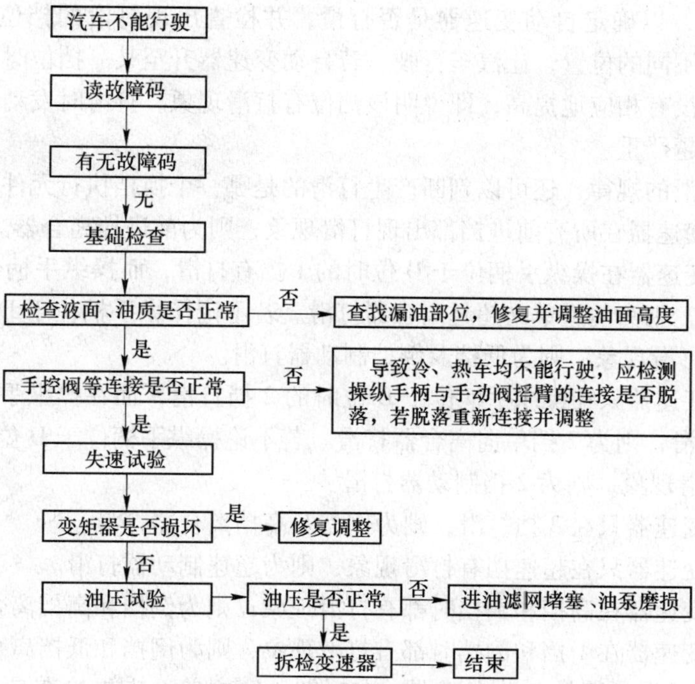

图 4-10　汽车不能行驶的故障诊断流程

4.2.2.2　自动变速器打滑

A　故障现象

在汽车起步时，踩下加速踏板，发动机转速上升很快，但车速上升缓慢；在加速时，发动机转速很高，但车速不能很快提高；在上坡时，汽车行驶无力，但发动机转速很高。

B　故障原因

（1）液压油油面低造成主油路油压低，导致离合器和制动器打滑。

（2）离合器和制动器摩擦片磨损严重或已烧焦而引起打滑。

（3）油泵磨损严重或主油路有泄漏而造成主油路油压过低。

（4）自动变速器单向离合器打滑。

（5）离合器或制动器活塞密封圈损坏而漏油，导致油压过低。

C　故障诊断

打滑是自动变速器最常见的故障之一。虽然自动变速器打滑往往都伴有离合器或制动器摩擦片严重磨损甚至烧焦等现象，但如果只是简单地更换磨损的摩擦片而没有找出打滑的真正原因，则修复后的自动变速器在使用一段时间后又出现打滑现象，因此对于打滑的自动变速器，不要急于拆卸分解，应先做出各种检查测试找出真正原因。

（1）对于出现打滑现象得自动变速器，应先检查其液压油的油面高度和品质。若油面过高或过低，应先调整至正常后在做检查。若油面调整正常后自动变速器不再打滑，可不必拆修自动变速器。

（2）检查液压油的品质。若液压油呈棕黑色或有烧焦味，说明离合器或制动器的摩擦片或制动带有烧焦，应拆修自动变速器。

（3）做路试，以确定自动变速器是否打滑，并检查出现打滑的挡位和打滑的程度。将操纵手柄置于不同的位置，让汽车行驶。若自动变速器升至某一挡位时发动机的转速突然升高，但车速没有相应地提高，即说明该挡位有打滑现象。打滑时发动机的转速越容易升高，说明打滑越严重。

根据出现打滑的规律，还可以判断产生打滑的是哪一个换挡执行元件。

1）若自动变速器在所有前进挡都出现打滑现象，则为前进挡离合器。

2）若自动变速器在操纵手柄位于D位时的1挡有打滑，而操纵手柄位于L位或1位时的1挡不打滑，则为前进单向超越离合器打滑。若不论操纵手柄位于D位、L位还是1位时，1挡都有打滑现象，则为低挡及倒挡制动器打滑。

3）若自动变速器只在操纵手柄位于D位时的2挡打滑，而在操纵手柄位于S位或2位时的2挡不打滑，则为2挡单向离合器打滑。若不论操纵手柄位于D位、S位还是2位时，2挡都有打滑现象，则为2挡制动器打滑。

4）若自动变速器只在3挡打滑，则为倒挡及高挡离合器打滑。

5）若自动变速器只在超速挡有打滑现象，则为超速制动器打滑。

6）若自动变速器在高挡和倒挡时都有打滑现象，则为倒挡和高挡离合器打滑。

7）若自动变速器在1挡和倒挡时都有打滑现象，则为倒挡和低挡离合器打滑。

（4）对于有打滑故障的自动变速器，在拆卸分解之前，应先检查自动变速器的主油路油压，以找出造成自动变速器打滑的原因。自动变速器不论前进挡还是倒挡均打滑，其原因往往是主油路油压过低。若主油路油压正常，则只要更换磨损或烧焦的摩擦元件即可。若主油路油压不正常，则在拆修自动变速器的过程中，应根据主油路油压，相应地对油泵或阀板进行检修，并更换自动变速器的所有密封圈和密封环。

4.2.2.3　自动变速器异响

A　故障现象

在汽车运转过程中，自动变速器内始终有异响声；汽车行驶中有异响，停车挂空挡后异响消失。

B　故障原因

（1）油泵因磨损过甚或自动变速器油面高度过低、过高而产生异响。

（2）液力变矩器因锁止离合器、单向离合器等损坏而产生异响。

（3）行星齿轮机构异响。

（4）换挡执行元件异响。

C　故障诊断

异响主要发生在机械和液压两个系统上。异响声源主要有齿轮机构、轴承、油泵、摩擦片、主减速器和液力变矩器液力噪声等。诊断时首先应确定异响声源的部位，再进行相关零件的故障排除。

（1）检查液面高度。

（2）用举升机将汽车顶起，启动发动机，在空挡、前进挡、倒挡等状态下检查自动变速器产生异响的部位和时间。

（3）若在任何挡位自动变速器前部都始终有连续异响，通常为油泵或变矩器异响。

（4）若只有在行驶中才有异响，空挡时没有，则为行星齿轮异响。

4.2.2.4 无前进挡故障

A 故障现象

汽车倒挡行驶正常，在前进挡不能行驶；操纵手柄在 D 位时不能起步，在 S 位或 L 位可以起步。

B 故障原因

（1）前进挡离合器严重打滑。

（2）前进挡离合器油路严重泄漏。

（3）操纵手柄调整不当。

C 故障诊断

（1）检测操纵手柄位置是否正常，不正常则按规定重新调整。

（2）测量前进挡主油路油压是否正常，若油压过低，则说明主油路有泄漏，应拆检自动变速器，更换前进挡油路上各处的密封圈和密封环。

（3）若油路油压正常，应拆检前进挡离合器，若摩擦片磨损严重、变形或烧焦，应及时更换。

（4）若前进挡离合器正常，应拆检单向离合器，检查安装方向是否正确以及有无打滑。

4.2.2.5 不能升挡故障

A 故障现象

汽车在行驶中自动变速器始终保持在 1 挡，不能升入 2 挡或高速挡；行驶中自动变速器可以升入 2 挡，但不能升入 3 挡和高速挡。

B 故障原因

（1）节气门位置传感器调整不当。

（2）车速传感器有故障。

（3）2 挡制动器或高挡离合器有故障。

（4）换挡阀卡滞。

（5）挡位开关有故障。

C 故障诊断

（1）应先进行故障自诊断。影响换挡控制的传感器有节气门位置传感器、车速传感器等。按所显示的故障代码查找故障原因。

（2）按标准重新调整节气门位置传感器。

（3）检查车速传感器。若有损坏，应予以更换。

（4）检查挡位开关的信号。若有异常，应予以调整或更换。

（5）拆卸阀板，检查各个换挡阀。换挡阀如有卡滞，可将阀芯取出，用金相砂纸抛光，再清洗后装入。如不能修复，应更换阀板。

（6）若控制系统无故障，应分解自动变速器，检查各个换挡执行元件有无打滑现象，用压缩空气检查各个离合器、制动器油路或活塞有无泄漏。

4.2.2.6 无倒挡故障

A 故障现象

汽车在前进挡能正常行驶，但在倒挡时不能行驶。

B 故障原因

（1）操纵手柄调整不当。

（2）倒挡油路泄漏。

（3）倒挡及高挡离合器或低挡及倒挡制动器打滑。

C 故障诊断

（1）检查操纵手柄的位置。如有异常，应按规定程序重新调整。

（2）检查倒挡油路油压。若油压过低，则说明倒挡油路泄漏。对此，应拆检自动变速器，予以修复。

（3）若倒挡油路油压正常，应拆检自动变速器，更换损坏的离合器片或制动器片（制动带）。

4.2.2.7 换挡冲击故障

A 故障现象

在起步时，由停车挡或空挡挂入倒挡或前进挡时，汽车震动较严重；行驶时，在自动变速器升挡的瞬间，汽车有较明显的闯动。

B 故障原因

导致自动变速器换挡冲击大的故障原因很多，主要原因为调整不当、机械元件性能下降或损坏、电子控制系统有故障，具体原因如下：

（1）发动机怠速过高。

（2）节气门位置传感器调整不当，使主油路油压过高。

（3）升挡过迟。

（4）主油路调压阀有故障，使主油路油压过高。

（5）减振器活塞卡住，不能起减振作用。

（6）单向阀钢球漏装，换挡执行元件（离合器或制动器）接合过快。

（7）换挡执行元件打滑。

（8）油压电磁阀不工作。

（9）电脑有故障。

C 故障诊断

由于引起换挡冲击的原因较多，因此，在诊断故障的过程中，必须循序渐进，对自动变速器的各个部分做认真的检查。一定要在全面检测的基础上，有针对性地进行分解修理，切不可盲目地拆修。总体而言，若是由于调整不当造成的，只要稍作调整即可排除；若是自动变速器内部控制阀、减振器或换挡执行元件有故障，应分解自动变速器，予以修理；若是电子控制系统有故障，应对电子控制系统进行检测，找出具体原因，加以排除。具体检查诊断与排除步骤如下。

（1）检查发动机怠速。装有自动变速器的汽车的发动机怠速一般为 750r/min 左右。

若怠速过高，应按标准予以调整。

（2）检查节气门位置传感器的调整情况。如不符合标准，应重新予以调整。

（3）做道路试验。如有升挡过迟的现象，则说明换挡冲击大的故障是升挡过迟所致。如果在升挡之前发动机转速异常升高，导致在升挡的瞬间有较大的换挡冲击，则说明是离合器或制动器打滑，应分解自动变速器，予以修理。

（4）检测主油路油压。如果怠速时主油路油压过高，则说明主油路调压阀或调压电磁阀有故障，可能是调压弹簧预紧力过大或阀芯卡滞所致；如果怠速时主油路油压正常，但起步进挡时有较大的冲击，则说明前进离合器或倒挡及高挡离合器的进油单向阀阀球损坏或漏装。对此，应拆卸阀板，予以修理。

（5）检测换挡时的主油路油压。在正常情况下，换挡时的主油路油压会有瞬时的下降。如果换挡时主油路油压没有下降，则说明减振器活塞卡滞。对此，应拆检阀板和减振器。

（6）检查油压电磁阀的线路以及油压电磁阀工作时是否正常、电脑是否在换挡的瞬间向油压电磁阀发出控制信号。如果线路有故障，应予以修复；如果电磁阀损坏，应更换电磁阀；如果电脑在换挡瞬间没有向油压电磁阀发出控制信号，说明电脑有故障，对此，应更换电脑。

4.2.2.8　跳挡故障

A　故障现象

汽车以前进挡行驶时，即使油面踏板保持不动，自动变速器仍经常出现突然降挡现象；降挡后发动机转速异常升高，并产生换挡冲击。

B　故障原因

（1）节气门位置传感器有故障。

（2）车速传感器有故障。

（3）控制系统电路接地不良。

（4）换挡电磁阀接触不良。

（5）电脑有故障。

C　故障诊断

（1）应先进行故障自诊断。如有故障代码，则按所显示的故障代码查找故障原因。

（2）测量节气门位置传感器。如有异常，则更换。

（3）测量车速传感器。如有异常，则更换。

（4）检测控制系统电路各接地线的接地状态。如有接地不良现象，应予以修复。

（5）拆检自动变速器油底壳，检查各个换挡电磁阀线束接头的连接情况。如有松动，应予以修复。

（6）检查控制系统电脑各接线脚的工作电压。如有异常，应予以修复或更换。

（7）换一个新的阀板或电脑试一下，如果故障消失，说明原阀板或电脑损坏，应更换。

（8）更换控制系统所有线束。

4.2.2.9　无发动机制动故障

A　故障现象

在行驶中，当操纵手柄位于前进抵挡（S、L 或 2、1）位置时，松开油门踏板，发动机和转速降至怠速，但汽车没有明显减速。

下坡时，操纵手柄位于前进抵挡，但不能产生发动机制动作用。

B　故障原因

（1）挡位开关调整不当。

（2）操纵手柄调整不当。

（3）2 挡强制制动器打滑或低挡及倒挡制动器打滑。

（4）控制发动机制动的电磁阀有故障。

（5）阀板有故障。

（6）自动变速器打滑。

（7）电脑有故障。

C　故障诊断

（1）先进行故障自诊断，按所显示的故障代码查找故障原因。

（2）做道路试验，检查加速时自动变速器有无打滑现象。如有打滑，应拆修自动变速器。

（3）如果操纵手柄位于 S 位时没有发动机制动作用，但操纵手柄位于 L 位时有发动机制动作用，则说明 2 挡强制制动器打滑，应拆修自动变速器。

（4）如果操纵手柄位于 L 位时没有发动机制动作用，但操纵手柄位于 S 位时有发动机制动，则说明低挡及倒挡制动器打滑，应拆修自动变速器。

（5）检查控制发动机制动作用的电磁阀线路有无短路或断路，电磁阀线圈电阻是否正常，通电后有无工作声音。如有异常，应修复或更换。

（6）拆卸阀板总成，清洗所有控制阀。阀芯如有卡滞，可抛光后装好。如抛光后仍有卡滞，应更换阀板。

（7）检测电脑各接脚电压。要特别注意与节气门位置传感器、挡位开关连接的各接脚的电压。如有异常，应做进一步检查。

（8）更换一个新的电脑试一下。如果故障消失，说明原电脑损坏，应更换。

4.2.2.10　不能强制降挡故障

A　故障现象

当汽车以 3 挡或超速挡行驶时，突然将油门踏板踩到底，自动变速器不能立即降低一个挡位，汽车加速无力。

B　故障原因

（1）节气门位置传感器调整不当。

（2）强制降挡开关损坏或安装不当。

（3）强制降挡电磁阀损坏或线路短路、断路。

（4）阀板中的强制降挡控制阀卡滞。

C　故障诊断

(1) 检查节气门位置传感器的安装情况。如有异常，应按标准重新调整。

(2) 检查强制降挡开关。在油门踏板踩到底时，强制降挡开关的触点应闭合；松开油门踏板时，强制降挡开关的触点应断开。如果油门踏板踩到底时强制降挡开关触点没有闭合，可用手直接按动强制降挡开关。如果按下开关后触点闭合，说明开关安装不当，应重新调整；如按下开关后触点仍不闭合，说明开关损坏，应予以更换。

(3) 对照电路图，在自动变速器线束插头处测量强制降挡电磁阀。如有异常，则故障为线路短路、断路或电磁阀损坏。对此，应检查线路或更换电磁阀。

(4) 打开自动变速器油底壳，拆下强制降挡电磁阀，检查电磁阀的工作情况。如有异常，应予以更换。

(5) 拆卸阀板总成，分解、清洗、检查强制降挡控制阀。阀芯如有卡滞，可进行抛光，若无法修复，则应更换阀板总成。

4.2.2.11　液压油易变质故障

A　故障现象

更换后液压油使用不久即变质；自动变速器温度太高，从加油口处向外冒烟。

B　故障原因

(1) 汽车使用不当，经常超负荷行驶。如经常用于拖车或经常急速、超速行驶等。

(2) 液压油散热器堵塞。

(3) 通往液压油散热器的限压阀卡滞。

(4) 离合器或制动器自由间隙太小。

(5) 主油路油压太低，离合器或制动器在工作中打滑。

C　故障诊断

(1) 让汽车以中低速行驶 5~10min，待自动变速器达到正常工作温度后，在发动机运转过程中检查自动变速器液压油散热器的温度。在正常情况下，液压油散热器的温度可达 60℃左右，若液压油散热器的温度过低，说明油管堵塞，或通往液压油散热器的限压阀卡滞。这样，液压油得不到及时的冷却，油温过高，导致变质。

(2) 若液压油散热器的温度太高，说明离合器或制动器自由间隙太小。对此，应拆卸自动变速器，予以调整。

(3) 若液压油温度正常，应测量主油路油压。若油压太低，应检查节气门位置传感器的调整情况。若节气门位置传感器安装正常，应拆卸自动变速器，检查油泵是否磨损过甚、阀板内的主油路调压阀和油压电磁阀有无卡滞、主油路有无漏油处。

(4) 若上述检查均正常，则故障可能是汽车经常超负荷行驶所致，或未按规定使用合适牌号的液压油所致。对此，可将液压油全部放出，加入规定牌号和数量的液压油。

【任务实施】

在老师的指导下能够运用诊断方法对下列案例进行故障诊断。

一辆捷达都市先锋轿车（装 01M 自动变速器）行驶中不能升入高挡，发动机转速很高，但就是不跳挡。

连接诊断仪进行故障诊断，无故障存储。在试车中读取数据块，发现只能升至 2 挡，并且在 1 挡与 2 挡间来回跳动；打开发动机舱罩盖，发现变速器转速传感器 G38 与车速传感器 G68 插反，黑色插头 G68 应插在变速器外侧。

将两个传感器插头按正确位置装好，试车后，故障消失。

故障点评：变速器转速传感器 G38 用来监控大太阳轮的转速变化信号。在 2 挡时，大太阳轮被制动，因为两个传感器插反，所以此时，车速传感器 G68 收不到车速信号，从而又降入 1 挡，如此反复，车辆升不到 3 挡。由于插错的这两个插头，输出的是两个完全相反的错误信号，ECU 无法按储存的程序发出正确指令进行控制，结果导致自动变速器频繁跳挡。但是因 ECU 能收到转速传感器信号，所以 ECU 不会存储故障代码。

任务 4.3　万向传动装置与驱动桥故障诊断与分析

【任务描述】

（1）掌握万向传动装置与驱动桥的常见故障的现象、原因。

（2）掌握万向传动装置与驱动桥的故障诊断程序。

【基本知识】

万向传动装置的作用是在轴间夹角及相互位置经常变换的变速器与驱动桥之间传递动力。对于发动机前置后轮驱动的轿车，由于变速器、离合器、发动机等支承在车架上，而驱动桥则通过悬架系统与车架相连，因此，从变速器至驱动桥的动力传递要经过万向传动装置来完成。图 4-11 所示为变速器与驱动桥之间的万向传动装置。

万向传动装置主要由万向节和传动轴组成，必要时还加装中间支承。

万向传动装置的常见故障有传动轴振动和噪声、启动撞击及滑行异响等。

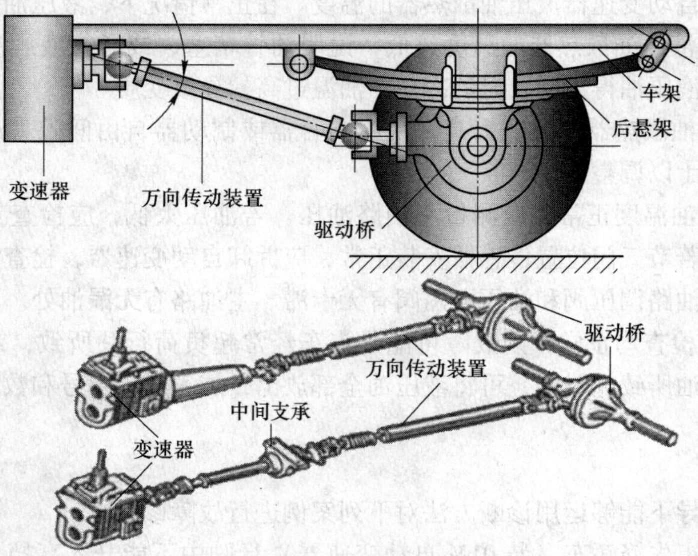

图 4-11　变速器与驱动桥之间的万向传动装置

驱动桥通常由主减速器、差速器、半轴和驱动桥壳组成。其作用是将万向传动装置传来的发动机动力经降速增矩改变传动方向后，分配给左、右驱动轮，并且允许左、右驱动轮以不同的转速旋转。图 4-12 所示为非断开式驱动桥结构。

驱动桥常见的故障有异响、发热和漏油等。

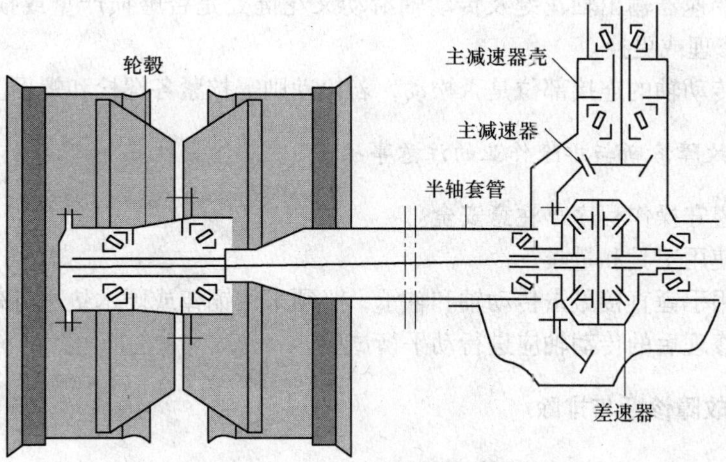

图 4-12　非断开式驱动桥结构示意图

4.3.1　万向传动装置的故障诊断

4.3.1.1　传动轴振动和噪声

A　故障现象

汽车在中速或高速行驶时，传动轴振动，并引起车身的振动和噪声。

B　故障原因

(1) 传动轴弯曲或扭转变形。

(2) 传动轴不平衡。

(3) 十字轴万向节的轴承磨损或失效。

C　故障诊断

(1) 首先检查传动轴直线度误差，若超出允许范围，应进行校正或更换。

(2) 检查传动轴是否平衡。若不平衡应检查装配标记是否对正，轴两端万向节叉是否装在同一平面内。

(3) 检查十字轴万向节的轴承是否磨损严重或失效，若磨损严重或失效应及时更换。

(4) 检查支承、花键、缓冲橡胶垫等是否损坏，紧固螺栓是否松动，若有松动或损坏，应予以紧固、检修或更换。

4.3.1.2　启动时万向传动装置有撞击声或滑行时异响

A　故障现象

启动发动机时，传动轴有撞击声，或滑行时传动轴异响。

B　故障原因

(1) 万向节磨损或损伤。

（2）变速器输出轴花键及传动轴滑动叉花键处磨损或损伤。

（3）传动轴连接部位松动。

C　故障诊断

（1）检查万向节是否磨损严重或损伤，若磨损严重或损伤，应更换零件。

（2）检查变速器输出轴花键及传动轴滑动叉花键处是否磨损严重或损伤，若磨损严重或损伤，以修理或更换。

（3）检查传动轴的连接部位是否松动，若松动则需拧紧各螺栓和螺母。

4.3.1.3　故障诊断与排除作业的注意事项

（1）严格遵守操作程序，注意安全。

（2）正确使用工具和量具。

（3）不能用手锤直接敲击传动轴和轴承，必须采用铜棒或硬木垫进行敲击。

（4）经过修理后的传动轴应进行动平衡试验。

4.3.2　驱动桥故障诊断与排除

4.3.2.1　驱动桥异响

驱动桥的异响可分为驱动时发出的异响、滑行时发出的异响和转弯时发出的异响。

A　故障现象

（1）汽车起步、转弯或突然改变车速行驶时驱动桥异响。

（2）当汽车起步、转弯或突然改变车速行驶时，驱动桥发出较大响声，而当直行、滑行或低速行驶时响声减弱或消失。

B　故障原因

（1）后桥壳内润滑不良。

（2）圆锥滚子轴承预紧度调整不当。

（3）圆锥或圆柱主、从动齿轮，行星齿轮和半轴齿轮等啮合间隙过大或过小，齿面磨损严重、轮齿折断、变形或啮合印痕不符合要求。

（4）半轴齿轮与半轴的花键配合松旷，差速器壳与十字轴配合松旷或行星齿轮孔与十字轴配合松旷。

（5）主减速器主动齿轮紧固螺母或从动齿轮连接螺钉松动，或驱动桥壳体、主减速器壳体变形。

C　故障诊断

（1）首先检查后桥壳内润滑情况，若漏油应更换垫圈，油量不足应及时补充。

（2）停车检查。

1）将驱动桥架起，启动发动机并挂上挡，然后急剧改变车速，察听驱动桥响声来源，以判断故障所在部位。

2）将发动机熄火，并将变速器放入空挡，在传动轴停止转动后，用手转动主动齿轮凸缘，若齿轮啮合间隙过大，则会有松旷的感觉。若感到一点活动量都没有或很小，则说明啮合间隙过小，应分别进行调整；若感到活动量很大，且有不正常的响声，应拆下主减速器进行修理。

(3) 行车检查。

1) 当汽车加速前进或放松油门踏板降速时，听到“嗞嗞”的噪声，这可能是齿轮啮合间隙过小或啮合不良，应按规定重新调整。

2) 当汽车在行驶中连续发响，车速越高，噪声越大，而在滑行时，噪声减小或消失。则轮毂轴承、主减速器轴承或差速器轴承磨损松旷，应更换轴承。

3) 当汽车下坡或速度急剧变化时，发出“咯啦咯啦”的碰撞声，而正常行驶中消失或减小，则为齿轮啮合间隙过大，应予以调整，如调整后还不能消除，则应更换齿轮。

4) 当汽车转弯时发响严重，而在直行时响声不明显，则可能是差速器两侧轴承端间隙过大、差速器齿轮或止推垫片磨损严重、半轴齿轮及键磨损严重，应分别调整轴承的预紧度，或更换垫片及齿轮等。

4.3.2.2　驱动桥过热

A　故障现象

汽车在行驶一段路程后，用手触摸后桥，有烫手感觉。

B　故障原因

(1) 齿轮油型号不对或油量不足。

(2) 轴承预紧度过大。

(3) 齿轮磨损严重。

(4) 主、从动锥齿轮啮合间隙过小。

C　故障诊断

(1) 检查齿轮油量是否充足，若不足应将齿轮油加至规定高度。

(2) 检查齿轮油型号是否正确。若不正确应将原油放完，并冲洗桥壳内部，换上规定型号的齿轮油。

(3) 检查驱动桥轴承的预紧度是否过大，若过大应重新调整。

(4) 检查齿轮的磨损是否严重，若磨损严重应更换齿轮。

(5) 检查主、从动锥齿轮的啮合间隙是否过小，若过小应重新调整。

4.3.2.3　驱动桥漏油

A　故障现象

驱动桥减速器衬垫或放油螺塞周围漏油。

B　故障原因

(1) 油面过高。

(2) 通气塞堵塞。

(3) 油型号不对。

(4) 油封磨损或损坏，放油螺塞松动或垫片损坏。

(5) 桥壳有裂纹。

C　故障诊断

(1) 检查齿轮油的油面高度，若油面过高，应放掉多余的齿轮油，调整至合适的位置。

（2）检查通气塞是否堵塞，若堵塞应予以检修。

（3）检查放油螺塞是否松动，垫片是否损坏，若损坏应更换垫片，并拧紧放油螺塞。

（4）检查油封是否磨损或损坏，若磨损或损坏应更换油封。

（5）检查齿轮油型号是否正确，若不正确应放出所有齿轮油，并加注规定型号的齿轮油。

（6）检查桥壳有无裂纹，若有裂纹应修理或更换。

4.3.2.4 主减速器和差速器的常见故障诊断

A 故障现象

漏油；主动锥齿轮轴漏油；有杂音。

B 故障原因

（1）油封有磨损或毁坏。

（2）轴承固定螺母松脱。

（3）变速器壳断裂。

（4）油量太多或油质不良。

（5）前端凸缘松开或磨损。

（6）油量太少或油质差。

（7）主、从动锥齿轮或差速器齿轮之间齿隙过大。

（8）主、从动锥齿轮或差速器齿轮磨损。

（9）主动锥齿轮轴承有磨损。

（10）轮毂轴承有磨损。

（11）差速器轴承松脱或磨损。

C 故障诊断

（1）更换油封。

（2）更换固定螺母。

（3）泄掉并更换油料。

（4）拧紧或更换凸缘。

（5）如必要则修理主减速器。

（6）检查齿轮，拧紧或更换轴承。

4.3.2.5 故障诊断与排除作业的注意事项

（1）严格遵守操作程序，注意安全。

（2）正确使用工具和量具。

（3）拆检时，为了防止错乱，应做好记号；装配时，对准记号按原位置装配。

（4）在拆装过程中各部位调整垫片的数量、总厚度都应做好记录，以免错乱。

【任务实施】

在老师的指导下能够运用诊断方法对下列案例进行故障诊断。

一辆本田雅阁轿车在起步、变速过程中放松离合器踏板时，传动轴会出现一种明显、清脆的金属敲击声，像用铁锤敲击传动轴轴管所发出的响声。汽车以高速挡低速行驶时，其响声连续而有节奏。

当汽车出现上述响声时，用三角木块塞住汽车后轮。将变速器操纵杆置于空挡位置，并放松驻车制动器操纵杆；再用双手沿圆周方向左右扭动主动或从动凸缘叉，结果发现十字轴及其轴承磨损严重。更换十字轴及其轴承，故障消失。

经分析，该故障原因是万向节轴承松旷，及万向节轴承间隙太大，一旦放松离合器踏板，主、从动件接触时就会发生撞击，因此会出现金属敲击声。汽车在高速挡低速行驶时，因发动机运转不均匀，传动轴会发生抖动，所以此时又会出现连续而有节奏的响声。

任务 4. 4　转向系统故障诊断与分析

【任务描述】

汽车行驶过程中，需要经常改变行驶方向，汽车转向是通过转向轮偏转的一定角度来实现的。汽车按驾驶员的操纵使转向轮偏转以实现转向行驶的一套机构，称为汽车转向系统。转向系统出现故障将直接影响到汽车行驶的安全性和稳定性。通过对本任务的学习，要求学生具备以下能力：

（1）掌握转向系的常见故障的现象、原因。

（2）掌握转向系的故障诊断程序。

【基本知识】

汽车转向系统按转向动力源的不同分为机械转向系统和动力转向系统两大类。

机械转向系统由转向操纵机构、转向器和转向传动机构三大部分组成，如图 4-13 所示。

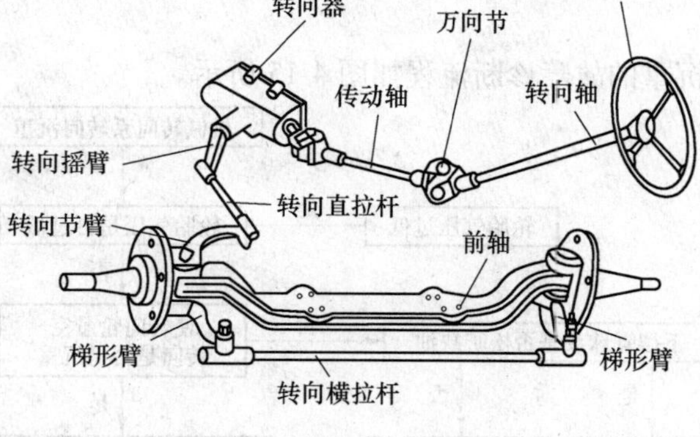

图 4-13　机械转向系的组成

如图 4-14 所示，动力转向系是在机械转向系的基础上加了一套转向加力装置，分别为转向液压泵，转向动力缸，转向控制阀。转向液压泵是液压动力转向系统的动力源，它的作用是将发动机产生的机械能转变为驱动转向动力缸工作的液压能，再由转向动力缸驱动转向车轮；转向动力缸是将转向液压泵提供的液压能，转变为驱动转向车轮偏转的转向助力执行元件；转向控制阀是在驾驶员的操纵下，控制转向动力缸输出动力大小、方向和增力快慢的控制阀。

4.4.1　机械转向系的故障诊断

4.4.1.1　转向沉重

A　故障现象

汽车行驶中，驾驶员向左、右转动方向盘时，感觉到沉重费力，无回正感；汽车低速转弯行驶和调头时，转动转向盘感到非常沉重，甚至打不动。

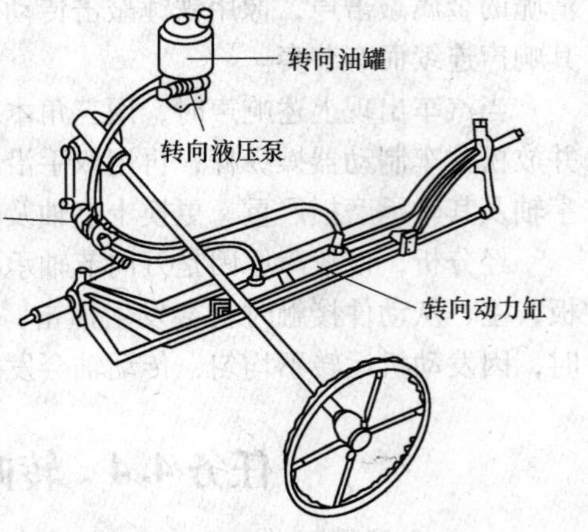

图 4-14　动力转向装置

B　故障原因

根本原因是转向轮气压不足或定位不准；转向系传动链中出现配合过紧或卡滞而引起摩擦阻力增大。具体原因如下：

（1）车轴、车架变形。

（2）转向柱弯曲变形或套管凹瘪造成相互碰撞。

（3）转向器润滑不良。

（4）转向器啮合间隙调整过小，应予调整。

（5）转向器壳体变形。

（6）转向纵、横拉杆球头连接处调整过紧或缺油。

（7）转向节主销与转向节衬套配合过紧或缺油。

（8）转向节止推轴承缺油。

（9）动力转向装置失效：转向油罐油液量不足或规格不对；油路堵塞；油路中有泄漏和有空气；转向泵传动带损坏或打滑，调节阀失效使输出油压过低。

C　故障诊断

机械转向系转向沉重的故障诊断流程如图 4-15 所示。

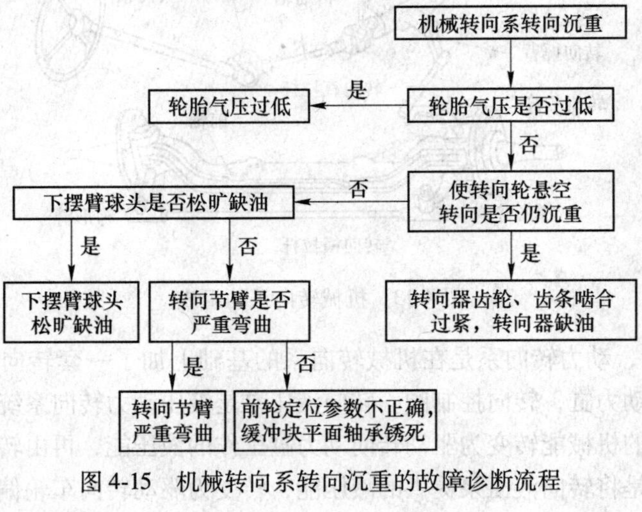

图 4-15　机械转向系转向沉重的故障诊断流程

4.4.1.2　转向不灵敏

A　故障现象

汽车保持直线行驶位置静止不动时，转向盘左右转动的游动角度太大。主要表现在汽车转向时感觉转向盘松旷量很大，需要用较大的幅度转动方向盘，方能控制汽车的行驶方向；而在汽车直线行驶时又感到行驶方向不稳定。

B　故障原因

（1）转向系传动链中一处或多处配合不当、磨损等原因造成松旷。

（2）转向器主动齿轮与齿条啮合间隙过大、轴承松旷。

（3）转向横拉杆及各连接杆件松旷。

（4）轮毂轴承预紧力调整不当或磨损松旷。

（5）转向节主销与衬套磨损松旷。

C　故障诊断

（1）检查转向盘自由转动量。若转向盘自由转动量正常，则故障的原因可能是前轮毂轴承间隙过大、主销与万向节衬套间隙过大，此时则应架起前桥用手扳动前轮检查前轮毂轴承间隙、万向节主销与衬套的配合间隙，以确诊故障部位；若转向盘自由转动量超标，则进行下一步检查。

（2）检查转向操纵机构。左右晃动转向盘，查看转向盘、转向轴、万向节、传动轴的传动是否松旷。若传动松旷，则故障在此；若传动正常，则进行下一步检查。

（3）检查转向器。检查时，一人抓紧转向横拉杆（即与转向齿条相连接的拉杆）固定不动，另一人左右转动转向盘，若自由转动量过大，则故障在转向器，说明转向器内部传动间隙过大。若转向盘自由转动量不大，则故障在转向传动机构。

（4）检测转向传动机构。检查时，一人左右转动转向盘，另一人观察各拉杆球头销的动作情况，以确定转向传动机构连接部件间隙过大或连接松动的具体故障所在。

4.4.1.3　转向轮抖动

A　故障现象

汽车在某低速范围内行驶或某高速范围内行驶时，出现转向轮各自围绕主销进行角振动的现象，尤其高速时，转向轮摆振严重，握转向盘的手有麻木感，甚至在驾驶室可看到汽车车头晃动。

B　故障原因

（1）转向轮旋转质量不平衡。

（2）转向轮轮毂轴承松旷。

（3）两转向轮定位不准确。

（4）转向器主从动部分啮合间隙大或轴承间隙大。

（5）转向器在车架上的连接松动。

C　故障诊断

转向轮抖动的故障诊断流程如图 4-16 所示。

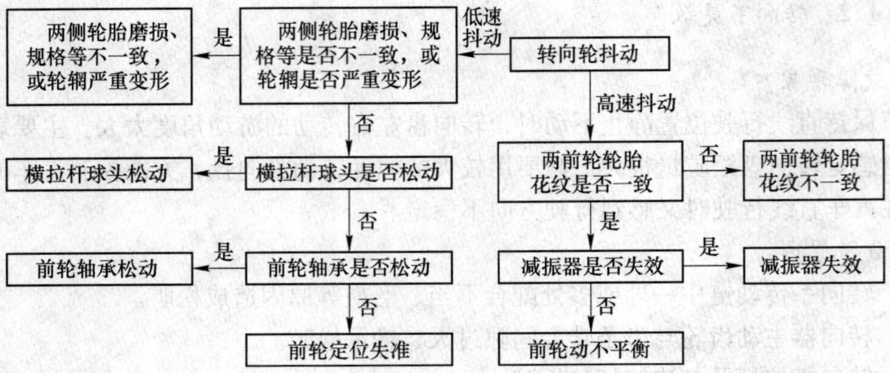

图 4-16 转向轮抖动的故障诊断流程

4.4.2 动力转向系的故障诊断

液压动力转向系统的常见故障主要是指液压助力系统因油压泄漏、渗入空气、动力转向泵失效、转向控制阀损坏和机械转向系统损坏而引起的转向沉重、车轮发飘和转向噪声等故障。故障诊断的重点在液压转向助力系统，而机械转向系统的诊断可参照前述内容。

4.4.2.1 转向沉重

A 故障现象

装有动力转向的汽车，本来转向应是很轻便的，但在汽车行驶中却感到转向困难、转向沉重。

B 故障原因

(1) 储液罐缺油或油液高度低于规定要求。

(2) 各油管接头处密封不良，有泄漏现象。

(3) 转向液压回路中渗入了空气。

(4) 油管变形、油路堵塞。

(5) 动力转向泵传动带张紧力不足，传动带打滑。

(6) 动力转向泵内部磨损、泄漏严重，使泵输出压力达不到标准。

(7) 动力转向泵内调压阀失效，使输出油压过低。

(8) 转向控制阀、动力油缸内部泄漏。

(9) 机械转向系统损坏或调整不当。

C 故障诊断

(1) 检测轮胎气压是否正常，按规定气压充气。

(2) 检测转向液压系统各油管接头是否泄漏，检查油管有无损坏、变形或裂纹。一旦发现油管有缺陷应予以更换；若油管接头泄漏，应予以拧紧，必要时更换油管重接。

(3) 检查储液罐内的油液质量和液面高度。若油液变质则应重新更换规定油液；若液面低于规定高度，则应找出油液液面过低的原因，重新加油使液面达到规定的液面高度。

(4) 检查油路中是否渗入空气，若发现储液罐中的有油液有气泡，说明油路中有空气渗入，此时应检查空气渗入系统的原因，检查油管接头松动、油管裂纹、密封件损坏、储液罐液面过低等情况并排除故障，然后对液压系统进行排气操作，最后加注转向液至规定的液面高度。

(5) 检查动力转向泵传动带的张紧程度，察看传动带是否打滑或有无损坏。发现问题应按规定调整传动带紧度或更换新传动带。

(6) 就车重检。启动发动机，将转向盘向左、右极限位置来回转动，若转向轻便，说明故障通过上述步骤已经排除；若左右转向仍然沉重，则故障可能在动力转向泵、动力油缸或转向传动机构；若左右转向助力不同，则故障可能在转向控制阀。

(7) 检测动力转向泵输出油压以确诊故障所在部件。检测前将与规定油压相适应的压力表（带阀门）连接在动力转向泵压力输出口与转向控制阀压力输入油管之间。检测时，打开压力表阀门至全开，启动发动机使其在怠速运转，转动转向盘至左极限或右极限位置，测量转向泵的输出油压。若油压达不到原厂规定的压力，且在逐步关闭压力表阀门时，油压也不能提高，则说明动力转向泵有故障；若油压未达到原厂的规定值，但在逐步关闭压力表阀门时油压有所提高，油压可达到规定值，则说明动力转向泵良好，故障在转向控制阀或动力缸；若检测时油压正常，则故障在机械转向系统。

(8) 检测机械转向系统。转动转向盘，查看与转向柱轴相关的元件是否转动灵活，查看万向节、各传动杆件球头连接部位是否过紧，查看万向节推力轴承是否缺油或损坏，发现问题应予以调整或更换重装，若这些均正常，则故障在转向器，应检查齿轮齿条转向器，调整齿轮顶块的压紧力，使齿条与齿轮的侧向间隙合适，保证齿条移动自如，对于弯曲的齿条应予以更换。

4.4.2.2　车辆发飘

A　故障现象

车辆发飘是指转向盘居中时，汽车向前行驶过程中从一侧飘向另一侧的现象。发飘的汽车直线行驶时，容易跑偏。

B　故障原因

(1) 转向控制阀扭力杆弹簧损坏或太软，难以克服转向器逆向传动阻力，使控制阀不能及时回应。

(2) 油液脏污使阀芯与阀套运动受到阻滞。

(3) 转向控制阀阀芯偏离中间位置，或虽然在中间位置但与阀套槽肩两边的缝隙大小不一致。

(4) 机械转向系统的传动间隙过大，或连接件松动，或磨损过甚。

(5) 车轮定位不当。

(6) 轮胎压力或尺寸不正确。

C　故障诊断

(1) 检测机械转向系统传动部件的连接件是否松动，各部件间隙是否过大，传动是否松旷，排除机械转向系统故障。

(2) 检测轮胎尺寸，调节轮胎气压。

(3) 检测油液是否脏污。对于新车或大修后的车辆，由于不认真执行走合期维护的换油规定，往往易使油液脏污。对于脏污的油液应进行更换。

(4) 检测转向控制阀。在不启动发动机的情况下转动转向盘，凭手感判断转向控制阀是否开启或运动自如。若有怀疑，一般应进行拆卸检查。

(5) 经上述检查若车辆仍然发飘，则应检查悬架元件是否损坏、车轮定位是否正确、车轮转动是否阻滞，以确诊故障所在。

4.4.2.3 转向噪声

A 故障现象

汽车转向时，转向系出现过大的异响。

B 故障原因

(1) 机械转向系统传动部件松动导致转向噪声过大。

(2) 动力转向泵损坏或磨损严重。

(3) 动力转向泵传动带松动或打滑引起噪声过大。

(4) 转向控制阀性能不良。

(5) 油管接头松动或油管破裂使液压系统渗入空气导致噪声过大。

(6) 滤油器滤网堵塞，或是液压回路中有过多的沉积物。

C 故障诊断

(1) 转向时若发出“咔嗒”声，则可能是转向柱轴接头松动、横拉杆松动或球形接头松动，应检查上述部位，必要时进行紧固或更换损坏的部件；若转向柱轴摆动严重，则应更换转向柱总成；若转向器安装过松，则应进行紧固；对于连接处的润滑部位应进行必要的润滑。另外，转向泵带轮松动也会发出“咔嗒”声，所以还应检查转向泵带轮是否松动，必要时拧紧或更换带轮，以消除其噪声故障。

(2) 转向时若发出“嘎嘎”声，且转向盘从一侧极限位置转动另一侧极限位置时，噪声更大，则可能是动力转向泵传动带打滑所致。此时可检查传动带松紧程度及磨损情况，视需要张紧或更换传动带。

(3) 转向时若转向泵发出“咯咯”声，则可能是转向液中有气泡，以致油液流动时产生气动噪声。此时首先检查液面高度，若液位过低，则应检查、排除泄漏故障，并向储液罐加油液到正确位置。然后检查软管是否破损或卡箍是否松开，致使空气进入系统，必要时更换损坏的软管或卡箍。确认动力转向系统内液体有空气渗入后，应将空气从动力转向系统中清除，以消除气动噪声。若转向泵发出“嘶嘶”声或尖叫声，而转向液压系统无漏气现象，且传动带紧度正常，则说明油路有堵塞处或转向泵严重磨损及损坏，应予以修复或更换。

(4) 当转向盘处于极限位置或原地慢慢转动转向盘时，若转向器发出严重的“嘶嘶”声异响，则可能为转向控制阀性能不良，应更换控制阀进行对比检查以确诊故障。

【任务实施】

在老师的指导下能够运用诊断方法对下列案例进行故障诊断。

案例一：

一辆皇冠2.8轿车，动力转向系统转向助力效果逐渐减弱，转向沉重。经检查，液压系统不存在泄漏且油面高度正常。

检查动力转向系统中的叶片式油泵输油压力是否正常。为此，将油压表的一端接在油泵的输出端，另一端接在转向助力器的输入端，使发动机怠速运转，在油压表阀门（位于输出端）全闭的情况下测得油压为 3.5MPa，而标准值应大于 7.0MPa，说明油泵有故障。然后将转向盘分别转到左、右极限位置，打开压力表阀门，分别测油压，结果仍为 3.5MPa。这说明转向助力器、安全阀及溢流阀均正常。

拆检叶片泵，发现泵内的各滑片表面磨损严重，厚度为 1.35mm，而标准值为 1.55mm，从而导致油泵泵油压力不足，引起转向助力不良。更换滑片、弹簧和弹簧座后，泵油压力恢复正常，故障排除。

案例二：

捷达 GTX 行驶 9.5 万千米，原地转动转向盘，每转动一下，都听到“哐”的一声。

举升汽车，转动转向盘时使用听棒，听出异响出自转向机。拆下转向机两端的防尘套，从里面流出很多带铁锈的水。更换转向机，异响消失。

转向机虽然有防尘套防护，冲洗发动机时如将高压水直接冲向转向机，水会浸入防尘套，进入转向机，其后极难排出。转向机齿轮、齿条因缺少润滑并被水腐蚀，会锈蚀、磨损、松旷，甚至能使转向机卡住，出现转不动转向盘的现象。

任务 4.5　制动系统故障诊断与分析

【任务描述】

汽车制动系统是保障汽车行车安全，充分发挥汽车动力性，提高汽车运用效率和运输生产率的必要装置。随着汽车速度的不断提高和对安全性要求的增强，汽车上必须装有制动性能和制动稳定性良好、工作可靠、操纵轻便的制动系统。通过对本任务的学习，要求学生具备以下能力：

（1）掌握制动系的常见故障的现象、原因。

（2）掌握制动系的故障诊断程序。

【基本知识】

汽车制动系包括四个组成部分：供能装置（包括供给、调节制动所需能力以及改善传能介质状态的各种部件）、控制装置（踏板机构）、传动装置和制动器。

完整的制动系应具有独立的行车制动系和驻车制动系，有的还有紧急制动、安全制动或辅助制动装置。行车制动系按制动装置的不同，可分为液压制动系（图 4-17）和气压制动系；驻车制动系一般采用机械式结构。

此外，随着电子技术的发展和微型电子计算机在汽车上的运用，电子控制的汽车防抱死制动系统 ABS 被广泛应用，全面提高了汽车的制动性。

4.5.1　液压式制动系统的故障诊断

4.5.1.1　制动失效

A　故障现象

汽车行驶中，踩下制动踏板车辆不减速，即使连续踩几脚制动也无明显作用。

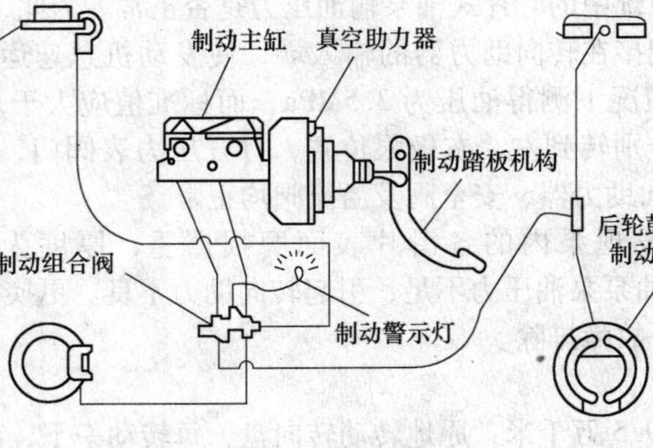

图 4-17　液压式制动系统的组成

B　故障原因

(1) 制动液不足或没有制动液。

(2) 制动管路破裂或接头松脱。

(3) 制动总缸或轮缸密封圈磨损严重或破损。

(4) 制动系统中有空气或制动主缸与制动踏板的连接脱开。

C　故障诊断

液压制动系统制动失效的故障诊断流程如图 4-18 所示。

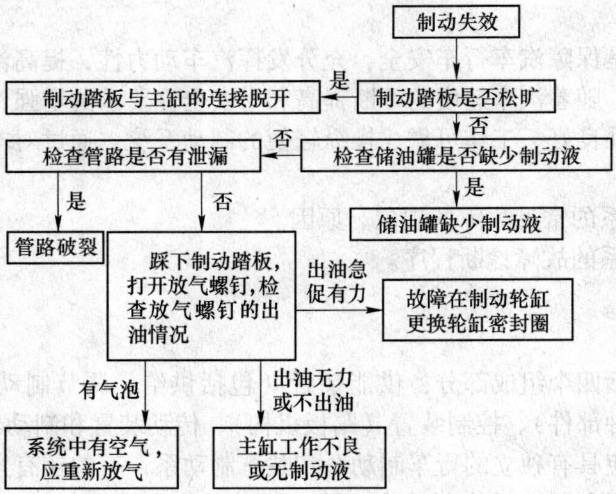

图 4-18　制动失效的故障诊断流程

4.5.1.2　制动不良

A　故障现象

踩下制动踏板时，不能产生足够的制动力，致使车辆制动距离过长。

B　故障原因

(1) 制动踏板自由行程过大。

(2) 制动系统中有堵塞或漏油现象。

(3) 制动液质量不符合要求或不足。

(4) 制动系统中有空气。

(5) 摩擦片与制动鼓或制动盘贴合不良。

(6) 制动间隙过大或间隙自调装置失效。

(7) 摩擦片质量不符合要求或表面有油污、磨损压制等。

(8) 真空助力器工作不良或失效。

C　故障诊断

制动不良的故障诊断流程如图 4-19 所示。

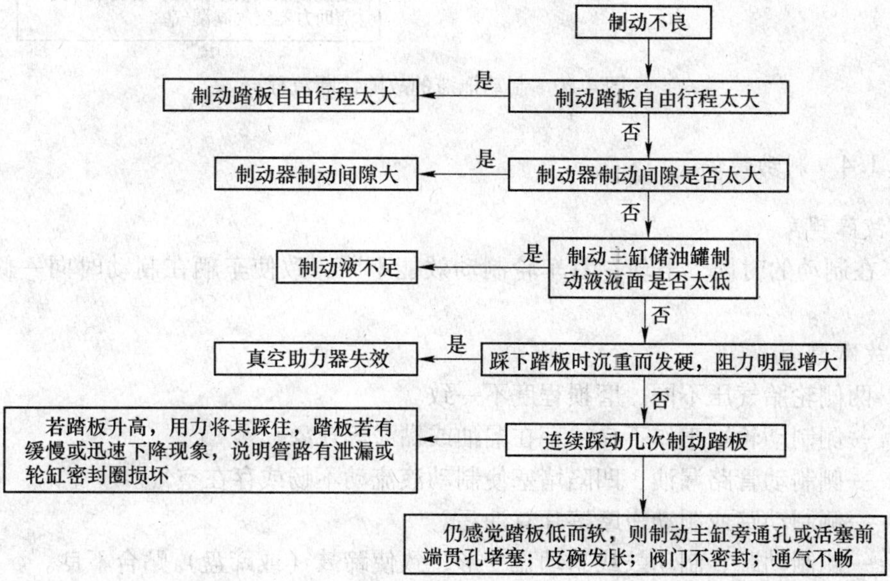

图 4-19　制动不良的故障诊断流程

4.5.1.3　制动拖滞

A　故障现象

制动后抬起制动踏板时，车辆行驶无力，起步困难，有制动感，制动鼓或制动钳有大量发热的情况。

B　故障原因

(1) 制动踏板自由行程、制动间隙、主缸活塞与推杆间隙过小，踏板回位不良等。

(2) 车轮制动器制动蹄回位弹簧弹力减弱或折断。

(3) 制动主缸或轮缸活塞运动卡滞；制动主缸补偿孔堵塞或活塞回位弹簧弹力减弱。

(4) 制动管路堵塞致使回油不畅。

(5) 真空助力器内部卡滞。

(6) 制动钳支架或制动底板松动、制动盘翘曲变形。

C　故障诊断

制动拖滞的故障诊断流程如图 4-20 所示。

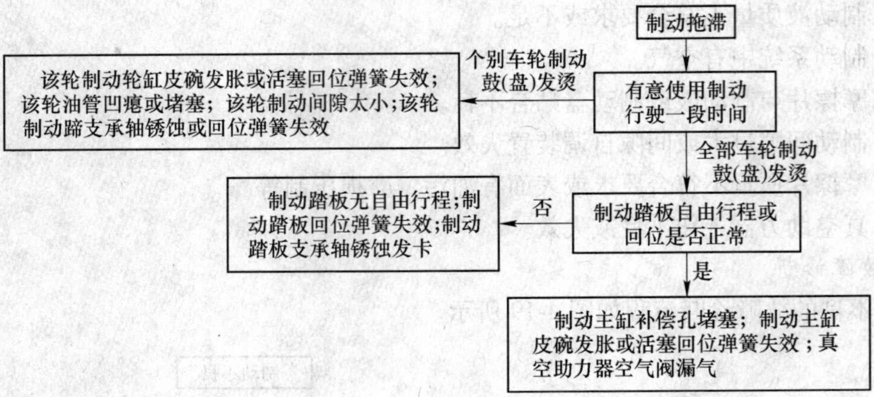

图 4-20　制动拖滞的故障诊断流程

4. 5. 1. 4　制动跑偏

A　故障现象

汽车在制动的时候，出现左右车轮制动效能不同，致使车辆在制动时向一侧偏斜或偏驶。

B　故障原因

（1）两侧轮胎气压不同、磨损程度不一致。

（2）一侧制动轮缸工作不良，存在漏油或黏滞等现象。

（3）一侧制动管路漏油、凹陷堵塞使制动液流动不畅或存在空气。

（4）一侧制动蹄或制动钳摩擦片有油污。

（5）一侧制动蹄、制动鼓或制动盘变形，致使蹄鼓（或蹄盘）贴合不良。

（6）两侧车轮制动器制动间隙、摩擦片磨损程度不一致。

（7）一侧制动底板或制动钳支架紧固螺栓松动。

（8）两侧轮毂轴承预紧度调整不一致。

（9）前轮定位失准，两侧主销内倾、主销后倾、车轮外倾角不一致，悬架固定件松动等。

C　故障诊断

制动跑偏的故障诊断流程如图 4-21 所示。

4. 5. 2　气压式制动系统的故障诊断

4. 5. 2. 1　制动失效

A　故障现象

汽车行驶中，踩下制动踏板车辆不减速，即使连续踩几脚制动也无明显作用。

B　故障原因

（1）制动踏板与制动控制阀的连接脱开。

（2）制动控制阀的进气阀打不开或排气阀严重关闭不严。

（3）制动控制阀、制动气室膜片严重破裂或制动软管破裂。

（4）空气压缩机出气管堵塞或制动管路内结冰。

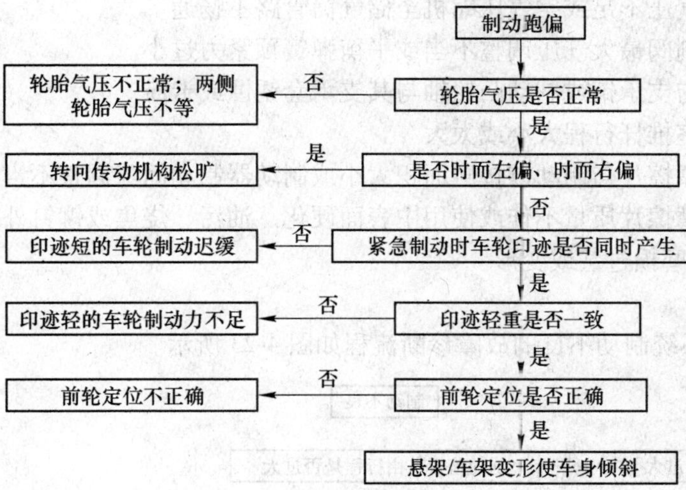

图 4-21 制动跑偏的故障诊断流程

C 故障诊断

气压式制动系统的制动失效故障诊断流程如图 4-22 所示。

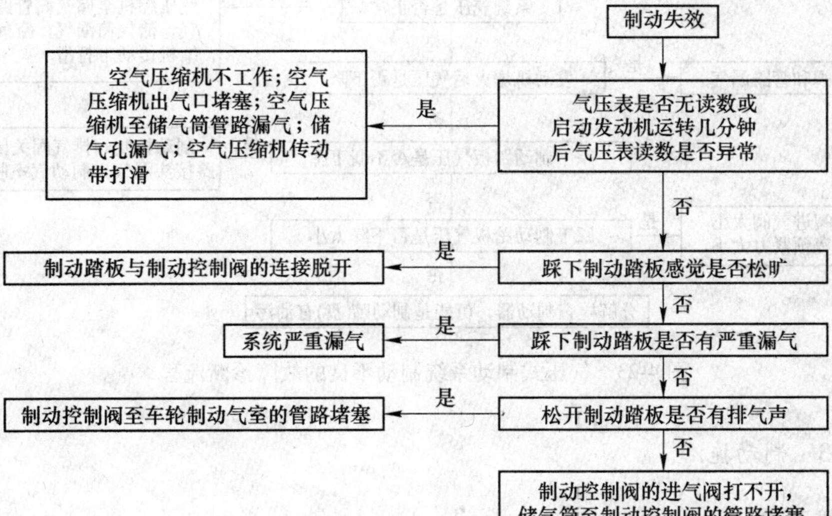

图 4-22 气压式制动系统的制动失效故障诊断流程

4.5.2.2 制动不良

A 故障现象

踩下制动踏板时，不能产生足够的制动力，致使车辆制动距离过长。

B 故障原因

(1) 制动踏板自由行程太大。

(2) 制动控制阀或制动气室膜片破裂。

(3) 制动管路凹瘪、内壁积垢严重或软管内孔不畅通或漏气。

（4）储气筒气压不足或空气压缩机至储气筒管路不畅通。

（5）制动控制阀最大气压调整不当或平衡弹簧预紧力过小。

（6）制动蹄与支承销或制动凸轮轴与其支承套锈蚀或卡滞。

（7）制动气室推杆行程太小或太大。

（8）制动蹄摩擦片与制动鼓接触面积太小或制动器制动间隙调整不当。

（9）制动蹄摩擦片质量不佳或使用中表面硬化、油污、烧焦或铆钉外漏。

（10）制动鼓磨损过甚或变形。

C　故障诊断

气压式制动系统制动不良的故障诊断流程如图 4-23 所示。

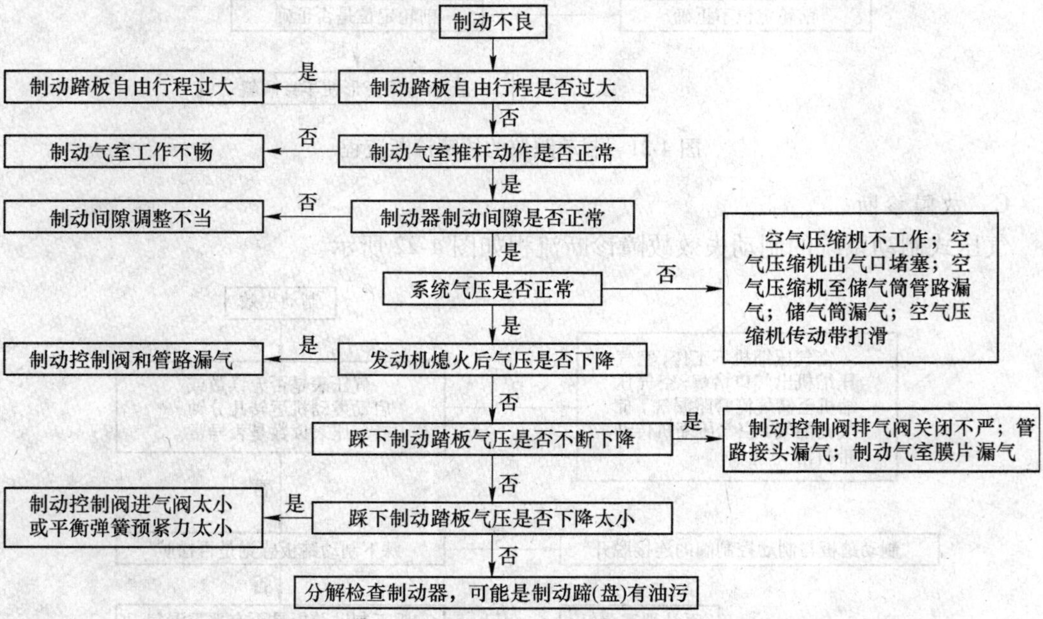

图 4-23　气压式制动系统制动不良的故障诊断流程

4.5.2.3　制动拖滞

A　故障现象

制动后抬起制动踏板时，车辆行驶无力，起步困难，有制动感，制动鼓或制动钳有大量发热的情况。

B　故障原因

（1）制动踏板自由行程太小，致使制动控制阀的排气阀开启程度太小。

（2）制动控制阀膜片回位弹簧或排气阀弹簧疲劳、折断。

（3）制动踏板卡滞或踏板回位弹簧疲劳、拉断、脱落。

（4）制动控制阀的排气阀橡胶阀面发胀、发黏、损伤，或阀门口上堆积污垢、胶质太多。

（5）制动气室膜片回位弹簧疲劳、折断。

（6）制动蹄回位弹簧疲劳、拉断或脱落。

（7）制动间隙过小或调整不当。

（8）制动凸轮轴与其支承或制动蹄与其支承锈蚀或卡滞。

C　故障诊断

气压式制动系统制动拖滞的故障诊断如图 4-24 所示。

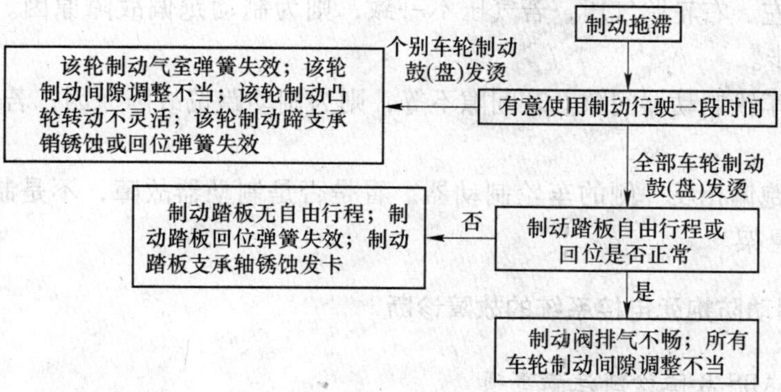

图 4-24　气压式制动系统制动拖滞的故障诊断流程

4.5.2.4　制动跑偏

A　故障现象

同液压制动跑偏故障现象。汽车制动时自动向一侧偏驶。

B　故障原因

（1）车轮制动器故障。

1）各车轮制动促动凸轮轴转角相差过大，或制动促动凸轮轴与支架配合、磨损程度不一致，某制动促动凸轮轴转动不灵活。

2）各车轮制动器的制动间隙，制动蹄摩擦片的质量，以及制动蹄摩擦片与制动鼓的接触贴合状况相差过大。

3）各车轮的制动鼓直径、圆度、圆柱度等技术指标相差过大，各制动鼓工作表面状况相差过大。

4）车轮制动器的蹄片回位弹簧弹力相差过大，制动蹄轴与衬套配合、磨损程度不一致。

（2）制动器气室故障。

1）某车轮制动器的制动气室进气管被压扁、锈蚀堵塞，或进气软管老化发胀、进气管接头松动、漏气。

2）某制动气室壳体连接螺栓松动，引起漏气，或制动气室的膜片老化、破裂。

3）各车轮制动器的制动气室推杆行程不一致，或某制动气室推杆有卡滞现象。

（3）其他故障。

1）车辆严重偏载，使车身偏斜。

2）车辆左右轮胎气压不一致。

3）车轮左右轮胎规格不一致，轮胎花纹磨损程度相差过大。

4）车辆两侧悬架弹簧的弹力不一致。

5）车架变形，车桥位移。

6）前轮定位失准或转向系统松旷。

7）路面两侧附着系数相差大，路面向一侧倾斜。

C　故障诊断

（1）检查左、右轮胎气压，若气压不一致，则为制动跑偏故障原因。若气压符合标准，进行下一步。

（2）检查车辆制动器间隙。若间隙不等，则为制动跑偏故障原因；若间隙符合标准，则进行下一步。

（3）拆检跑偏相反一侧的车轮制动器，看是否是制动器故障，不是制动器故障，则故障在车架或悬架。

4.5.3　ABS 制动防抱死电控系统的故障诊断

4.5.3.1　ABS 故障诊断注意事项

（1）保证常规制动系统工作正常无故障。

（2）在点火开关接通状态下检测 ABS 时，不要拆卸或安装执行器和电气元件，以防损坏。

（3）所有车轮上必须安装规定的相同尺寸的轮胎；轮胎的气压要符合规定。

（4）液压管路不能有泄漏。

（5）启动车辆后，踏板可能会有诊断或听见噪声，属于正常现象。

（6）检修时应用手晃动线束及其接头、端口等，以确认所有连接牢固且未损坏。

（7）供电电压正常（不低于 10.5V）。

（8）检查驻车制动器是否完全释放。

4.5.3.2　ABS 诊断的流程

ABS 诊断流程如图 4-25 所示。

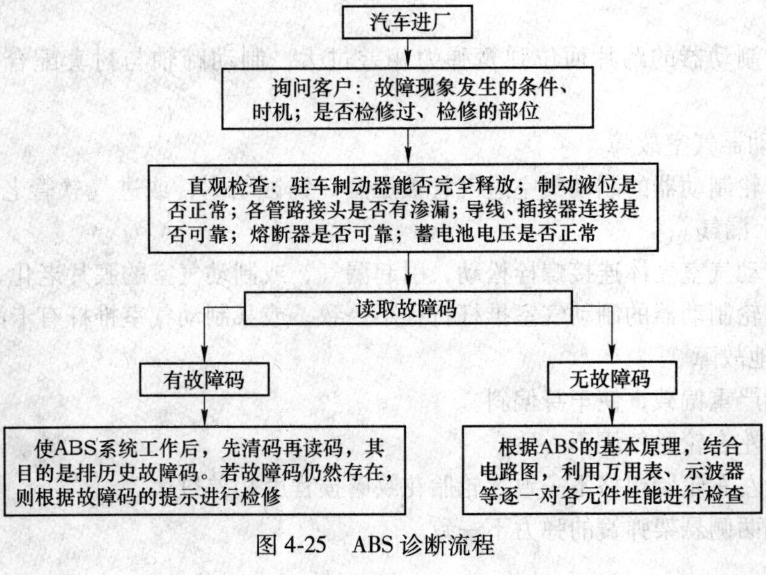

图 4-25　ABS 诊断流程

4.5.3.3 ABS 自诊断

汽车在行驶过程中，当 ABS 发生故障时，ABS ECU 立即切断控制电路，启动失效保护模式。此时取消 ABS 的防抱死制动功能，并接通 ABS 故障指示灯电路，点亮 ABS 故障指示灯进行报警，此时常规制动系统仍然能工作。与此同时，控制系统还将故障代码储存在存储器中，以供检测与维修时调取 。

（1）点火开关一接通，ECU 就立即对其外部电路进行自检。两个故障警告灯正常点亮的情况是：当点火开关打开启动至自检结束（大约 3s），在拉紧驻车制动装置时 REAK 警告灯点亮，ABS 警告灯亮后，又熄灭。如果上述情况灯不亮，说明故障警告灯本身线路有故障。

（2）如果 ABS 故障灯常亮，说明 ABS 系统出现故障，如果制动装置警告灯常亮，说明制动液缺乏。

发动机发动后，车速第一次达到 60km/h 时 ABS 系统完成自检。

在自检过程中，发现异常或在工作中 ABS 工作失常，ECU 就停止使用 ABS，同时制动警告灯亮起，并储存故障代码。

4.5.3.4 ABS 故障码的读取与清除

A 人工法

a 人工法读取（以凌志 LS400 为例）

（1）脱开发动机室内的维修连接器。

（2）跨接驾驶室内 TDCL 或发动机室内检查连接器的 T_C 和 E_1 端子。

（3）从 ABS 警告灯的闪烁读取故障码。如果有多个故障，数字较小的故障码先显示：

11 —— ABS 电磁阀继电器断路；

21 ——右前轮三位三通电磁阀电路断路或短路。

b 人工法清除（以凌志 LS400 为例）

（1）跨接驾驶室内 TDCL 或发动机室内检查连接器的 T_C 和 E_1 端子。

（2）在 3s 内踩下制动踏板 8 次或 8 次以上，即可清除存储在 ECU 中的故障码。

（3）从 TDCL 或检查连接器上拆下。

（4）接上维修连接器。

B 仪器法

利用专用仪器对车进行故障诊断。

4.5.3.5 ABS 故障的一般检测方法

A 车速传感器故障的检查

（1）常见故障。

1）感应线圈短路、断路或接触不良。

2）齿圈有缺损或脏污。

3）探头部分安装不牢或磁极与齿圈之间有脏物。

（2）检查方法。

1）直观检查传感器、导线及插接件有无松动。

2）用电阻表检测传感器感应线圈电阻，电阻过大或过小应更换。

3）用交流电压表测量传感器的输出信号电压，车轮转动时，应为 2V 以上，随转速的增高而升高。

4）用示波器检测传感器的输出信号电压波形，正常的波形应是均匀稳定的正弦电压波形。

B ECU 故障的检查

（1）检查 ECU 线束插接器有无松动，连接导线有无松脱。

（2）检测 ECU 线束插接器各端子的电压值、波形或电阻，如果与标准值不符，且与之相连的部件和线路正常，则应更换 ECU。

（3）直接采用替换法检验，即在检查各传感器、继电器、电磁阀及其线路均无故障时，会怀疑是否是 ECU 有故障，这时，可以用新的 ECU 替代，如果故障现象消失，怀疑就被证实。

C ABS 制动压力调节器的检查

（1）可能故障。

制动压力调节器电磁阀线圈不良或制动压力调节器中的阀有泄漏。

（2）检查方法。

1）用电阻表检测电磁阀的电阻，如果电阻无穷大或过小，均说明电磁阀有故障。

2）加电压试验，将制动压力调节器电磁阀加上其工作电压，看阀是否能正常动作，若不能，则更换。

3）解体后检查，如果怀疑是制动压力调节器有问题，则应在其内无高压制动液时，仔细拆开进行检查。

【任务实施】

在老师的指导下能够运用诊断方法对下列案例进行故障诊断。

BJ2020 汽车踩下制动踏板，制动助力不明显，在踩下制动踏板后，踏板突然向上反弹，踩踏板时感觉踏板变重，且制动力不大。

首先排除液压制动系统内的空气，故障依然存在。

分解制动主缸，检查制动主缸内壁、活塞皮碗，发现前活塞与后活塞磨损严重，皮碗脱落。故在制动时，被增压后的制动液从破损的活塞皮碗处窜回活塞皮碗后的低压油腔，使已经前移的主缸后活塞被推回，导致制动踏板反弹，踩制动踏板时感觉变重，制动效能降低。

主缸内的活塞回位弹簧过软，故在制动油压增大时，会使活塞歪斜，加剧了窜油现象。更换前、后活塞的皮碗以及回位弹簧后，故障排除。

任务 4.6 行驶系故障诊断与分析

【任务描述】

随着城市道路立交系统、高等级公路及高速公路的兴建，道路的质量不断提高，汽车的行驶速度越来越快，因此对行驶系的要求也越来越高。行驶系的好坏直接影响了汽车的平顺性、操纵稳定性、通过性和安全性，所以现在对行驶系的要求越来越严格。通过对本任务的学习，要求学生具备以下能力：

（1）掌握行驶系的常见故障的现象、原因。

（2）掌握行驶系的故障诊断程序。

【基本知识】

如图 4-26 所示，行驶系由车架、车桥、悬架、车轮（或履带）组成。

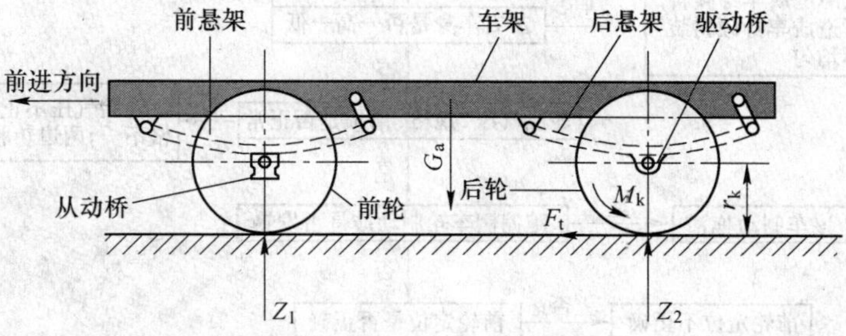

图 4-26　汽车行驶系的组成

行驶系的主要功用是：

（1）接受由发动机经传动系传来的转矩，并通过驱动轮与地面之间的附着作用，产生驱动力，以保证整车的正常行驶；

（2）支承汽车的总质量；

（3）传递并支承路面作用于车轮上的各种反力及其所形成的力矩；

（4）尽可能地缓和不平路面对车身造成的冲击和振动，保证汽车平顺行驶。

汽车行驶系常见的故障有行驶跑偏、行驶平顺性不良、轮胎异常磨损、异响、行驶无力、行驶横向侧倾等。

4.6.1　行驶跑偏

4.6.1.1　故障现象

汽车行驶时必须用力握住方向盘，才能保证汽车的直线行驶，否则汽车会自动偏向一方。

4.6.1.2　故障原因

根本原因是汽车行驶系统左右状态不一致或车辆重心发生左右偏移。具体原因如下：

（1）两前轮气压不一致。

（2）两端主销后倾角或车轮外倾角不相等。

（3）两前轮前束角不一致。

（4）两边悬挂弹力不均或一边减振器失效。

（5）前轮左右轮轴承松紧调整不一或有一边车轮拖滞。

（6）转向节臂或转向节弯曲变形。
（7）发动机或变速箱减振胶破裂使车辆重心偏移。
（8）前桥、悬架、车架变形等，使左右轴距不相等。

4.6.1.3　故障诊断

汽车行驶跑偏的故障诊断流程如图 4-27 所示。

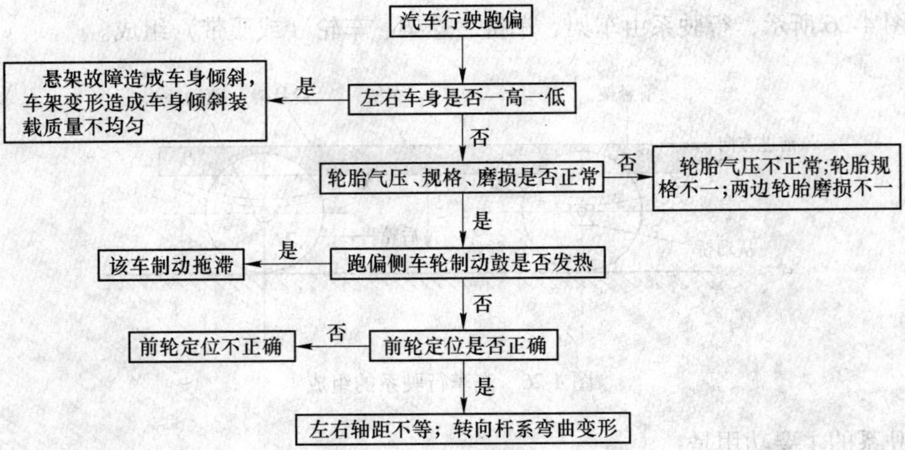

图 4-27　汽车行驶跑偏的故障诊断流程

4.6.2　行驶平顺性不良

4.6.2.1　故障现象

汽车高速行驶时，出现行驶不稳，加速时出现窜动严重，转向盘有震手的感觉，驾乘人员感觉不舒服。

4.6.2.2　故障原因

（1）车轮或传动轴不平衡。
（2）车轮轮毂轴承松旷，转向横拉杆球头松旷。
（3）悬架松动、悬架减振弹簧或减振器损坏。
（4）转向传动机构磨损松旷或连接松动。
（5）转向器啮合间隙过大。
（6）转向减振器失效。
（7）半轴内外万向节磨损松旷。
（8）轮胎气压过高，磨损不均。

4.6.2.3　故障诊断

行驶平顺性不良的故障诊断流程如图 4-28 所示。

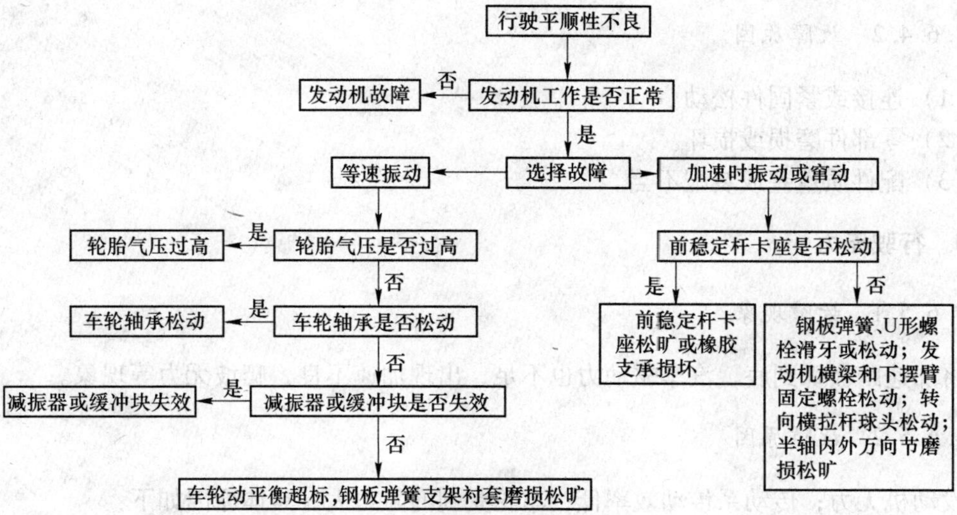

图 4-28　行驶平顺性不良的故障诊断流程

4.6.3　轮胎磨损异常

4.6.3.1　故障现象

轮胎胎面磨损不均匀。

4.6.3.2　故障原因

(1) 轮胎气压不符合要求。
(2) 前轮定位不准确。
(3) 轮胎摆振。
(4) 悬架零件磨损严重。
(5) 前梁或车架变形。
(6) 经常超载、制动过猛、高速转弯转向梯形不能保证轮胎做纯滚动。

4.6.3.3　故障诊断

(1) 胎冠两肩磨损与胎壁擦伤。由于轮胎气压不足或汽车长期超载所致。
(2) 胎冠中部磨损。由于轮胎气压过高引起。
(3) 胎冠内、外侧偏磨损。由于车轮外倾角过大（小）引起。
(4) 胎冠两侧呈锯齿状或磨损。由于轮胎换位不及时或汽车经常紧急刹车或长期超载。
(5) 胎冠有外（里）侧向里（外）侧呈锯齿状磨损。由于前束过大（小）引起。
(6) 胎冠呈波浪状或碟片状磨损。由于轮毂轴承松旷或车轮动不平衡引起。

4.6.4　异响

4.6.4.1　故障现象

汽车在行驶时底盘传出异常响声。

4.6.4.2　故障原因

(1) 连接或紧固件松动。
(2) 零部件磨损或损坏。
(3) 配件质量差或装配不当。

4.6.5　行驶无力

4.6.5.1　故障现象

将加速踏板踩到底，汽车驱动力也不足，出现加速不良，爬坡无力等现象。

4.6.5.2　故障原因

发动机无力；传动系传动效率低；车轮受到的阻力大。具体原因如下：
(1) 发动机无力，排除方法见项目 3 中的任务 3.1。
(2) 离合器打滑，排除方法见项目 4 中的任务 4.1。
(3) 变速器缺油或润滑油变质。
(4) 变速器齿轮啮合间隙过小。
(5) 万向传动装置中间支承轴承缺油或锈蚀、失效。
(6) 主减速器、差速器或半轴的传动齿轮啮合间隙过小。
(7) 驱动桥缺油或润滑油变质。
(8) 轮胎气压严重不足。
(9) 车轮制动拖滞。
(10) 驻车制动拉索回位不当，造成车轮制动未完全释放。
(11) 轮毂轴承过紧。
(12) 前轮定位不正确。

4.6.5.3　故障诊断

行驶无力的故障诊断流程如图 4-29 所示。

4.6.6　车身横向侧倾

4.6.6.1　故障现象

汽车车身左高右低或左低右高。

4.6.6.2　故障原因

(1) 左右轮胎气压、规格不一致；悬架弹簧自由长度不一致。
(2) 下摆臂变形。
(3) 发动机横梁和下摆臂的固定螺栓或衬套松旷。
(4) 减振器或缓冲块损坏。
(5) 发动机横梁变形，车身变形。

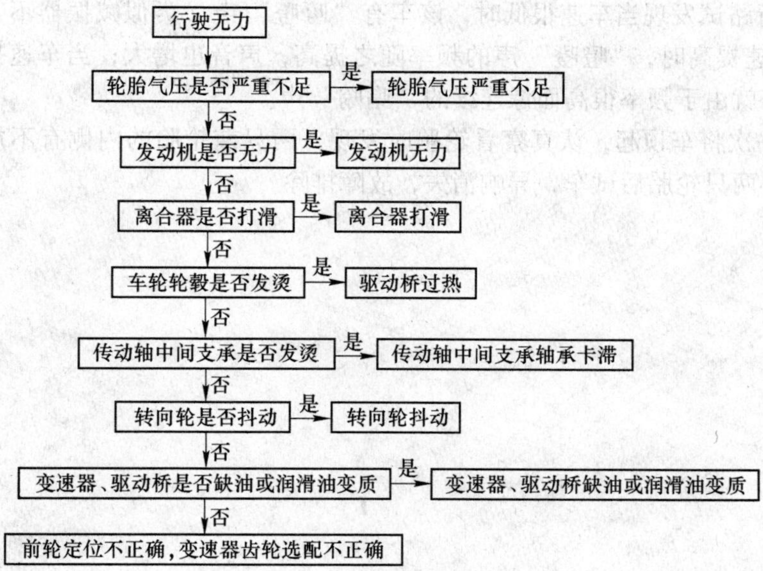

图 4-29 行驶无力的故障诊断流程

4.6.6.3 故障诊断

车身横向侧倾的故障诊断流程如图 4-30 所示。

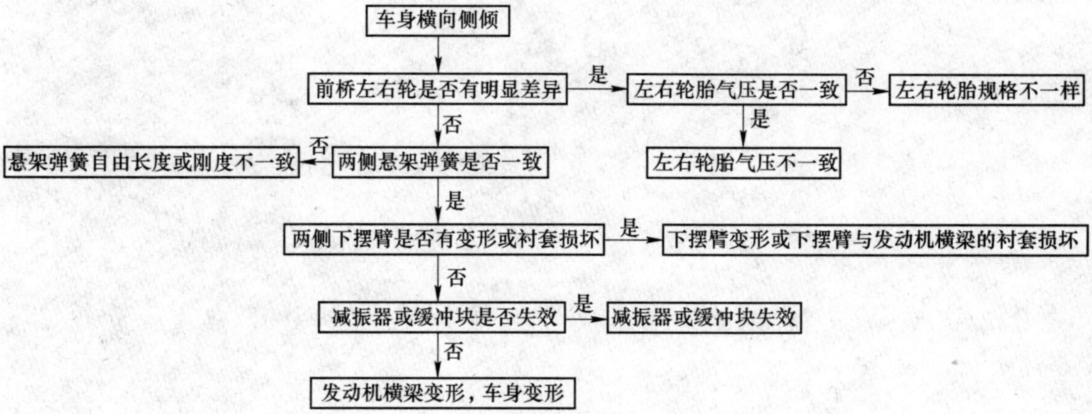

图 4-30 车身横向侧倾的故障诊断流程

【任务实施】

在老师的指导下能够运用诊断方法对下列案例进行故障诊断。

故障现象：一辆奔驰 600 型轿车在行驶中有很大的“嗡嗡”异响声，且随着车速的增加而加大。

故障诊断与排除：

(1) 将车顶起，检查各车轮是否松旷，并边转动车轮，边听是否有响声。各车轮无松旷感，并且车轮转动平稳而无响声。由此初步判断车轮轴承没有损坏。

(2) 进行路试发现当车速很低时，该车有“噔噔”声（类似减振器不工作时出现的声音）；当车速提高时，“噔噔”声的频率随之提高，声音也增大；当车速提高到一定程度时，此响声就由于频率很高而像连续的“嗡嗡”声。

(3) 再一次将车顶起，认真察看轮胎时发现，两只前轮胎的内侧有不规则的波浪形磨损。再更换两只轮胎后试车，异响消失，故障排除。

项目5 车身及附件与电源系统的故障诊断与排除

【项目导入】

随着汽车车速的提高和汽车保有量的增加，汽车碰撞的严重性和危害性将日益加剧。而在汽车碰撞事故中，损坏最严重的部件就是车身。由于现代轿车广泛采用承载式车身，轿车行驶时各种载荷均由车身承受，因此汽车发生碰撞、翻车等意外事故时，车身容易产生变形及损坏等故障。对其故障进行检测与诊断是彻底修复汽车的前提，同时还是制定车身修理工艺规程及车身修复方法的重要依据，是提高维修效率的重要手段。

任务5.1 安全气囊的故障诊断方法及注意事项

【任务描述】

(1) 掌握安全气囊的故障诊断方法。

(2) 掌握安全气囊的故障诊断程序。

【基本知识】

汽车安全气囊系统是一种被动安全装置，它可对汽车驾驶人员及前排乘客起辅助安全保护作用，因此安全气囊系统也称为辅助乘员保护系统。电控安全气囊主要由传感器、气体发生器、气囊和电控单元组成。

当汽车受到前方一定角度范围内的高速碰撞且超过某一设定强度时，安装在汽车前端的碰撞传感器和与安全气囊控制装置在一起的碰撞传感器就会检测到汽车突然减速的信号，并将信号传送到ECU，其ECU则根据预先设置的程序进行数学和逻辑判断后，立即向气体发生器发出点火指令，启动充气装置，使气囊迅速充气膨胀，在人体与车内构件之间铺垫一个气垫，将人体与车内构件之间的碰撞转化为弹性碰撞，并通过气囊产生的变形来吸收人体碰撞产生的动能，从而使驾驶者及前排乘员免遭严重伤害。

安全气囊系统在汽车运行时，应时刻处于无故障的正常状态，其工作必须可靠有效。因此，对安全气囊系统进行适时的检测诊断是必要的。

5.1.1 安全气囊系统检测注意事项

在检修安全气囊系统和安全带预紧装置时，如果不按正确顺序操作，一方面很可能使乘员约束系统在维修过程中意外动作，造成严重事故；也可能使故障不仅不能得以排除，而且还会使安全气囊系统失效，造成在需要乘员约束系统进行保护时它却不起作用。另外还可能使汽车其他系统不能工作。因此，在检修乘员约束系统（包括安全气囊系统和安全带预紧装置）时，一定要注意以下几个问题。

（1）在对安全气囊系统进行故障诊断时，应首先提取故障代码。因为安全气囊系统失效时没有故障现象，无法根据故障现象进行故障诊断。当安全气囊系统出现故障时，自诊断系统提供的故障代码就成为故障诊断的重要依据。

（2）安全气囊系统各零部件的检修和测试必须在点火开关转到“LOCK”位置且将蓄电池搭铁线拆下一段时间（车型不同，该时间也不同，如丰田子弹头旅行车需拆下 60s，而丰田皇冠轿车需拆下 90s）后才能进行。因为安全气囊系统配有备用电源，若从蓄电池上拆下负极搭铁线不到规定时间就开始维修工作，则很容易因备用电源而使气囊充气张开，造成严重事故。另外，若拆开安全气囊电线插接器时点火开关不在“LOCK”位置而在“ON”或“ACC”位置，安全气囊系统还会出现故障代码。

由于拆下蓄电池负极搭铁线，将会使音响系统自动锁住以及使时钟的储存内容消失。因此，在检修之前应首先将存储系统的存储内容（如音响密码等）做好记录，以便在维修工作结束后利用密码使音响系统解锁和重新调准时钟。另外，对于具有存储功能的电动座椅、电动后视镜、电子安全带预紧装置、方向盘自动倾斜和伸缩转向系统，在维修时也会因拆下蓄电池搭铁线而使其存储内容丢失。因此，在维修工作结束后应重新设置其存储内容。

（3）无论发生何种强度的碰撞（即使发生了轻微碰撞，安全气囊并不动作）都应对前碰撞传感器及安全气囊组件进行检查。

（4）更换零件时，应使用本车型安全气囊系统的新件，切勿使用其他车辆的零件。

（5）不允许对 SRS、ECU 进行敲击、跌落、振动或酸、碱、油、水的浸蚀，若在修理过程中有可能产生对传感器有冲击作用的震动，则应在修理前拆下碰撞传感器。

（6）绝对不允许测量安全气囊引爆管的电阻，因为这样做很容易使气囊张开而造成事故。

（7）不要拆卸和修理前碰撞传感器、安全气囊组件（包括驾驶员侧和副驾驶员侧）、SRS 微电脑以及安全带预紧器，因为它们均为一次性零部件，根本不用拆卸和修理。若前碰撞传感器、SRS 微电脑或安全气囊组件（包括驾驶员侧和副驾驶员侧）曾被摔过，或者其上有裂纹、凹痕，表面有缺陷等，均应更换新件。不可将前碰撞传感器、SRS 微电脑以及安全气囊组件正对热空气或火焰。

（8）检查电路时应使用高阻抗电压、电阻表。

（9）安全气囊系统中各部件的外表贴有标签，其上有使用说明，必须严格遵守。

（10）安全气囊系统维修完毕后，应检查安全气囊报警灯工作是否正常。

5.1.2 安全气囊系统的故障诊断方法

安全气囊系统的故障难以确诊，一般有三种诊断方法，即警告灯诊断法（自诊断）、参数测量法和仪器诊断法。

（1）警告灯诊断法。现代轿车一般都配备有自诊断系统，通过对自诊断接口进行相应的操作，即可通过仪表板上的安全气囊警告灯读取故障码。

（2）参数测量法。部分轿车的安全气囊系统配有供故障诊断用的测试接口，在进行故障诊断时，只需测出各接口之间的电压，与手册中的正常电压进行对比，即可找出故障原因。

（3）仪器诊断法。故障警告灯闪烁表明系统产生故障，连接相应诊断仪器提取故障代码，然后根据故障代码的提示进行相应的故障排除。

5.1.3 安全气囊系统故障诊断程序

当安全气囊系统出现故障时，可按下列程序进行故障诊断：

（1）填写故障分析检查单。向车主询问出现故障时的条件、故障的细节以及检修历史，并详细填写故障分析检查单。

（2）检查安全气囊报警灯。当安全气囊系统正常时，若将点火开关置于“ACC”或“ON”位置，位于组合仪表上的安全气囊报警灯应亮 6s 左右后熄灭。

如果点火开关在“ACC”或“ON”位置时安全气囊报警灯常亮，则说明 SRS 微电脑自诊断系统已检测到故障。如果点火开关在“ACC”或“ON”位置时安全气囊报警灯亮 6s 后还时而发亮，或者点火开关关掉后仍亮，则可能是安全气囊报警灯电路有短路故障。

如果点火开关在“ACC”或“ON”位置时安全气囊报警灯根本不亮，则说明安全气囊报警灯电路有断路故障。

（3）提取故障代码。用警告灯或诊断仪器，按各车型规定的操作步骤触发自诊断系统，使自诊断系统向外输出故障代码。

如果自诊断系统输出正常的代码，则可能是安全气囊系统的电源电路出现故障。此时，应检查安全气囊系统的电源电路。

（4）清除故障代码。按各车型的规定方法清除故障代码。此步骤的目的是确认步骤（3）中出现的故障代码是当前的还是以前出现过的，以防止出现误诊断。因为以前出现过的故障代码在故障排除后不及时清除，该故障码会一直存储在 SRS 微电脑中。

（5）再次提取故障代码。清除故障代码后，先让点火开关通、断 5 次，通、断时间均为 20s（其目的是让 SRS 微电脑自诊断系统对安全气囊系统再进行一次检测以发现当前故障，并将该故障以故障代码的形式储存起来，然后再按规定的步骤提取故障代码。如果输出故障代码，则说明故障仍然存在。

（6）故障症状模拟。如果在步骤（5）中无故障代码输出，则可按车主叙述的故障条件进行模拟试验，即在模拟车主所描述的故障条件下，检查是否有故障代码输出。若有故障代码输出，则可按故障代码指出的故障区域进行检查；若无故障代码输出，则可通过再次查看安全气囊报警灯来确认故障代码是否存在。

（7）按故障代码指定的故障区域进行故障诊断。根据故障代码进行诊断，判断故障是在传感器和执行器上还是在线束与插接器上。

（8）按故障诊断确定的部位进行修理。

（9）按各车型的规定步骤清除故障代码，然后再次提取故障代码。先将点火开关通、断至少 5 次，通、断时间均为 20s，然后提取故障代码。本步骤的目的是检查故障是否排除。

（10）确认试验。检查安全气囊报警灯，确认所有故障均已排除。若故障报警灯有指示，则应从步骤（2）重新开始检查。如果故障报警灯无指示，则说明安全气囊系统的故障已排除，可以将车交给用户使用。

5.1.4　电子控制安全气囊系统的故障诊断

对于 SRS 的故障，其故障的诊断方法因车系不同而不尽相同，下面以丰田雷克萨斯 LS400 轿车电子控制安全气囊系统为例，说明其故障诊断方法。

5.1.4.1　利用 SRS 指示灯诊断

安全气囊系统是否正常，利用 SRS 指示灯进行初步诊断效果较好，其诊断方法如下：

（1）若点火开关转至“ON”位置后，SRS 指示灯点亮，并在 6s 后自动熄灭，则表示安全气囊系统正常。

（2）若点火开关转至“ON”位置后，SRS 指示灯一直点亮或闪烁，则表示安全气囊系统存在故障。

（3）若发动机启动后汽车正常行驶时，SRS 指示灯亮起，则表示安全气囊系统存在故障。

（4）若点火开关转至“ON”位置后，SRS 指示灯一直不亮，则说明 SRS 指示灯系统电路故障。

5.1.4.2　利用故障码诊断

安全气囊系统的故障是难以确诊的，在进行故障诊断时，其故障码就成了最重要的信息来源。利用故障码诊断就是通过一定的方法读取故障码，然后根据其故障码表的内容诊断 SRS 故障。在进行操作时，首先应使系统进入自诊断状态，然后读取故障码，待故障排除后，还应将存储器中的故障码进行清除。

（1）读取故障码。最好用专用诊断仪读取故障码。当无诊断仪器时，可用人工方法读取故障码，其方法如下：

1）将点火开关转到“ON”或“ACC”位置，并等待 20s 以上时间。

2）用跨接线跨接 TDCL 插座的 T_C 端子和 E_1 端子。

3）根据仪表板上 SRS 指示灯的闪烁情况读取故障码。当 SRS 正常时，仪表板上的 SRS 指示灯每秒闪两次，并连续闪烁。当 SRS 有故障时，SRS 指示灯就会闪烁显示故障码，其故障码为两位数字。

4）故障码读取完毕后，脱开 T_C 端子和 E_1 端子的跨接线。

（2）根据故障码诊断故障。读取故障码后，可根据表 5-1 的内容诊断故障。

表 5-1　雷格萨斯 LS400 轿车 SRS 故障码表

故障码	故障诊断	故障可能部位
正常代码	SRS 正常	
	SRS 电源电压过低	蓄电池，SRS ECU
11	SRS 点火器线路搭铁；前安全气囊传感器线路搭铁	前安全气囊传感器，SRS 气囊组件，盘簧式电缆，SRS ECU，配线

续表 5-1

故障码	故 障 诊 断	故障可能部位
12	SRS 点火器引线与电源线短路；前安全气囊传感器引线与电源线短路；前安全气囊传感器引线断路；盘簧式电缆与电源线短路	SRS 气囊组件，传感器线路，盘簧式电缆，SRS ECU，配线
13	SRS 点火器线路短路	SRS 点火器，盘簧式电缆，SRS ECU，配线
14	SRS 点火器线路断路	SRS 点火器，盘簧式电缆，SRS ECU，配线
15	前安全气囊传感器线路断路	前安全气囊传感器，SRS ECU，配线
22	SRS 指示灯线路断路	SRS 指示灯，SRS ECU，配线
31	SRS ECU 故障	SRS ECU
41	SRS ECU 曾记忆过故障码	SRS ECU

（3）清除故障码。只有在 SRS ECU 存储器中的故障码全部清除后，SRS 指示灯才能恢复正常的显示状态。因此，当 SRS 故障排除后，应清除故障码。在该车安全气囊系统中，当故障码 11 至 31 所对应的故障被排除并清除故障码后，SRS ECU 将把故障码 41 存入存储器中，SRS 指示灯将一直发亮，直到故障码清除后，SRS 指示灯才能恢复正常显示状态。因此，其安全气囊系统故障码的清除应分两步进行，其方法如下：

1）清除故障码 41 以外的故障码。将点火开关转到“OFF”位置；拆下蓄电池负极电缆或拔下 ECU-B 熔断器 10s 以上，则故障码 41 以外的故障码清除完毕；将点火开关转到“LOCK”（锁止）位置，并接上蓄电池负极电缆或插上 ECU-B 熔断器。

2）清除故障码 41。将点火开关转到“OFF”位置，取两根跨接线，并将其分别与 TDCL 诊断插座的 T_C、AB 端子连接；将点火开关转到“ON”或“ACC”位置，并等待 6s 以上时间；由 T_C 端子开始，使 T_C 和 AB 端子分别交替搭铁两次，每次搭铁要在（1.0±0.5）s 内完成；最后保持 T_C 端子搭铁，几秒钟后故障码即被清除，SRS 指示灯将以连续的形式闪烁正常码。若不闪烁正常码，则需重复上述的清码步骤，直至闪烁正常码为止。

注意：在清除故障码时，其他存储系统（如时钟、防盗、音响系统）的信息也将被清除。因此，待电源恢复后，其他存储系统的参数应重新设置。

任务 5.2 信号系统的故障诊断与排除

【任务描述】

（1）掌握信号系统的故障诊断方法。

（2）掌握信号系统的故障诊断程序。

【基本知识】

信号及标志用灯具有转向信号灯、制动灯、小灯、尾灯、指示灯和警报灯等。信号系统的工作带有较强的随机性，一般由自身开关控制，不用驾驶员特意操作即可接通。如制动信号多由制动踏板联动控制，倒车灯多由变速杆倒挡轴联动控制。

5.2.1　转向信号灯不工作的故障诊断与分析

5.2.1.1　故障现象

打开点火开关（转向信号灯工作受点火开关控制的车辆），接通转向信号灯开关，转向信号灯不亮。

5.2.1.2　故障原因

（1）熔断器熔断、电源线路断路或灯系中有短路处。
（2）闪光继电器损坏。
（3）转向信号灯开关损坏。

5.2.1.3　故障诊断

检查熔断器是否熔断，若熔断，一般是灯系中有搭铁故障。可在断路的熔断器两端串上一只试灯，再把转向信号灯开关的进线拆下，若此时熔断器上串联的试灯亮，则为熔断器至转向信号灯开关这一段中有搭铁故障。接着用断路法诊断，在这一线路中找出搭铁部位，若在转向信号灯进线拆下后试灯熄灭，则应接好拆下的导线，拨动转向信号灯开关，拨动其中一侧时灯变暗，说明此侧正常，而拨到另一侧时灯的亮度不变，说明该侧有搭铁故障，进一步找出搭铁部位，排除故障。

若上述检查中熔断器未断，一般是线路中有断路故障。但应注意，有时某一边转向信号灯线路搭铁，闪光继电器烧坏，造成看上去像是断路故障，实际时搭铁故障。故应首先短接闪光继电器的两个接线柱，接通转向信号灯开关，此时若转向灯亮，则为闪光继电器损坏所致，应予以更换。若出现一边转向信号灯亮，而另一边不但不亮，且当短接两接线柱时，出现强火花，这表明不亮的一边转向灯线路中某处搭铁，以致烧坏闪光继电器。此时必须先排除搭铁故障，再换上新的闪光继电器。排除搭铁故障的方法是用一试灯串接于闪光继电器两接线柱上，转向信号灯开关拨至有搭铁故障的一边，再采用断路法找出搭铁部位。

在短接闪光继电器两接线柱时，接通转向信号灯开关，转向信号灯仍全不亮，再接通危险警报灯开关，转向灯全亮，则说明转向开关或转向开关到闪光器接线有故障；若转向灯仍不亮，应按电路图重点检查线路故障。

5.2.2　转向信号灯闪光频率不正常故障诊断与分析

5.2.2.1　故障现象

转向信号灯工作时，左、右转向信号灯的闪光频率不一致或闪光频率不正常。

5.2.2.2　故障原因

（1）导线接触不良。

（2）灯泡功率选用不当或某一边有一灯泡烧坏。
（3）闪光器故障。

5.2.2.3　故障诊断

检查闪光器、转向信号灯开关接线柱上接线是否松动，灯泡功率是否与规定相符及左、右灯泡功率是否相同。若灯泡功率都符合规定，则应检查是否有一只灯泡烧坏。若左、右转向信号灯闪光频率都高于或低于规定值，一般为闪光器故障，应更换新件。

5.2.3　倒车灯不工作故障诊断与分析

5.2.3.1　故障现象

倒车时倒车灯不亮。

5.2.3.2　故障原因

（1）倒车灯的灯泡损坏。
（2）倒车灯开关损坏。
（3）线路有断路。

5.2.3.3　故障诊断

首先检查熔断器是否熔断，若熔断，串接一试灯找出搭铁处，排除故障。若未熔断，可拔下倒车灯开关上所接的两根接线并短接。若短接后倒车灯亮，说明倒车灯开关损坏，应更换新开关；若短接后倒车灯仍不亮，则应检查灯泡是否烧坏，搭铁是否良好。如有一个倒车灯不亮，则可能是该只灯泡损坏。

5.2.4　扬声器不响故障诊断与分析

5.2.4.1　故障现象

打开点火开关（扬声器工作受点火开关控制的车辆），按动扬声器按钮，扬声器不响。

5.2.4.2　故障原因

（1）扬声器损坏。
（2）熔断器烧断。
（3）扬声器继电器损坏。
（4）扬声器开关（按钮）故障。
（5）线路故障。

5.2.4.3　故障诊断

在熔断器正常的情况下，诊断扬声器不响的故障可在扬声器处进行。打开点火开关，一个人按下扬声器开关不动，另一个人用万用表测量扬声器两接线之间的电压，正常值应为蓄电池电压。若电压正常，则说明故障在扬声器自身；若无电压显示，则应接好扬声器接线，进一步检查扬声器继电器。用导线短接继电器的两主电路触点，若扬声器仍不响，说明故障在供电电路；若扬声器响，说明故障在继电器控制线路的扬声器按钮或扬声器继电器上，可用分段短路法进一步诊断出故障部位。

【任务实施】

在老师的指导下能够运用诊断方法对下列案例进行故障诊断。

故障现象：一辆桑塔纳轿车按下扬声器按钮，扬声器不能发声。

故障诊断：扬声器不响，可能是扬声器控制电路断路。首先检查扬声器电源保险丝，没有熔断；将扬声器的“-”接线柱直接搭铁，扬声器发出声响，说明扬声器主电路的10A 保险丝及扬声器正常。用一只汽车灯泡作试灯，灯的一端引线搭铁，另一端引线作为探头检查线路的断路故障。将试灯的探头搭接在扬声器继电器的电池接线柱上，试灯发光，说明继电器线圈供电电源正常；再将扬声器继电器的线圈接线柱搭铁，听到继电器内有吸合的声响，说明扬声器继电器线圈也正常；把继电器线圈接线柱与搭铁断开，按住扬声器按钮，继电器内发出声响，继电器能正常吸合，判断扬声器继电器线圈控制电路正常。检查扬声器继电器常开触点，发现当继电器线圈吸合时，电路仍为断路，说明继电器的常开触点严重烧蚀，接触不良。更换扬声器继电器，按动扬声器按钮，扬声器正常发声，故障排除。

任务 5.3　仪表与报警系统的故障诊断与排除

【任务描述】

(1) 掌握仪表与报警系统的故障诊断方法。
(2) 掌握仪表与报警系统的故障诊断程序。

【基本知识】

仪表与报警系统由各种仪表、传感器及报警装置等组成。其作用是使驾驶员能够随时掌握汽车及各系统的工作情况。

5.3.1　冷却液温度表指针不动故障诊断

5.3.1.1　故障现象

发动机工作时，冷却液温度表指针不动，反映不出发动机冷却液温度。

5.3.1.2　故障原因

(1) 稳压器工作不正常。
(2) 冷却液温度表自身故障，如双金属片发热线圈断路或脱落。
(3) 冷却液温度表传感器故障，如热敏电阻失效。

（4）线路有故障。

5.3.1.3　故障诊断

将冷却液温度表传感器的接线插头拔下，使该导线直接搭铁，打开点火开关，观察冷却液温度表的指针情况，若指针开始移动，则说明故障在传感器；若指针仍无指示，则说明仪表自身、稳压器有故障或线路有断路。如果冷却液温度表与燃油表同时出现故障，则稳压器或线路出现故障的可能性较大，应首先检查稳压器工作是否正常，线路有无断路。在排除稳压器和线路故障之后即可断定故障发生在仪表自身。

5.3.2　燃油表指针总指向无油位置故障诊断

5.3.2.1　故障现象

无论油箱内燃油多少，燃油表的指针总指向无油位置不动。

5.3.2.2　故障原因

（1）燃油表自身故障。
（2）稳压器工作不正常。
（3）线路有断路处。
（4）燃油表传感器故障或浮子机构被卡住。

5.3.2.3　故障诊断

首先拔下燃油表传感器接线插头，使该导线直接搭铁，打开点火开关，观察燃油表指示情况。若指针开始向满油刻度移动，则说明故障在燃油表传感器；若仍没有反应，则说明仪表自身、稳压器有故障或线路有断路，需进一步采用排除法进行诊断。

5.3.3　冷却液温度报警灯常亮故障诊断

5.3.3.1　故障现象

汽车在行驶过程中，发动机无论在冷态还是热态，冷却液报警灯常亮。

5.3.3.2　故障原因

（1）冷却液温度报警开关故障。
（2）线路有搭铁处。
（3）储液罐中冷却液液面过低。
（4）冷却液液位开关故障。

5.3.3.3　故障诊断

首先检查发动机冷却液温度是否过高及储液罐液面是否过低。若这些都正常，但仍然报警的话，可拔下储液罐液位开关插头，如果报警灯熄灭，说明故障在液位开关。如果报警灯仍然亮，接好液位开关插头，拔下冷却液温度报警开关插头，若此时报警灯熄灭，说明故障在冷却液温度报警开关。反之，若报警灯仍然亮，则说明线路有搭铁处。

5.3.4 机油压力报警灯常亮故障诊断

5.3.4.1 故障现象

汽车在行驶过程中，发动机机油压力报警灯常亮。

5.3.4.2 故障原因

（1）机油压力报警开关故障（有的车采用两个报警开关同时监控，如桑塔纳、捷达、奥迪轿车都装有低压 30kPa 报警开关和高压 180kPa 报警开关）。

（2）润滑油路压力达不到规定要求。

（3）线路故障。

5.3.4.3 故障诊断

当出现机油压力报警灯亮故障，首先要区分是润滑系统故障还是报警系统自身故障，通常采用测量油压的方法进行诊断。

（1）拆下低压开关，将其拧入检测仪。把检测仪拧到气缸盖上的机油低压开关处，并将检测仪的褐色导线接地。

（2）用辅助导线将二极管测试灯接到蓄电池正极及低压开关上，发光二极管被点亮。启动发动机，慢慢提高转速，当压力达到 15~45kPa 时，发光二极管应熄灭，若不熄灭，说明低压开关有故障。再使发动机怠速运转，机油压力应大于 45kPa，发光二极管应熄灭，若压力低于 15kPa，则说明润滑系统有故障。

（3）将二极管测试灯连接到高压开关上，慢慢提高发动机转速，当机油压力达到 160~200kPa 时，发光二极管必须亮，若不亮说明高压开关有故障。进一步提高转速，当转速达到 2000r/min 时，油压至少应达到 200kPa，若达不到，则说明润滑系有故障。

任务 5.4 电源系统故障诊断与分析

【任务描述】

（1）掌握蓄电池和充电系统的故障诊断方法。

（2）对蓄电池和充电系统的故障进行正确的诊断与排除。

【基本知识】

汽车电源包括蓄电池、发电机和电压调节器。发电机是主要电源，蓄电池是辅助电源，它们是并联工作的。发电机都配有调节器，其主要作用是在发电机转速和负荷变化时，能自动保持输出电压的稳定而不变化。

5.4.1 蓄电池的故障诊断

5.4.1.1 蓄电池的外部故障

蓄电池故障除材料和工艺方面的原因之外，多数情况都是由于使用维护不当所致。蓄电池外部故障有容器破裂、封口胶破裂、极桩螺栓和螺母腐蚀以及蓄电池爆炸。

5.4.1.2 蓄电池的内部故障

A 极板硫化

a 故障现象

内阻增大显著，极板上生成白色粗晶粒硫酸铅。放电时，端电压下降快；充电时，端电压上升快；电池容量降低；电解液密度低于正常值，充电时密度增加很慢；充电时单格电压上升很快，单格电压过高（2.8~3.0V）；易早沸腾。

b 故障原因

蓄电池长期充电不足或放电后不及时充电；蓄电池液面过低；电解液密度过高；电解液中含较多杂质；气温变化剧烈。

c 处理方法

(1) 程度轻的采用过充电法。

(2) 较严重的采用小电流长时间过充电法。

(3) 严重的采用水处理法。

d 防硫化措施

保持蓄电池经常处于充足电的状态；电解液高度应符合规定。

B 自行放电

a 故障现象

充足电的蓄电池或前一天使用良好的蓄电池，放置较短时间就感觉存电不足或无电，启动机运转无力，扬声器声响减弱，灯光暗淡。

b 故障原因

(1) 极板材料不纯或电解液中有杂质。

(2) 隔板损坏或极板活性物质脱落过多，造成内部短路。

(3) 蓄电池外部不清洁，在正、负接线柱间形成电流通路而放电。

(4) 与蓄电池相连的导线有搭铁短路之处。

c 故障诊断

蓄电池自行放电的故障诊断流程如图 5-1 所示。

C 活性物质脱落

a 故障现象

蓄电池输出容量减少，充电时电解液浑浊，有褐色物质析出。

b 故障原因

(1) 充电电流过大。

(2) 过充时间过长，电解水产生氧气和氢气，从而冲击极板上的活性物质。

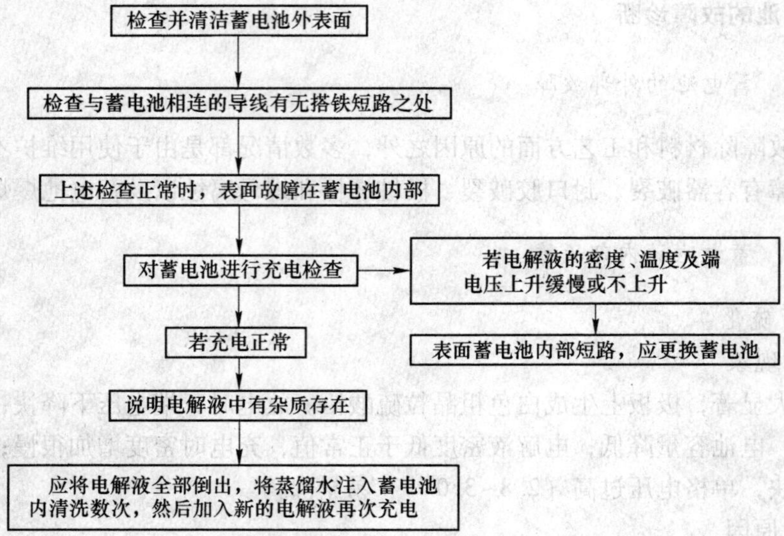

图 5-1　蓄电池自行放电的故障诊断流程

（3）低温大电流放电造成极板拱曲（极板活性物质的体积变化不一致引起）。

（4）电解液不纯。

（5）汽车行驶时颠簸、振动。

5.4.2　发电机或调节器故障

5.4.2.1　不充电

A　故障现象

汽车发动机在中等转速时，电流表指示放电或充电指示灯不熄灭。

B　故障原因

（1）发动机磁场绕组或定子绕组短路、断路或搭铁而导致磁场电流减小或不通。

（2）整流器故障。

（3）电刷磨损过多、电刷弹簧无弹性或电刷组件在电刷架中卡住造成电刷不能与滑环接触或接触不良。

（4）调节器故障。

（5）交流发电机的传动带过松，由于皮带打滑，发电机不转或转速过低而不发电。

C　故障诊断

发动机中高速运转，发电机不充电的故障诊断流程如图 5-2 所示。图 5-3、图 5-4 所示分别为内搭铁式交流发电机不充电的诊断方法和外搭铁式交流发电机不充电的诊断方法。

5.4.2.2　充电不足

A　故障现象

接通点火开关时充电指示灯能亮，发动机启动后和运转时充电指示灯也能熄灭，但蓄电池会很快出现亏电，并且启动发动机时，启动机运转无力、夜间行车前照灯灯光暗淡。

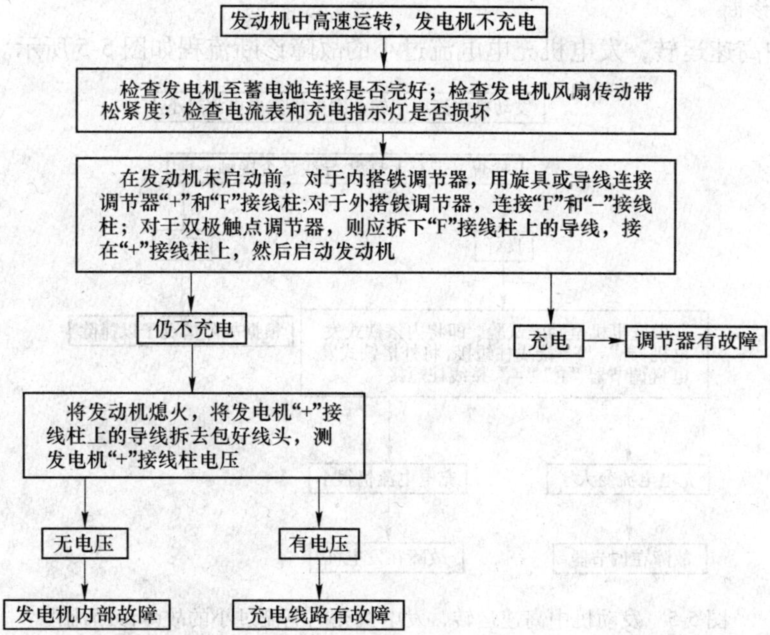

图 5-2　发动机中高速运转发电机不充电的故障诊断流程

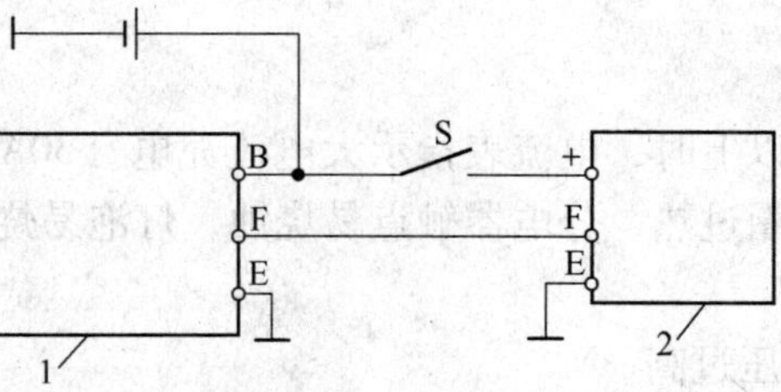

图 5-3　内搭铁式交流发电机不充电的诊断方法

1—发电机；2—调节器

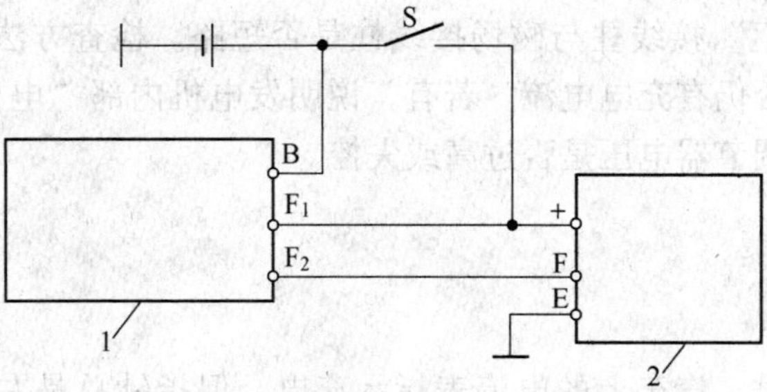

图 5-4　外搭铁式交流发电机不充电的诊断方法

1—发电机；2—调节器

B　故障原因

（1）发电机传送带过松打滑、跳动或带轮失圆。

（2）发电机内部导线接头松动。

(3) 发电机电刷磨损过甚电刷弹簧弹力减退或折断，滑环积垢过多。

C　故障诊断

发动机中高速运转，发电机充电电流过小的故障诊断流程如图 5-5 所示。

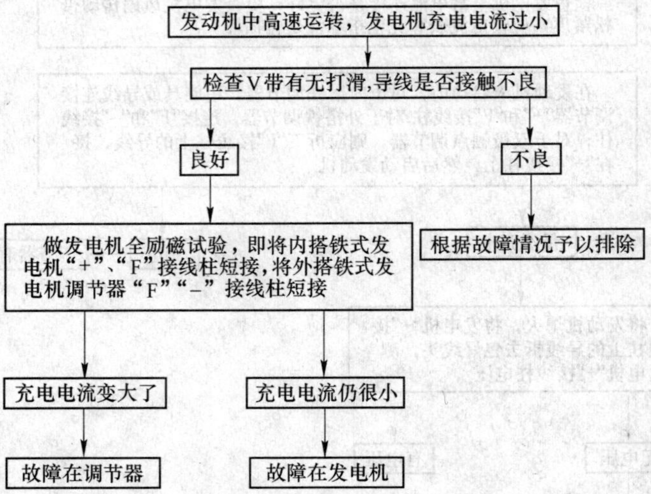

图 5-5　发动机中高速运转，发电机充电电流过小的故障诊断流程

5.4.2.3　充电过大

A　故障现象

发动机运转在中速以上时，电流表指示大电流充电（30A 以上），蓄电池电解液消耗过快且有气味，点火线圈过热，分电器触点易烧蚀，灯泡易烧坏等。

B　故障原因

(1) 调节器调节电压过高。

(2) 发电机“+”接线柱与磁场接线柱短路。

(3) 蓄电池亏电太多，或内部短路。

C　故障诊断

检查发电机“电枢”接线柱与磁场接线柱是否短路。检查方法：将发电机磁场接线柱上的线取下，看是否仍有充电电流。若有，说明发电机内部“电枢”与励磁绕组短路；若不充电，则应检查调节器电压是否过高或失控。

5.4.2.4　充电不稳

A　故障现象

发动机正常运转时，汽车上的电流表指示充电，但指针总是左右摆动，看不到准确读数。

B　故障原因

(1) 发电机风扇传动带过松、打滑、跳动或带轮失圆。

(2) 发电机内部导线接头松动，导致连接不良 。

(3) 发电机电刷磨损过甚，电刷弹簧弹力减退或折断，滑环积污过多。

C　故障诊断

发电机充电电流不稳的故障诊断流程如图 5-6 所示。

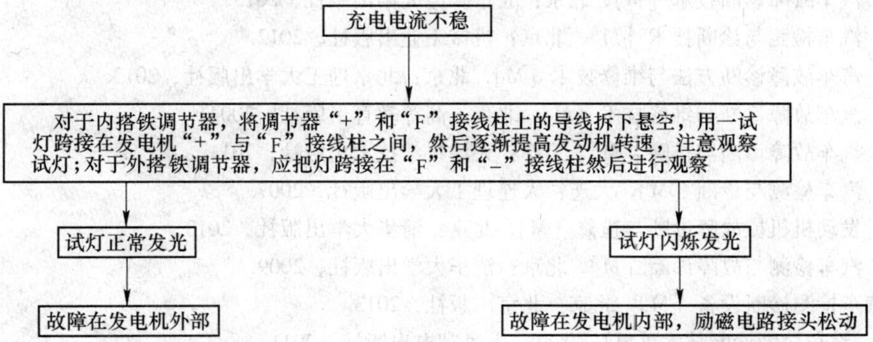

图 5-6　发电机充电电流不稳的故障诊断流程

【任务实施】

在老师的指导下能够运用诊断方法对下列案例进行故障诊断。

故障现象：一辆 SQR7160 基本型风云轿车，在行驶 3600km 后，停驶一段时间出现蓄电池亏电的现象。将蓄电池充满电后，停放数小时，蓄电池又出现亏电、甚至全车无电的现象。

故障诊断与分析：根据风云轿车蓄电池电路图进行分析，蓄电池亏电的主要原因包括发电机发电量不足、蓄电池自放电和用电设备工作放电。

(1) 因该车常出现亏电，所以对该车发电机充电状况进行测量，其充电电压为 14.2V，符合正常值（13.8~14.2V）。

(2) 因该车曾出现在蓄电池电量充足情况下，熄火 2h 后蓄电池严重亏电，导致全车无电。故对该车的放电电流进行了测量，其值为 4.2mA，该值也不会导致上述故障。

(3) 最后对该车蓄电池进行了更换，但故障现象依然存在。该车蓄电池正极有三根相线，一根为启动机、发电机相线，一根为发动机电控系统常相线，另外一根通往中央继电器盒。

(4) 将电控系统相线拆除，将该车放置一晚，故障仍存在。

(5) 单独断开中央继电器盒相线，故障排除。由此断定上述故障原因是中央继电器盒控制的用电设备偶尔放电所致。因该车曾出现熄火 2h 便将充满电的蓄电池放电殆尽的现象，分析其放电电流一定很强，所以怀疑是进气预热装置导致上述故障。

(6) 打开点火开关，用导线反复短接冷却液温度开关 F35，测量进气预热电阻 N15 电压，偶尔出现断开冷却液温度开关 F35 后，预热电阻、电压仍存在，说明进气预热继电器 J18 触点不能跳离。

(7) 打开进气预热继电器 J18，发现触点结合面烧蚀，有金属毛刺，在受热或颠簸情况下，将 J18 的端子 87 与端子 30 连接，导致预热阀工作，产生放电，引起上述故障。

(8) 更换新继电器，故障排除。

参 考 文 献

[1] 张永波. 汽车故障诊断技术 [M]. 北京：北京邮电大学出版社，2013.

[2] 赵英勋. 汽车检测与诊断技术 [M]. 北京：机械工业出版社，2012.

[3] 李春明. 汽车故障诊断方法与维修技术 [M]. 北京：北京理工大学出版社，2013.

[4] 闵永军. 汽车故障诊断与维修技术 [M]. 北京：高等教育出版社，2004.

[5] 吴立安. 汽车故障诊断与排除 [M]. 天津：天津科学技术出版社，2011.

[6] 韩顺武. 汽车检测与诊断 [M]. 大连：大连理工大学出版社，2007.

[7] 陈立旦. 发动机机械故障诊断与检修 [M]. 北京：清华大学出版社，2013.

[8] 蒲永峰. 汽车检测与故障诊断 [M]. 北京：清华大学出版社，2009.

[9] 朱军. 汽车检测诊断设备 [M]. 北京：北京出版社，2013.

[10] 张钱斌. 汽车故障诊断技术 [M]. 北京：人民邮电出版社，2011.